盈科全国业务指导委员会系列丛书·2024

企业安全生产专项合规
实务指引与法律规范集成

盈科律师事务所／编

付　辉　张思铭　李孟卓／著

法律出版社　LAW PRESS·CHINA
——北京——

图书在版编目（CIP）数据

企业安全生产专项合规：实务指引与法律规范集成／盈科律师事务所编；付辉，张思铭，李孟卓著. -- 北京：法律出版社，2025. -- ISBN 978-7-5197-9874-1

Ⅰ. D922.291.914

中国国家版本馆CIP数据核字第20255JR432号

企业安全生产专项合规：实务指引与法律规范集成
QIYE ANQUAN SHENGCHAN ZHUANXIANG HEGUI: SHIWU ZHIYIN YU FALÜ GUIFAN JICHENG

盈科律师事务所　编
付　辉　张思铭　李孟卓　著

策划编辑　朱海波　杨雨晴
责任编辑　朱海波　杨雨晴
装帧设计　汪奇峰　臧晓飞

出版发行　法律出版社	开本　710毫米×1000毫米　1/16
编辑统筹　法律应用出版分社	印张　17.75　　字数　250千
责任校对　蒋　橙	版本　2025年2月第1版
责任印制　刘晓伟	印次　2025年2月第1次印刷
经　　销　新华书店	印刷　固安华明印业有限公司

地址：北京市丰台区莲花池西里7号(100073)
网址：www.lawpress.com.cn　　　　　　　销售电话：010-83938349
投稿邮箱：info@lawpress.com.cn　　　　　客服电话：010-83938350
举报盗版邮箱：jbwq@lawpress.com.cn　　　咨询电话：010-63939796
版权所有·侵权必究

书号：ISBN 978-7-5197-9874-1　　　　　　定价：72.00元

凡购买本社图书，如有印装错误，我社负责退换。电话：010-83938349

盈科全国业务指导委员会
系列丛书编委会

总 主 编

李 华

副总主编

闫拥军　陈　浩　沈彦炜　李举东

出版统筹

郭　琪　丁　萌　冯　玥　张静彤

本书著者

付　辉　张思铭　李孟卓　著

前言

  安全生产合规作为一种专项合规,是组织合规中的一个重要内容。安全生产合规对从事高度危险性行业(如矿山、危险化学品、建设工程等)企业来说意义更加重大。

  在"合规"这一概念尚未提出之前,我国企业的安全生产合规义务主要体现在有关的安全生产法律体系之中。

  新中国成立后,为改变旧中国工人阶级处于被压迫、被奴役,生命安全与健康缺乏保障的局面,国家着手制定了一系列新的法律法规,这些法律法规中包含了安全生产的相关内容。例如,1949 年第一届中国人民政治协商会议通过的《共同纲领》中,就明确提出了保护青年女工的特殊利益、实行工矿检查制度等与安全生产相关的规定。"文化大革命"时期,安全生产工作受到了严重影响,相关法律法规的制定和执行都受到了不同程度的干扰。"文化大革命"结束后,国家开始逐步恢复和调整安全生产工作,加强对安全生产的监管和管理。1978~2002 年,我国相继颁布了一系列与安全生产相关的法律法规,如《劳动法》《矿山安全法》等,为安全生产提供了法律保障。1985 年国务院批准成立了全国安全生产委员会,统筹、协调和指导全国各地区重要的安全生产问题。2002 年,我国颁布了《安全生产法》;这是我国第一部全面规范安全生产的专门法律,对安全生产的各个环节都作出了明确规定。

  20 世纪 90 年代,现代意义上的合规管理概念开始出现。随着全球跨国公司的崛起以及国际贸易和投资的发展,企业合规管理逐步扩展到全域合规。

  自 2018 年以来,企业合规已经发展成为一门新兴的交叉学科,开始成为我国国家治理、涉外法治、企业管理等领域的热点话题。2021 年 3 月发布的《中华人民共和国国民经济和社会发展第十四个五年规划和 2035 年远景目标纲要》提出,要

"引导企业加强合规管理,防范化解境外政治、经济、安全等各类风险",要"推动民营企业守法合规经营,鼓励民营企业积极履行社会责任、参与社会公益和慈善事业"。2021年3月,"企业合规师"成为我国人力资源和社会保障部、国家市场监督管理总局、国家统计局联合发布的一个新职业。2021年6月10日,第十三届全国人民代表大会常务委员会第二十九次会议《关于修改〈中华人民共和国安全生产法〉的决定》,对企业安全生产合规管理提出了更高要求。2021年11月,国家市场监督管理总局发布了《企业境外反垄断合规指引》。2022年8月,国务院国资委发布了《中央企业合规管理办法》。2022年10月12日,国家标准《合规管理体系 要求及使用指南》(GB/T 35770—2022)正式发布。2023年8月1日,《中央企业法律纠纷案件管理办法》正式施行,国务院国资委将强法治、防风险作为重点任务;该办法在指导中央企业有效防范法律风险的同时,切实加强案件管理,维护国有资产安全。

2023年12月29日,第十四届全国人民代表大会常务委员会第七次会议表决通过新修订的《公司法》。本次修订的《公司法》坚持问题导向,总结实践经验和理论成果,为便利公司投融资、优化治理机制提供更为丰富的制度选择;对规范公司的组织和行为,强化各方主体责任,切实维护公司、股东、职工和债权人的合法权益提出了更高要求。本次修订的《公司法》对于企业来说,在合规领域具有重大的指导和示范作用。本次修订的《公司法》第一百七十七条"国家出资公司应当依法建立健全内部监督管理和风险控制制度,加强内部合规管理"的规定,将合规管理从部门规章层面提升至法律层面。虽然该合规管理法定义务的履行者是国家出资公司,但是在我国的政治经济大环境下,其他民营企业加强内部合规管理将是一种必然的选择。同时,本次修订的《公司法》调整了国有企业法人治理结构及董监高的履职职责;相应地,企业合规的治理结构和最高管理者也需要进一步调整和完善。

2024年7月18日,中国共产党第二十届中央委员会第三次全体会议通过的《中共中央关于进一步全面深化改革、推进中国式现代化的决定》提出,"坚持全面依法治国,在法治轨道上深化改革、推进中国式现代化,做到改革和法治相统一,重大改革于法有据、及时把改革成果上升为法律制度";"完善中国特色社会主义法治体系。法治是中国式现代化的重要保障。必须全面贯彻实施宪法,维护宪法权威,协同推进立法、执法、司法、守法各环节改革,健全法律面前人人平等保障机制,弘扬社会主义法治精神,维护社会公平正义,全面推进国家各方面工作法治化。""稳步扩大制度型开放。主动对接国际高标准经贸规则,在产权保护、产业补贴、环境标准、劳动保护、政府采购、电子商务、金融领域等实现规则、规制、管理、标准相通相容,打造透明稳定可预期的制度环境。"该决定的相关内容为企业的安全生产合规工作指明了方向,明确了工作目标。

综上,为了帮助企业管理者、合规管理工作人员、合规管理研究者以及其他合规管理从业者更好地理解和运用安全生产合规管理体系,促使企业贯彻落实国家政策、法律、标准对安全生产的要求,保障人民群众的生命和财产安全,笔者根据多年来对企业安全生产的实践和研究,撰写本书。本书除了规定集成部分共十章,阐述了企业安全生产合规的组织架构和职责、管理制度建设、运行机制、文化建设、信息化建设等实务问题。本书阐述的内容兼顾理论性、系统性和可操作性,尽可能地让读者掌握如何帮助企业建立、开发、实施、评价、维护和改进安全生产合规管理体系。本书通过文件示范和典型案例,引导读者灵活运用安全生产合规管理办法,以达到企业安全生产合规的目的。

本书作者为律师、企业高级合规师或者国家注册安全工程师,对企业安全生产非常熟悉,在安全生产合规管理、法律风险管理、标准化建设、合规评定等方面有着丰富的经验。各章节的作者如下:

第一、二章:张思铭;

第三、四、五、七、九、十章:付辉;

第六、八章:李孟卓。

全书由付辉统稿。

由于相关研究工作有待继续深入,加之写作时间有限,本书内容难免有疏漏之处,恳请各位读者批评指正。

上篇 安全生产合规指引

第一章 概述 ··· 003
第一节 本书中的术语和定义 ··· 003
第二节 企业合规管理的重要意义 ··· 008
第三节 安全生产合规的重要意义 ··· 009

第二章 企业合规与安全生产合规 ··· 011
第一节 企业合规、安全生产合规的定义 ··· 011
第二节 企业合规和安全生产合规的关系 ··· 012
第三节 安全生产合规义务来源（政策、法律、标准）··· 013
第四节 《中华人民共和国安全生产法》的修改与亮点 ··· 016

第三章 安全生产合规组织架构和职责 ··· 021
第一节 企业领导开展安全生产合规工作的指导思想和基本原则 ··· 021
第二节 安全生产合规的领导作用和承诺 ··· 023
第三节 安全生产合规组织和职责 ··· 024

第四章 企业安全生产合规管理制度建设 ··· 029
第一节 安全生产合规管理制度的重要性 ··· 029
第二节 构建分级分类的安全生产合规管理制度体系 ··· 030
第三节 安全生产合规管理具体制度 ··· 032
第四节 安全生产合规管理规章制度的完善和落实检查 ··· 034

第五章　安全生产合规工作的运行机制 …… 036
第一节　安全生产合规风险识别评估预警机制 …… 036
第二节　安全生产合规审查机制 …… 043
第三节　安全生产合规风险应对措施 …… 045
第四节　违规问题举报、整改、追责机制 …… 047
第五节　安全生产合规管理与其他内部管理协调运作机制 …… 050
第六节　安全生产合规管理工作的评价 …… 052

第六章　安全生产合规文化建设 …… 055
第一节　合规文化的内涵与意义 …… 055
第二节　安全生产合规文化的建设与宣传 …… 057
第三节　对从业人员的安全生产合规培训 …… 060

第七章　安全生产合规信息化建设 …… 063
第一节　安全生产合规信息化建设的意义 …… 063
第二节　安全生产合规信息技术的应用 …… 064

第八章　安全生产合规案例分析 …… 066
第一节　合规实践优秀企业案例分析 …… 066
第二节　案例启示与经验教训 …… 070

第九章　安全生产合规的未来趋势 …… 083
第一节　安全生产法律和政策的未来走向 …… 083
第二节　安全生产合规管理的未来发展 …… 084

第十章　结语 …… 086

下篇 安全生产合规规定集成

中华人民共和国安全生产法 ······ 089
中华人民共和国消防法 ······ 115
中华人民共和国公司法 ······ 131
中华人民共和国刑法(节录) ······ 180
最高人民法院、最高人民检察院关于办理危害生产安全刑事
　案件适用法律若干问题的解释 ······ 183
中华人民共和国行政许可法(节录) ······ 187
中华人民共和国行政处罚法 ······ 191
生产安全事故报告和调查处理条例 ······ 207
安全生产许可证条例 ······ 216
危险化学品安全管理条例 ······ 220
生产安全事故应急条例 ······ 248
生产经营单位安全培训规定 ······ 255
中央企业合规管理办法 ······ 263

参考文献 ······ 270

PART 1

上篇

安全生产合规指引

第一章 概　述

第一节　本书中的术语和定义

为统一理解和适用合规专业术语，本书沿用《合规管理体系　要求及使用指南》(GB/T 35770—2022)中的术语和定义。

1. 组织　organization

为实现目标，由职责、权限和相互关系构成自身功能的一个人或一组人。

注1：组织的概念包括但不限于个体经营者、公司、集团公司、商行，企事业单位、行政机构、合伙企业、慈善机构或研究机构，或上述组织的部分或组合，无论是否具有法人资格，公有或私有。

注2：如果组织是大型实体的某个组成部分，那么，术语"组织"仅指在合规管理体系范围内的这个组成部分。

2. 相关方　interested party（优先术语）

利益相关方　stakeholder（许用术语）

能够影响决策或活动、受决策或活动影响或自认为受决策或活动影响的个人或组织。

3. 最高管理者　top management

在最高层指挥和控制组织的一个人或一组人。

注1：最高管理者有权在组织内部授权和提供资源。

注2：如果管理体系的范围仅覆盖组织的某个组成部分，那么最高管理者是指挥和控制该部分的一个人或一组人。

注3：本文件中，"最高管理者"指最高级别的执行管理层。

4. 管理体系　management system

组织为确立方针和目标以及实现这些目标的过程所形成的相互关联或相互作用的一组要件。

注1：一个管理体系可能针对一个或几个主题。

注2：管理体系要件包括组织的结构、岗位和职责、策划和运行。

5. 方针　policy

由最高管理者正式表述的组织的意图和方向。

注：方针也可能由组织的治理机构正式表述。

6. 目标　objective

要实现的结果。

注1：目标可能是战略的、战术的或运行的。

注2：目标可能涉及不同的主题（如财务、健康和安全、环境）。它们可能存在于不同层面，诸如组织整体层面或项目、产品、服务或过程层面。

注3：目标能够用其他方式表述，如预期的结果、宗旨、运行准则，合规目标或使用其他有类似含义的词（如终点或指标）。

注4：在合规管理体系中，组织设定的合规目标与合规方针保持一致，以实现特定的结果。

7. 风险　risk

不确定性对目标的影响。

注1：影响是对预期的偏离——正面的或负面的。

注2：不确定性是一种状态，是指对某个事件、事件的后果或可能性缺乏甚至部分缺乏相关信息、理解或知识。

注3：通常风险以潜在事件（见 ISO Guide 73 的定义）和后果（见 ISO Guide 73 的定义）或二者的组合来描述其特性。

注4：通常风险以某个事件的后果(包括情况的变化)及其发生的可能性(见ISO Guide 73 的定义)的组合来表述。

8. 过程　process

使用或转化输入以实现结果的一组相互关联或相互作用的活动。

注：某个过程的结果是称为输出，还是称为产品或服务，取决于相关语境。

9. 能力　competence

应用知识和技能实现预期结果的本领。

10. 文件化信息　documented information

组织需要控制和维护的信息及其载体。

注1：文件化信息能够以任何形式和载体存在，且来源不限。

注2：文件化信息可能涉及：

——管理体系，包括相关过程；

——组织运行而创建的信息(文件)；

——实现的结果的证据(记录)。

11. 绩效　performance

可测量的结果。

注1：绩效可能涉及定量的或定性的结果。

注2：绩效可能与活动、过程、产品、服务、体系或组织的管理有关。

12. 持续改进　continual improvement

提高绩效的循环活动。

13. 有效性　effctiveness

完成策划的活动和实现策划的结果的程度。

14. 要求/需求　requirement

规定的、不言而喻的或有义务履行的需要或期望。

注1：不言而喻的或有义务履行的需要或期望是指需求。其中，"不言而喻"是指组织和相关方的惯例或一般做法，不言而喻的需要或期望是不用说就明白的。

注2：规定的需要或期望是指要求，也就是符合 GB/T 1.1—2020 中定义的要

求,即表达声明符合该文件需要满足的客观可证实的准则。

注3:规定的需要或期望是指要求,例如在文件化信息中。

15. 符合　conformity

满足要求。

16. 不符合　nonconformity

未满足要求。

注:不符合不一定是不合规(27)。

17. 纠正措施　corrective action

为了消除不符合的原因并预防再次发生所采取的措施。

18. 审核　audit

获取审核证据并对其进行客观评价,以确定审核准则满足程度所进行的系统的、独立的过程。

注1:审核可能为内部(第一方)审核或外部[第二方或第三方(30)]审核,也可能为多体系审核(合并两个或多个主题)。

注2:内部审核由组织自行实施或代表组织的外部机构实施。

注3:"审核证据"和"审核准则"的定义见ISO 19011。

注4:独立性能通过对正在被审核的活动免于承担责任或无偏见和利益冲突来证实。

19. 测量　measurement

确定数值的过程。

20. 监视　monitoring

确定体系、过程或活动的状态。

注:确定状态可能需要检查、监督或严格观察。

21. 治理机构　governing body

对组织的活动、治理、方针负有最终职责和权限的一个人或一组人,最高管理者向其报告并对其负责。

注1:并不是所有的组织,尤其是小型组织,都会有一个独立于最高管理者的

治理机构。

注2：治理机构可能包括但不限于董事会、董事会委员会、监事会或受托人。

22. 人员　personnel

在国家法律或实践中被确认为工作关系的个人，或依赖于组织活动的任何合同关系中的个人。

23. 合规团队　compliance function

对合规管理体系运行负有职责、享有权限的一个人或一组人。

注：最好指定一人负责合规管理体系的监督。

24. 合规风险　compliance risk

因未遵守组织合规义务而发生不合规的可能性及其后果。

25. 合规义务　compliance obligations

组织强制性地必须遵守的要求，以及组织自愿选择遵守的要求。

26. 合规　compliance

履行组织的全部合规义务。

27. 不合规　noncompliance

未履行合规义务。

28. 合规文化　compliance culture

贯穿整个组织的价值观、道德规范、信仰和行为，并与组织结构和控制系统相互作用，产生有利于合规的行为规范。

注：价值观是组织所崇尚的文化的核心，是组织行为的基本原则。

29. 行为　conduct

影响顾客、员工、供应商、市场和社区结果的举动和实践。

30. 第三方　third party

独立于组织的个人或机构。

注：所有业务伙伴都是第三方，但并非所有第三方都是业务伙伴。

31. 程序　procedure

为进行某项活动或过程所规定的途径。

第二节 企业合规管理的重要意义

企业合规管理,是指企业以有效防控合规风险为目的,以提升依法合规经营管理水平为导向,以企业经营管理行为和员工履职行为为对象,开展的包括建立合规制度、完善运行机制、培育合规文化、强化监督问责等有组织、有计划的管理活动。企业实施合规管理,具有以下重要意义:

1.企业合规管理有助于降低企业合规风险。合规意味着企业遵守相关的法律法规、行业标准和规范要求。在商业运营中,企业要面对各种风险,包括法律风险、道德风险和声誉风险等。通过建立合规管理体系,企业可以明确规定员工的行为准则和企业规范,从而降低企业面临的法律风险和法律责任,维护企业的声誉和利益。同时,合规管理还可以帮助企业及时发现潜在的合规风险,避免因违规行为导致的处罚和法律诉讼。

2.企业合规管理有助于提高企业的运营效率。合规管理有助于规范企业的各项运营流程和管理方式,明确责任和权限,减少决策的不确定性,提高决策的效率,提升运营效率和管理水平,减少资源浪费和损失,优化资源配置和利用,提高企业的生产力和竞争力。此外,合规管理还可以帮助企业建立健全内部控制机制,防止内部失误和欺诈行为,提高企业的运营效率和效益。

3.企业合规管理有助于增强企业的竞争力。合规经营的企业往往具备更高的管理水平和更强的执行力。通过建立合规管理体系,企业能够更好地适应和遵守规定,提高企业的合规能力,增强企业在市场中的竞争力。合规的企业不仅能够赢得客户的信任,也能够吸引更多的投资和人才,从而提升企业的整体实力。

4.企业合规管理有助于树立企业的良好形象。良好的企业形象是企业在市场竞争中的重要资产,可以帮助企业赢得客户的信任、吸引投资以及招聘和留住人才。合规管理可以帮助企业建立和维护良好的企业形象,树立企业的诚信和责任形象。这对于企业在市场竞争中取得优势地位具有重要意义。

5.企业合规管理有助于推动企业可持续发展。合规经营是企业可持续发展的基础,有助于构建稳健的管理体系和良好的企业文化,推动企业在经济、社会和环境方面的可持续发展,实现长期利益最大化。

加强企业合规管理,固化合规理念,让合规内化为行动,可以保障企业安全运行,全面防范企业的经营风险,进而降低运营成本,实现增收创效。企业合规的基点是商业趋利性与法律边界的调和,商业的盈利模式均应在法律边界内。企业合规管理带给企业的益处从未终止。在正常经营过程中,企业合规管理可以隔离来自合作方的风险,也可以阻却员工个人犯罪向单位犯罪的扩延;发展壮大时,企业合规管理可以为处理历史遗留的违规事件提供必要的回旋空间。

第三节 安全生产合规的重要意义

1.安全生产合规能避免或减轻组织和企业管理者的刑事责任、民事责任、行政责任及市场准入限制等风险,减少不合规事件的发生。作为企业生产经营的根本方针,"安全第一"是每个企业在生产环节的重要目标与关键要点。企业通过有效合规管控,加强日常安全生产管理,严格安全生产制度,可以实现减少安全风险的预期目标。

2.安全生产合规能最大限度地防止和减少生产安全事故,保障人民群众生命和财产安全。安全生产合规能让组织的管理者以身作则,带头讲安全。安全生产合规能提高从业人员的安全意识,做到人人懂安全。安全生产合规能增强人员的安全责任感,让"不合规必追责"深入人心。

3.安全生产合规嵌入企业业务和管理流程,在防止和减少生产安全事故的同时,可以增加企业市场竞争优势。企业安全生产合规,通过建立企业安全生产责任清单,帮助企业梳理生产环节中的各个流程,落实生产安全责任,对企业的业务和管理流程进行整合优化,将会为企业带来直接的经济效益。另外,主动合规有助于帮助企业实现与安全生产监管部门的良性互动;该良性互动可能使相关行政审批获得支持,企业信贷信用等级评定有可能获得加分,企业申报产业发展、技术改造、技术创新、安全生产科技等专项资金有可能获得优待。

4.安全生产合规能提高企业的社会美誉度及品牌形象。当企业有效避免或减少安全生产方面的合规风险和事件的发生时,员工对于企业的认可和满意程度会随之提升,进而吸引更多的优秀人才加入,逐渐形成企业的合规文化,促进企业的合规发展。另外,企业安全生产合规也会得到合作伙伴、客户以及消费者的积极肯定,进而有助于获得客户、市场肯定并获取更多的商业机会,促进企业的经济发展,提高企业的品牌形象。

第二章

企业合规与安全生产合规

第一节 企业合规、安全生产合规的定义

一、企业合规的定义

根据《中央企业合规管理办法》第三条的规定,合规是指企业经营管理行为和员工履职行为符合国家法律法规、监管规定、行业准则和国际条约、规则,以及公司章程、相关规章制度等要求。企业合规的"规",包含了国家法律法规、监管规定、行业准则和国际条约、规则,以及公司章程、相关规章制度等;合规是企业依法依规经营、防控风险的一种自我治理方式。通常而言,企业须遵守四个层面的规定:一是法律法规,包括法律、行政法规、行政规章、地方性法规、司法解释,以及所有具备法律效力的规范性文件。二是商业行为准则和企业道德规范,包括各行业协会颁布的行为准则等成文规范,也包括广泛认可的商业习惯和道德规范。三是企业自身制定的规章制度,违反自定的规章制度同样会使企业面临处罚。四是国际条约、规则,如世界银行等国际组织建立了合规管理和制裁体系。世界银行可以通过附解除条件的制裁,为企业设置若干年考验期,要求其重建合规计划。

企业合规的概念起源于美国,在英文中的表述是 business compliance。它通常包含三层意思:(1)守法,企业在运营过程中要遵守法律法规;(2)守规,企业要遵守商业行为准则和企业道德规范;(3)守制,企业要遵守自身所制定的规章制度。

企业合规现已成为公司治理体系的重要组成部分。追溯历史,企业合规最初是一种公司内部的自我管理方式,后来随着行政监管合规等制度的发展而演变为一项重要的法律制度。在当今复杂多变且竞争激烈的市场环境中,企业合规已成为企业可持续发展的基石,合规的重要性在当今企业发展中越发凸显。

二、安全生产合规的定义

安全生产合规是指企业及其员工在生产经营过程中通过履行我国安全生产监管法律法规、技术标准、政策文件、企业内部安全管理制度、安全管理协议以及国际条约、规则等全部义务,以实现企业有效防控生产安全事故及行政处罚发生,减少经济损失与声誉损失的一种治理方式。这种治理方式通过加强安全生产建设,提升企业安全合规管理水平,防止和减少安全事故的发生,减轻企业安全管理责任。

安全生产合规是企业实现本质安全和稳定发展的前提、基础和关键,是企业管理工作的重点,是企业防范安全生产风险、实现可持续发展的重要保证。

第二节 企业合规和安全生产合规的关系

安全生产合规是企业合规体系中重要的专项合规部分,两者密不可分,相互促进,共同推动企业合规的完善和发展。企业合规经营强调企业在经营活动中遵守法律法规和道德规范,包括遵守国家安全、公共安全、生态安全、生产安全、公众健康安全等领域的法律法规,确保企业行为的合法性和符合道德规范。安全生产合规是企业在生产过程中遵守安全生产的相关法律法规和标准,包括建立安全生产责任制、安全生产管理体系、安全生产控制措施等,确保生产活动的安全性,防止生产安全事故的发生。

1. 安全生产是企业合规的基础之一。安全生产是企业的法律义务和社会责任:企业必须遵守安全生产的相关法律法规,保证生产安全,确保不发生或减少发生安全事故的可能性。只有保证了生产安全,才可以获得政府的认可;减少安全事故的发生,才能保障员工的安全及企业的稳定和可持续发展。安全生产合规为企业的发展保驾护航,也是企业合规的奠基石之一。

2. 企业合规对安全生产合规有着直接的影响。企业合规不仅包括安全生产合规,还包括信息安全合规、税务合规、审计合规、采购合规、知识产权合规、内部控制合规等。例如,企业要遵守内部控制相关法律法规,对企业进行内部管控及风险防范,以防止企业出现安全事故等。这些合规有助于企业规范生产过程,控制安全生产行为,减少安全事故的发生。另外,企业合规涉及的税务合规,包括缴纳相关税费和合法避税,确保企业经营的合法性和可持续性发展。

3. 安全生产和企业合规可以促进企业的可持续性发展。忽视安全生产及企业合规将带来经济及社会风险。如发生安全事故将导致企业面临的不仅是经济风险,还可能涉及法律诉讼风险及刑事责任风险。企业合规的缺失,如违规操作、逃避税费、侵权等,不仅会面临罚款及行政处罚,还会损害企业的声誉及形象。相反,企业安全生产及合规经营,不仅能避免不必要的风险,还能得到社会及政府的认可,提高市场竞争力,促进企业的可持续发展。

第三节 安全生产合规义务来源
（政策、法律、标准）

企业的安全生产合规义务通常源于四个方面:一是国家法律法规,包括法律、行政法规、行政规章、地方性法规、司法解释、国家强制性标准等,所有具有法律渊源效力的规范文件都是需要遵守的对象;二是企业内部规章制度和操作规程;三是企业与其他主体签订的协议约定;四是国际组织条约。

一、政策

在党的二十大报告中,习近平总书记指出,"坚持安全第一、预防为主,建立大安全大应急框架,完善公共安全体系",充分体现了国家对于公共安全的高度重视。安全生产作为公共安全治理的重要方面，国家通过一系列政策安排予以推动，取得了治理方面的重要成果。

2021年3月发布的《中华人民共和国国民经济和社会发展第十四个五年规划和2035年远景目标纲要》提出，要"引导企业加强合规管理，防范化解境外政治、经济、安全等各类风险"，要"推动民营企业守法合规经营，鼓励民营企业积极履行社会责任、参与社会公益和慈善事业"。

2024年7月18日，中国共产党第二十届中央委员会第三次全体会议通过的《中共中央关于进一步全面深化改革、推进中国式现代化的决定》提出，"坚持全面依法治国，在法治轨道上深化改革、推进中国式现代化，做到改革和法治相统一，重大改革于法有据、及时把改革成果上升为法律制度"；"稳步扩大制度型开放。主动对接国际高标准经贸规则，在产权保护、产业补贴、环境标准、劳动保护、政府采购、电子商务、金融领域等实现规则、规制、管理、标准相通相容，打造透明稳定可预期的制度环境"。党中央的上述政策决定，为安全生产合规指明了方向。

二、主要法律法规

1.《安全生产法》(2021年修正)明确了企业安全生产合规义务，确立了坚持中国共产党的领导，以人为本，坚持人民至上、生命至上，把保护人民生命安全摆在首位，树牢安全发展理念的安全生产工作的指导思想；指出了安全工作的基本方针是坚持安全第一、预防为主、综合治理，从源头上防范化解重大安全风险；提出了安全管理工作的基本原则，就是安全生产工作要实行管行业必须管安全、管业务必须管安全、管生产经营必须管安全的"三管三必须"原则。

2.《消防法》(2021年4月29日修正)从火灾预防、消防组织、灭火救援三大方面进行规定，力图预防火灾和减少火灾危害，加强应急救援工作，保护人民群众的人身和财产安全，维护公共安全。

3.《公司法》(2023年12月29日修订)对公司的组织机构设置以及董事、监事、高级管理人员等人员的职责义务作了规定，对安全生产合规产生了一定的影响。该法第一百七十七条规定："国家出资公司应当依法建立健全内部监督管理和风险控制制度,加强内部合规管理。"这从法律层面明确了国家出资公司的法定合规管理义务,为所有企业开展内部合规管理工作提供了明确的指引,影响深远。

4.《刑法》(2023年12月29日修正)明确规定安全生产领域因严重违反规定所造成的后果,将依法追究相关责任人的刑事责任,涉及的罪名有重大责任事故罪,强令组织他人违章冒险作业罪,危险作业罪,重大劳动安全事故罪,大型群众性活动重大安全事故罪,危险物品肇事罪,工程重大安全事故罪,消防责任事故罪,不报、谎报安全事故罪等。

5.《最高人民法院、最高人民检察院关于办理危害生产安全刑事案件适用法律若干问题的解释》(2015年12月9日通过,自2015年12月16日起施行)对涉及危害安全生产的犯罪行为进行了细致的规定。

6.《机关、团体、企业、事业单位消防安全管理规定》(公安部令第61号发布,自2002年5月1日起施行)对有关单位的消防安全管理工作作出了全面的规定。

7.《企业内部控制应用指引第4号——社会责任》(财会〔2010〕11号)将安全生产确定为企业的社会责任之一,明确规定安全生产是企业在经营发展过程中应当履行的社会职责和义务。

8.《中央企业安全生产监督管理办法》(国务院国有资产监督管理委员会令第44号)明确规定了中央企业的安全生产合规义务,以切实履行国有资产出资人安全生产监管职责,督促中央企业全面落实安全生产主体责任,建立安全生产长效机制,防止和减少生产安全事故,保障中央企业员工和人民群众生命与财产安全。

9.《安全生产违法行为行政处罚办法》(2015年4月2日修正)明确规定了制裁安全生产违法行为、规范安全生产行政处罚工作的各项内容。

10.《国务院安委会办公室关于全面加强企业全员安全生产责任制工作的通知》(安委办〔2017〕29号)为全面落实企业安全生产主体责任,进一步提升企业的安全生产水平,推动全国安全生产形势持续稳定好转,规定了安全生产合规义务。

11.《生产安全事故报告和调查处理条例》(2007年3月28日通过,自2007年6月1日起施行)为规范生产安全事故的报告和调查处理,落实生产安全事故责任追究制度,防止和减少生产安全事故,规定了安全生产合规义务。

12.《安全生产培训管理办法》(2015年5月29日修正)为加强安全生产培训管理,规范安全生产培训秩序,保证安全生产培训质量,促进安全生产培训工作健康发展,规定了安全生产合规义务。

13.《中央企业合规管理办法》为深入贯彻习近平法治思想,落实全面依法治国战略部署,深化法治央企建设,推动中央企业加强合规管理,切实防控风险,有力保障深化改革与高质量发展,提供了部门规章依据。

三、标准

1.《合规管理体系 要求及使用指南》(GB/T 35770—2022)第4.5条对合规义务作了明确规定。

2.《企业安全生产标准化基本规范》明确规定了安全生产标准化的基本规范,明确安全生产合规义务。

3.国家各部门、行业对安全生产相关的其他强制性标准,均为企业安全生产合规义务。

第四节 《中华人民共和国安全生产法》的修改与亮点

一、安全生产法的修改

《安全生产法》于2002年6月29日第九届全国人民代表大会常务委员会第二十八次会议通过,自2002年11月1日起施行。该法自立法实施以后,历经以下三次修正:

1. 2009年8月27日第十一届全国人民代表大会常务委员会第十次会议关于

《关于修改部分法律的决定》第一次修正。

2.2014年8月31日第十二届全国人民代表大会常务委员会第十次会议《关于修改〈中华人民共和国安全生产法〉的决定》第二次修正。

3.2021年6月10日第十三届全国人民代表大会常务委员会第二十九次会议《关于修改〈中华人民共和国安全生产法〉的决定》第三次修正。

二、安全生产法历次修改的亮点

1.《安全生产法》于2009年进行第一次修正,其中将原第九十四条中的"治安管理处罚条例"修改为"治安管理处罚法"。

2.《安全生产法》于2014年进行第二次修正,此次修正共涉及52个法条,其修改主要包括以下内容:

(1)以人为本,坚持安全发展。2014年修正的《安全生产法》明确提出安全生产工作应当以人为本,将坚持安全发展写入了总则,对于坚守红线意识、进一步加强安全生产工作、实现安全生产形势根本性好转的奋斗目标具有重要意义。

(2)建立和完善安全生产方针和工作机制。2014年修正的《安全生产法》将安全生产工作方针完善为"安全第一、预防为主、综合治理",这进一步明确了安全生产的重要地位、主体任务和实现安全生产的根本途径。2014年修正的《安全生产法》提出要建立生产经营单位负责、职工参与、政府监管、行业自律、社会监督的工作机制,进一步明确了各方安全职责。

(3)落实"三个必须",确立安全生产监管执法部门地位。按照安全生产管行业必须管安全、管业务必须管安全、管生产经营必须管安全的要求,2014年修正的《安全生产法》一是规定国务院和县级以上地方人民政府应当建立健全安全生产工作协调机制,及时协调、解决安全生产监督管理中的重大问题。二是明确各级政府安全生产监督管理部门实施综合监督管理,有关部门在各自职责范围内对有关"行业、领域"的安全生产工作实施监督管理。三是明确各级安全生产监督管理部门和其他负有安全生产监督管理职责的部门作为行政执法部门,依法开展安全生产行政执法工作,对生产经营单位执行法律、法规、国家标准或者行业标准的情况进行监督检查。

（4）强化乡、镇人民政府以及街道办事处、开发区管理机构的安全生产监督职责。乡、镇人民政府和街道办事处、开发区管理机构对安全生产工作具有监督职责，有必要在立法层面明确其对安全生产的领导、督促职责；同时针对各地经济技术开发区、工业园区的安全监管体制不顺、监管人员配备不足、事故隐患集中、事故多发等突出问题，明确乡、镇人民政府以及街道办事处、开发区管理机构等地方人民政府的派出机关应当按照职责，加强对本行政区域内生产经营单位安全生产状况的监督检查，协助上级人民政府有关部门依法履行安全生产监督管理职责。

（5）明确生产经营单位安全生产管理机构、人员的设置、配备标准和工作职责。一是明确矿山、金属冶炼、建筑施工、道路运输单位和危险物品的生产、经营、储存单位，应当设置安全生产管理机构或者配备专职安全生产管理人员，除此之外的其他生产经营单位设置安全生产管理机构或者配备专职安全生产管理的从业人员下限由300人调整为100人。二是规定了安全生产管理机构以及管理人员的七项职责，主要包括拟定本单位安全生产规章制度、操作规程、应急救援预案；组织安全生产教育和培训，制止和纠正违章指挥、强令冒险作业、违反操作规程的行为，督促落实本单位安全生产整改措施等。三是明确生产经营单位作出涉及安全生产的经营决策，应当听取安全生产管理机构以及安全生产管理人员的意见。

（6）明确了劳务派遣单位和用工单位的职责和劳动者的权利义务。一是规定生产经营单位应当将被派遣劳动者纳入本单位从业人员统一管理，对被派遣劳动者进行岗位安全操作规程和安全操作技能的教育和培训。劳务派遣单位应当对被派遣劳动者进行必要的安全生产教育和培训。二是明确被派遣劳动者享有本法规定的从业人员的权利，并应当履行该法规定的从业人员的义务。

（7）建立事故隐患排查治理制度。2014年修正的《安全生产法》把加强事前预防、强化隐患排查治理作为一项重要内容：一是生产经营单位必须建立事故隐患排查治理制度，采取技术、管理措施消除事故隐患。二是县级以上地方各级人民政府负有安全生产监督管理职责的部门要建立健全重大事故隐患治理督办制度,督促生产经营单位消除重大事故隐患。三是对未建立隐患排查治理制度、未采取有效措施消除事故隐患的行为,设定了严格的行政处罚。

(8)推进安全生产标准化建设。结合多年来的实践经验,2014年修正的《安全生产法》在总则部分明确生产经营单位应当推进安全生产标准化工作,提高安全生产水平。

(9)推行注册安全工程师制度。新法确立了注册安全工程师制度,并从两个方面加以推进:一是危险物品的生产、储存单位以及矿山、金属冶炼单位应当有注册安全工程师从事安全生产管理工作,鼓励其他生产经营单位聘用注册安全工程师。二是建立注册安全工程师按专业分类管理制度,授权国务院人力资源和社会保障部门、安全生产监督管理等部门制定具体实施办法。

(10)推进安全生产责任保险。根据2006年以来在河南省、湖北省、山西省、北京市、重庆市等省(市)的试点经验,为了增加事故应急救援资金和事故单位从业人员以外事故受害人的赔偿补偿,2014年修正的《安全生产法》规定,国家鼓励生产经营单位投保安全生产责任保险。

3.《安全生产法》于2021年进行第三次修正,此次修正共修改42个法条,主要包括以下五个方面的内容:

一是贯彻新思想、新理念。将习近平总书记关于安全生产工作一系列重要指示批示的精神转化为法律规定,2021年修正的《安全生产法》增加了安全生产工作坚持人民至上、生命至上,树牢安全发展理念,从源头上防范化解重大安全风险等规定,为统筹发展和安全两件大事提供了坚强的法治保障。

二是落实中央决策部署。为深入贯彻中央文件精神,2021年修正的《安全生产法》增加规定了重大事故隐患排查治理情况的报告、高危行业领域强制实施安全生产责任保险、安全生产公益诉讼等重要制度。

三是健全安全生产责任体系。第一,强化党委和政府的领导责任。2021年修正的《安全生产法》明确了安全生产工作坚持党的领导,要求各级人民政府加强安全生产基础设施建设和安全生产监管能力建设,所需经费列入本级预算。第二,明确了各有关部门的监管职责。规定安全生产工作实行"管行业必须管安全、管业务必须管安全、管生产经营必须管安全"。同时,对新兴行业、领域的安全生产监管职责不明确的,法律规定了由县级以上地方人民政府按照业务相近的原则确定监管部门。第三,压实生产经营单位的主体责任,明确了生产经营单位的主要负责人是本单位的安全生产第一责任人。同时,要求各类生产经营单位落实全员的安全生产责任制、安全风险分级管控和隐患排查治理双重预防机制,加强安全生产标准化建设,切实提高安全生产水平。

四是强化新问题、新风险的防范应对。深刻吸取近年来的事故教训,对生产安全事故中暴露的新问题作了针对性规定。2021年修正的《安全生产法》规定,餐饮等行业的生产经营单位使用燃气要安装可燃气体报警装置,并且保障其正常使用;矿山等高危施工单位加强安全管理,不得非法转让施工的资质,不得违法分包、转包;承担安全评价的一些机构实施报告公开制度,不得租借资质、挂靠、出具虚假报告。同时,对于新业态、新模式产生的新风险,也强调了应当建立健全并落实安全责任制,加强从业人员的教育和培训,履行法定的安全生产义务。

五是加大对违法行为的惩处力度。第一,罚款金额更高。对发生的特别重大事故处1000万元以上2000万元以下的罚款;情节特别严重、影响特别恶劣的,加处2倍以上5倍以下的罚款。第二,处罚方式更严。违法行为一经发现,即责令整改并处罚款,拒不整改的责令停产停业整改整顿,并且可以按日连续计罚。第三,惩戒力度更大。采取联合惩戒方式,最严重的要进行行业或者职业禁入等联合惩戒措施。通过"利剑高悬",有效打击震慑违法企业,保障守法企业的合法权益。

第三章

安全生产合规组织架构和职责

《合规管理体系 要求及使用指南》(GB/T 35770—2022)对企业的治理机构、管理者在合规管理体系中如何发挥领导作用提出了明确要求。领导作用是合规职责的核心,对于企业树立合规意识、建立高效的合规管理体系具有至关重要的作用。本章将从三个方面进行详细阐述:一是治理机构和最高管理者如何发挥领导作用并践行承诺;二是如何确立合规方针;三是如何分配岗位、职责和权限。本章还将解释和说明治理机构和最高管理者如何带头支持合规、构建合规管理的组织结构、确立合规方针、形成合规文化、确立并实施合规治理原则等,并提供应用案例,为读者更好地理解和应用 GB/T 35770—2022 提供参考。

第一节 企业领导开展安全生产合规工作的指导思想和基本原则

一、企业领导开展安全生产合规管理工作的指导思想

2014 年 10 月 23 日,中国共产党第十八届中央委员会第四次全体会议通过《中共中央关于全面推进依法治国若干重大问题的决定》,提出全面推进依法治国,总目标是建设中国特色社会主义法治体系,建设社会主义法治国家。这次会议在新中国法治史上具有里程碑意义,标志着依法治国进入了全面推进的新阶段。

企业作为国家的重要经济主体之一,迫切需要依法提升经营管理水平和依法治企能力。在开展安全生产合规工作时,企业要坚定不移地以习近平新时代中国特色社会主义思想为指导,深入践行习近平法治思想,按照中央全面依法治国工作会议部署,立足新发展阶段,贯彻新发展理念,构建新发展格局,力求实现规模与实力的双重提升,从而不断增强企业核心竞争力。

二、安全生产合规管理工作的基本原则

安全生产合规管理工作的很多成果通常以文件化信息的形式予以呈现。这些安全生产合规文件化信息是企业为合规运营而编制的信息(文件),同时也是企业开展安全生产合规工作的凭证(记录)。无论是国有企业还是其他类型的企业,在开展安全生产合规工作时均遵循以下基本原则:

1. 坚持党的领导。《安全生产法》规定,安全生产工作坚持中国共产党的领导。在安全生产合规工作中,企业党委(党组)要充分发挥领导作用,落实全面依法治国战略部署有关要求,把党委(党组)纳入安全生产合规的治理机构,把党的领导贯穿安全生产合规工作的建立、开发、实施、维护、评价、改进的全过程。

2. 坚持全面覆盖。将安全生产合规工作要求嵌入企业经营管理各领域各环节,贯穿决策、执行、监督全过程,落实到各部门、各单位和全体员工,实现多方联动、上下贯通。

3. 坚持权责清晰。《安全生产法》规定,安全生产工作实行管行业必须管安全、管业务必须管安全、管生产经营必须管安全。安全生产合规工作需要按照"管业务必须管合规"要求,通过规章制度明确业务及职能部门、合规管理部门和监督部门的职责,规定员工合规责任,对违规行为建立严肃问责制度。

4. 坚持务实高效。建立健全符合企业实际的安全生产合规管理体系,对容易发生生产安全事故的重点领域、关键环节和重要人员建章立制,充分利用大数据等信息化手段,切实提高合规工作的实用性。

5. 与 GB/T 35770—2022 进行对标的原则。安全生产合规工作成果通常以文件化信息的形式呈现,其阐述的内容要与 GB/T 35770—2022 保持一致。一是有

助于实现合规管理的标准化和规范化;二是统一的术语和定义有助于减少因理解差异而导致的合规风险,确保企业在安全生产过程中能够准确识别、评估和控制合规风险;三是文件一般包括三个层次,第一层为纲领性文件,第二层为规章制度,第三层为操作规范。企业可根据制定的文件与国家标准对标,查漏补缺,也有利于第三方认证或者使用。

第二节　安全生产合规的领导作用和承诺

俗话说:"火车跑得快,全靠车头带;集体强不强,全靠领头羊。"领导作用对于整个组织树立安全生产合规意识、建立高效的安全生产合规管理体系具有至关重要的作用。GB/T 35770—2022 对组织如何在安全生产合规管理体系中发挥领导作用提出了明确的要求。

治理机构和管理者的直接领导和积极承诺是组织进行有效合规管理的前提。通过梳理 GB/T 35770—2022,治理机构和管理者的领导作用有以下内容:

1. 确立安全生产合规方针和目标;
2. 将组织的安全生产业务过程融入合规管理体系;
3. 为安全生产合规管理体系提供资源;
4. 发表声明向所有人员和有关的相关方沟通关于安全生产合规的承诺;
5. 确保安全生产合规管理体系有效性并实现其预期结果;
6. 持续改进安全生产合规管理体系;
7. 支持其他相关岗位行使安全生产合规职责。

GB/T 35770—2022 列出了诸多领导层能实现上述承诺的方式,其中最根本的方式是通过积极和可见的支持来建立和维护安全生产合规管理体系。如由治理机构正式批准安全生产合规方针、目标;签署安全生产合规管理人的任命书;组织参与安全生产合规培训;允许合规团队的员工直接接触治理机构;定期评审安全生产合规管理体系;一视同仁地对不合规事件予以处理,促进持续改进。

【示例3-1】某有限公司安全生产合规方针、目标的颁布

关于下发 2024 年度安全生产方针、
总体安全生产目标、安全生产指标的通知

各部门：

  为积极实施并推进安全生产合规管理工作，现将本公司 2024 年度安全生产合规方针、目标、安全生产合规指标下发到各部门，请各部门认真组织学习、讨论，并将目标层层分解、落实。

_____有限公司

2024 年 3 月 2 日

第三节　安全生产合规组织和职责

  在企业安全生产合规建设中，搭建安全生产合规组织是合规建设实施的首要任务。企业只有构建与其经营范围、业务规模、行业特征、管理现状等相适应的安全生产合规管理组织，才能发挥安全生产合规管理体系的有效性。

一、《中央企业合规管理办法》关于合规组织层级和职责的规定

  《中央企业合规管理办法》第七条规定："中央企业党委（党组）发挥把方向、管大局、促落实的领导作用，推动合规要求在本企业得到严格遵循和落实，不断提升依法合规经营管理水平。中央企业应当严格遵守党内法规制度，企业党建工作机构在党委（党组）领导下，按照有关规定履行相应职责，推动相关党内法规制度有效贯彻落实。"第八条规定："中央企业董事会发挥定战略、作决策、防风险作用，主要履行以下职责：（一）审议批准合规管理基本制度、体系建设方案和年度报告等。（二）研究决定合规管理重大事项。（三）推动完善合规管理体系并对其有效性进行评价。（四）决定合规管理部门设置及职责。"第九条规定："中央企业经理

层发挥谋经营、抓落实、强管理作用,主要履行以下职责:(一)拟订合规管理体系建设方案,经董事会批准后组织实施。(二)拟订合规管理基本制度,批准年度计划等,组织制定合规管理具体制度。(三)组织应对重大合规风险事件。(四)指导监督各部门和所属单位合规管理工作。"第十三条第一款规定:"中央企业业务及职能部门承担合规管理主体责任,主要履行以下职责:(一)建立健全本部门业务合规管理制度和流程,开展合规风险识别评估,编制风险清单和应对预案。(二)定期梳理重点岗位合规风险,将合规要求纳入岗位职责。(三)负责本部门经营管理行为的合规审查。(四)及时报告合规风险,组织或者配合开展应对处置。(五)组织或者配合开展违规问题调查和整改。"

从以上规定来看,中央企业的组织架构是按照"决策层—管理层—执行层"的模式组建,这对其他类型的企业有非常重要的借鉴作用。企业各层级的组成和职责见表3-1。

表3-1 企业三个层级的具体合规职责

层级	决策层	管理层	执行层
组成	主要包括企业董事会以及董事会中设立的合规委员会	通常包括公司总经理、合规负责人(首席合规官)	合规管理部门
主要职责	批准安全生产合规战略规划; 批准安全生产合规基本制度; 完善安全生产合规管理体系; 决定安全生产合规人员任免; 决定安全生产机构设置、职能; 提出监督罢免建议; 决定安全生产违规人员处理	搭配安全生产合规组织架构; 制订安全生产合规战略规划; 批准具体安全生产合规制度; 明确安全生产合规管理流程; 制止纠正违规行为; 提出决策安全生产合规意见; 领导牵头部门工作; 汇报重大安全生产合规事项; 起草安全生产合规年度报告	起草具体安全生产合规计划制度; 开展安全生产合规风险识别预警; 重大项目安全生产合规审查; 参与重大安全生产合规风险应对; 组织开展安全生产合规检查考核; 指导所属单位工作; 受理违规举报调查; 组织协助开展安全生产合规培训

二、安全生产合规管理组织架构的搭建

为了不新增领导岗位和职数,充分提升人员效能,企业可以结合安全生产管理现状,按照"一套人马,两块牌子"的方式进行安全生产合规组织架构。具体而言,安全生产领导小组原成员成为安全生产合规委员会的成员,安全生产直接责任人(或者法务负责人)成为安全生产首席合规官,安全生产管理人员成为合规管理人员。(见图3-1)

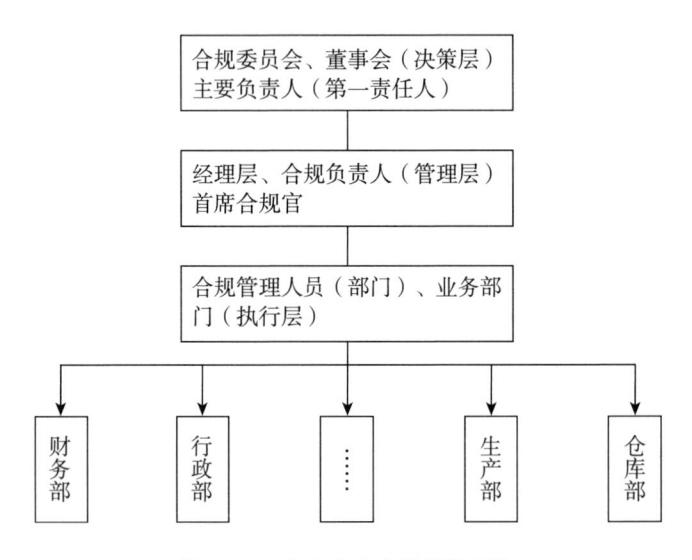

```
        ┌─────────────────────────────┐
        │ 合规委员会、董事会(决策层)  │
        │ 主要负责人(第一责任人)      │
        └─────────────────────────────┘
                      │
        ┌─────────────────────────────┐
        │ 经理层、合规负责人(管理层)  │
        │ 首席合规官                   │
        └─────────────────────────────┘
                      │
        ┌─────────────────────────────┐
        │ 合规管理人员(部门)、业务部  │
        │ 门(执行层)                  │
        └─────────────────────────────┘
          │      │      │      │      │
        ┌───┐  ┌───┐  ┌───┐  ┌───┐  ┌───┐
        │财 │  │行 │  │ … │  │生 │  │仓 │
        │务 │  │政 │  │   │  │产 │  │库 │
        │部 │  │部 │  │   │  │部 │  │部 │
        └───┘  └───┘  └───┘  └───┘  └───┘
```

图3-1 安全生产合规管理架构

按照GB/T 35770—2022的建议,安全生产合规管理组织的各层级机构和人员的职责,应当以文件化信息的形式予以保存。

【示例3-2】某公司安全生产合规各层级负责人任命书及职责

安全生产合规主要负责人任命书

依据《中华人民共和国安全生产法》《××省安全生产管理条例》等法律法规,结合本单位的实际情况,兹任命_____同志为本单位安全生产合规主要负

责人,对本单位安全生产合规工作全面负责;任期3年。

_____公司(公章)

年　月　日

附:主要负责人安全生产合规职责

(1)建立健全并落实本单位全员安全生产合规责任制,加强安全生产标准化建设;

(2)组织制定并实施本单位安全生产合规规章制度和操作规程;

(3)组织制定并实施本单位安全生产合规教育和培训计划;

(4)保证本单位安全生产合规投入的有效实施;

(5)组织建立并落实安全生产合规风险分级管控和隐患排查治理双重预防工作机制,督促、检查本单位的安全生产合规工作,及时消除生产安全不合规事件;

(6)决定违规人员处理等。

安全生产(首席)合规师任命书

依据《中华人民共和国安全生产法》《××省安全生产管理条例》等法律法规,结合本单位的实际情况,兹任命_____同志为本单位安全生产(首席)合规师,为本单位安全生产合规直接责任人。负责协助主要负责人开展安全生产合规管理工作;任期3年。

_____公司(公章)

年　月　日

附:安全生产(首席)合规师职责

(1)组织或者参与拟定本单位安全生产合规规章制度、操作规程和生产安全合规事件应急救援预案;

(2)组织或者参与本单位安全生产合规教育和培训,如实记录安全生产合规教育和培训情况;

(3)组织开展合规风险评估,督促落实本单位重大合规事项应急措施;

(4)检查本单位的安全生产合规状况,及时提出改进安全生产合规管理的建议；

（5）督促落实本单位安全生产合规整改措施。

各部门安全生产合规责任人任命书

为了确保本单位安全生产合规工作，兹任命本单位各部门负责人如下，依据管生产必须管合规的原则，各部门负责人在分管领导的领导下，对各自分管业务范围内的安全生产合规负领导责任。全力配合与支持本单位安全合规管理工作，同时接受安全生产(首席)合规师的监督管理；任期3年。

名单：

…………

　　　　　　　　　　　　　　　　　　　　_____公司(公章)

　　　　　　　　　　　　　　　　　　　　　　年　月　日

第四章

企业安全生产合规管理制度建设

第一节 安全生产合规管理制度的重要性

一、安全生产合规管理制度是企业达成合规目标的制度保障

安全生产合规管理制度,包括但不限于以下内容:企业的合规方针和程序;合规管理体系的目标、指标、结构和内容;安全生产合规岗位和职责的分配;相关安全生产合规义务的登记册;安全生产合规风险登记册,并根据安全生产合规风险评估过程确定相关措施的优先级;安全生产不合规、近乎不合规和调查的记录;年度安全生产合规计划;人员安全生产记录以及培训记录;安全生产合规管理制度审核过程、审核时间表及相关审核记录。安全生产合规管理制度使得企业安全生产合规工作有章可循、违章可罚、出错可改,为企业达成合规目标提供了有力的制度保障。

二、安全生产合规管理制度促进了法律法规在企业内部的贯彻执行,有利于企业法治建设

安全生产法律法规是国家为保障人民群众生命财产安全而制定的强制性规范。企业作为社会经济的细胞,必须严格遵守相关法律法规,履行安全生产主体责任。安全生产合规管理制度的建立和完善,有助于企业将法律法规的要求转化为内部规章制度和操作规程,确保企业各项生产经营活动在合法合规的轨道上运

行。这不仅有利于企业避免法律风险,而且能够提升企业的法治意识和合规意识,推动企业依法、健康、有序地发展。

安全生产合规管理制度强调持续改进的原则,要求企业根据法律法规的变化和企业实际情况的变化,及时调整和完善安全生产管理制度。通过不断总结经验教训,企业不断提升安全生产管理水平,为法律法规的贯彻执行提供有力保障。

三、安全生产合规管理制度是企业避免或者减轻行政、刑事处罚的有利证据

《行政处罚法》第三十二条第一款第一项规定,当事人主动消除或者减轻违法行为危害后果的,应当从轻或者减轻行政处罚。第三十三条第一款规定,违法行为轻微并及时改正,没有造成危害后果的,不予行政处罚。初次违法且危害后果轻微并及时改正的,可以不予行政处罚。第三十三条第二款规定,当事人有证据足以证明没有主观过错的,不予行政处罚。第三十四条规定,行政机关可以依法制定行政处罚裁量基准,规范行使行政处罚裁量权。行政处罚裁量基准应当向社会公布。根据上述规定,做好安全生产合规的企业,能够证明其主观上没有过错,就可以避免被处罚;哪怕确有行政违法行为,由于其做了合规工作,也能减轻一些行政处罚。

《刑法》规定了免予处罚、减轻处罚、从轻处罚的制度。企业通过安全生产刑事合规,一方面能促使企业管理人员知法、守法,知道哪些行为是违法的,是行为的红线;另一方面能在制度方面设置安全"隔离墙",使单位和人员的违法行为得到提前预警和防范,减少安全生产领域违法犯罪行为的发生。此外,即使发生安全生产违法犯罪行为,因为企业有完备且践行的合规制度,也能为企业的减轻、从轻处罚提供一定的证据支持。

第二节 构建分级分类的安全生产合规管理制度体系

构建分级分类的安全生产合规管理制度体系是一个系统性工程,其核心在于

通过科学、合理、有效的制度安排,确保企业安全生产活动既合规又高效。以下是构建该体系的具体步骤和要点：

一、明确构建目标和原则

1. 目标设定：明确构建安全生产合规管理制度体系的目标,如实现安全生产标准化、提高安全生产管理水平、防范和减少生产安全事故等。

2. 原则遵循：坚持"安全第一、预防为主、综合治理"的方针,遵循"党政同责、一岗双责、齐抓共管、失职追责"的原则,确保制度体系的科学性和有效性。

二、开展现状评估和需求分析

1. 现状评估：通过尽职调查、现场访谈、实地考察等方式,全面了解企业当前的安全生产合规管理现状,包括制度建设、执行情况、存在的问题等。

2. 需求分析：结合企业实际情况和发展需求,分析不同层级、不同岗位对安全生产合规管理的具体需求,为构建制度体系提供依据。

三、制定分级分类的管理制度

1. 制度框架设计：根据企业规模和业务特点,设计分层分类的安全生产合规管理制度框架,包括基本制度、专项制度、操作规程等。

2. 制度内容编制：

（1）基本制度：如制定安全生产责任制、安全生产教育培训制度等,明确企业安全生产的基本要求和责任体系。

（2）专项制度：针对特定领域或环节制定的专项管理制度,如危险化学品管理制度、特种设备安全管理制度等。

3. 操作规程：详细规定各岗位、各设备的安全操作规程和应急处置措施。

4. 制度分级：根据制度的重要性和适用范围,将制度分为不同等级,如公司级、部门级、岗位级等,确保制度的针对性和可操作性。

通过以上步骤和要点,企业可以构建出科学、合理、有效的分级分类的安全生产合规管理制度体系,为企业的安全生产活动提供坚实的制度保障。

企业现有的安全生产管理模式和制度文件,是安全生产合规管理体系建立和有效运行的基础。所有的管理制度,只有符合实际才能够行之有效,安全生产合规管理体系文件更是如此。在其他组织行之有效的安全生产合规管理制度未必适合本企业的管理运行,其主要原因就是各个企业的管理模式和制度文件的基础各不相同。企业在建立各项安全生产合规管理制度时,需要有效分析自身的实际情况、所处行业特点、地方监管要求等,充分与现有的安全生产管理模式和技术基础相结合,建立具有针对性的、层次清晰的安全生产合规管理制度,只有这样才能确保企业的安全生产合规管理制度具有可操作性和指导意义。

第三节 安全生产合规管理具体制度

为了全面贯彻落实安全生产合规义务,强化安全监督管理,确保安全生产经营,实现全年无安全事故的安全生产目标,企业须根据《安全生产法》《消防法》等法律法规、GB/T 35770—2022 及相关规范的规定,编制本企业安全生产合规管理制度。以下是安全生产合规管理制度的制度汇编目录示例,各企业可以根据自身实际予以增减、完善(见表 4-1)。

表 4-1 安全生产管理制度汇编目录

序号	安全生产管理制度	备注
1	目标管理制度	
2	安全生产责任制度	
3	安全生产责任考核奖惩制度	
4	安全生产奖惩制度	
5	安全教育培训制度	
6	外包工程安全管理制度	
7	识别、获取、评审、更新安全生产法律法规与其他要求管理制度	

续表

序号	安全生产管理制度	备注
8	文件和档案管理制度	
9	安全生产承诺制度	
10	"四新"安全管理制度	
11	安全操作规程制定、修订、评审制度	
12	设备和设施安全管理制度	
13	设备、设施定期维护保养管理制度	
14	重要设备、设施检维修安全管理制度	
15	危险作业审批制度	
16	用电安全管理制度	
17	动火作业安全管理制度	
18	高处作业安全管理制度	
19	劳保用品采购、发放、使用制度	
20	安全生产费用投入保障制度	
21	事故隐患排查治理资金使用专项制度	
22	隐患排查、治理、建档和监控制度	
23	安全风险分级管控制度	
24	消防安全管理制度	
25	防火、防爆制度	
26	职业卫生管理制度	
27	班组安全活动制度	
28	安全警示标志管理制度	
29	相关方安全管理制度	
30	三违管理制度	
31	"一线三排"管理制度	
32	事故报告和处理制度	
33	应急管理制度	
34	绩效评定制度	
35	安全生产信息化建设管理制度	
36	变更管理制度	

续表

序号	安全生产管理制度	备注
37	新建、改建、扩建工程项目安全设施"三同时"管理制度	
38	班组岗位达标管理制度	
39	领导干部现场带班管理制度	
40	噪声安全管理制度	

第四节 安全生产合规管理规章制度的完善和落实检查

《中央企业合规管理办法》第四条规定:"国资委负责指导、监督中央企业合规管理工作,对合规管理体系建设情况及其有效性进行考核评价,依据相关规定对违规行为开展责任追究。"第十九条规定:"中央企业应当根据法律法规、监管政策等变化情况,及时对规章制度进行修订完善,对执行落实情况进行检查。"

以上规定其他企业也可以参照适用。企业须强化安全生产合规管理规章制度执行和监督考核,并根据评审情况持续改进和优化制度体系。企业可按照以下环节对安全生产合规管理规章制度进行落实、检查、改进:

1. 制度宣贯:通过培训、宣传等方式,将安全生产合规管理制度传达到每一位员工,确保他们了解并遵守制度要求。

2. 执行落实:建立健全制度执行机制,明确各级管理人员和员工在制度执行中的职责和权限,确保制度得到有效执行。

3. 监督考核:建立安全生产合规管理监督考核机制,定期对制度执行情况进行检查和考核,对发现的问题及时整改并追究责任。

4. 定期评审:定期对安全生产合规管理制度体系进行评审和评估,了解制度体系的运行情况和存在的问题。

5.持续改进:根据评审结果和企业发展需求,对制度体系进行持续改进和优化,确保制度体系与企业实际情况和发展需求相适应。

6.创新管理:积极探索和应用新的管理理念和技术手段,提高安全生产合规管理的水平和效率。

第五章

安全生产合规工作的运行机制

第一节 安全生产合规风险识别评估预警机制

企业应当建立合规风险识别评估预警机制,全面梳理经营管理活动中的合规风险,建立并定期更新合规风险数据库,对风险发生的可能性、影响程度、潜在后果等进行分析,对典型性、普遍性或者可能产生严重后果的风险及时预警。

一、安全生产合规风险概念

《中央企业合规管理办法》所称合规风险,是指企业及其员工在经营管理过程中因违规行为引发法律责任、造成经济或者声誉损失以及其他负面影响的可能性。由此,我们可以将安全生产合规风险定义为:企业及其员工在经营管理过程中因生产违规行为导致企业承担不利后果的可能性。

安全生产合规风险包括安全生产固有合规风险和安全生产剩余合规风险。安全生产固有合规风险是指组织在未采取任何相应安全生产合规风险处理措施的非受控状态下所面临的全部安全生产合规风险。安全生产剩余合规风险是指组织在现有的安全生产合规风险处理措施无法有效控制的情况下发生的安全生产合规风险。

二、安全生产合规风险识别

(一)安全生产合规风险识别的内容

安全生产合规风险识别是一个系统性过程,旨在发现、收集、确认、描述安全生产合规风险,整理和储存安全生产合规风险信息。这一过程包括对安全生产风险根源、成因、风险事件及潜在后果的全面识别。识别安全生产合规风险的目的是在企业发生安全生产不合规行为之前,能预先识别出风险点,为后续的风险评估工作打好基础。

企业应通过将安全生产合规义务与活动、产品、服务以及运行的相关方面关联,来识别安全生产合规风险。安全生产合规风险识别包括安全生产合规风险点的识别和安全生产合规风险情况的界定。对于安全生产合规风险的识别,企业宜根据部门职责、岗位职责和不同类型的组织活动,识别各部门、各岗位和各种活动中的安全生产合规风险点。另外,企业宜定期开展安全生产合规风险点的识别工作。在界定安全生产合规风险点上,企业应编制安全生产合规风险点清单和安全生产合规风险情况清单。

(二)安全生产合规风险识别方法

在安全生产领域,合规风险的识别是预防事故、保障生产安全的重要前提。以下详细介绍四种主要的安全生产合规风险识别方法,这些方法各具特色,共同构成了企业全面识别安全生产合规风险的有效体系。

1. 法律法规与标准比对法

(1)核心思想:此方法强调将企业的安全生产实际运营情况与相关法律法规、行业标准及企业内部规章制度进行逐一比对,以发现潜在的安全生产合规风险点。

(2)实施步骤:

• 收集资料:全面收集并整理与安全生产相关的最新法律法规、行业标准及企业内部规章制度。

• 对比分析:将收集到的法规标准与企业的生产流程、管理制度、设备设施等实际情况进行逐一比对,找出不符合或可能不符合之处。

- 风险识别:基于比对结果,识别出可能存在的合规风险点,并分析其可能带来的后果。

(3)优势:能够确保企业及时、准确地了解和掌握最新的法律法规要求,避免因法律法规更新而企业未及时了解所带来的合规风险。

2. 案例分析法

(1)核心思想:通过收集、分析行业内外的安全生产事故案例,总结常见的合规风险类型和安全生产合规风险点,从而为企业自身的风险识别提供参考。

(2)实施步骤:

- 案例收集:广泛收集行业内外的安全生产事故案例,特别是与自身业务相似或相同的案例。

- 案例分析:对收集到的案例进行深入分析,总结其安全生产不合规行为、风险类型、风险点及后果等。

- 风险排查:结合企业自身情况,对类似的风险点进行排查和评估,提前采取措施进行防范。

(3)优势:具有直观性和针对性,有助于企业深入理解合规风险的实质和后果,提高风险识别的准确性和有效性。

3. 风险评估工具应用法

(1)核心思想:运用专业的风险评估工具对识别出的安全生产合规风险进行量化分析和评价,确定风险的性质、可能性和影响程度。

(2)常用工具:风险矩阵法、风险清单法、因果分析图法、岗位权力识别法等。

(3)实施步骤:

- 选择工具:根据企业的实际情况和安全生产风险评估需求选择合适的评估工具。

- 风险量化:运用所选工具对识别出的安全生产风险进行量化分析,评估其发生的可能性和可能带来的损失程度。

- 制定措施:基于风险评估结果,制定科学的风险防控措施和应急预案。

(4)优势:能够为企业提供客观、科学的安全生产风险评估依据,有助于企业更加精准地制定风险防控策略。

4.访谈与问卷调查法

(1)核心思想:通过对企业内部员工、外部专家及利益相关者进行访谈和问卷调查,收集关于安全生产合规风险的第一手信息。

(2)实施步骤:

- 设计问卷:根据安全生产风险识别目的和需求设计合理的问卷或访谈提纲。

- 开展调查:向企业内部员工、外部专家及利益相关者发放问卷或进行访谈,收集他们的意见和建议。

- 信息整理:对收集到的信息进行整理和分析,提取有价值的安全生产合规风险信息。

(3)优势:能够直接获取来自不同层面的信息和反馈,有助于企业全面了解自身的安全生产合规状况和潜在风险点,为后续的安全生产风险管理和防控工作提供有力支持。

三、安全生产合规风险评估

安全生产合规风险评估是安全生产合规管理体系实施的基础,也是分配适当和充足的资源和过程以便对已识别安全生产合规风险进行管理的基础。安全生产合规风险评估涉及将企业能接受的安全生产合规风险水平与合规方针中设定的安全生产合规风险水平进行比较。企业应基于安全生产合规风险评估,识别、分析和评价其面临的安全生产合规风险。具体而言,安全生产合规风险评估包括三个步骤:一是安全生产合规风险识别,二是安全生产合规风险分析,三是安全生产合规风险评价。如果说安全生产合规风险识别关注的是点,那么安全生产合规风险分析和评价关注的就是面。

(一)安全生产合规风险分析和评价

企业宜结合安全生产不合规的根本原因、来源、后果及其发生的可能性,来分析安全生产合规风险。企业的人员操作不当、制度缺陷、设备故障、管理疏漏等都可能构成安全生产不合规的根本原因。安全生产不合规的来源可能包括个人举报、内部检查发现或者第三方机构反映等。而其后果可能包括组织、个人伤害和环境损害、经济损失、名誉损失、行政管理措施变更以及面临的民事和刑事责任。

  安全生产合规风险分析通常根据风险事件潜在后果的严重性和发生概率的大小确定风险等级和采取的应对措施。企业进行安全生产合规风险分析，对后果的严重性可采取定性或者定量的方法，按照"严重、较重、一般"等级别进行表达。对风险事件发生的可能性，可以采取半定量结合定性的方法，按照"大、较大、一般"等级别进行表达。将后果和可能性两者结合起来，评估出最终的风险等级，通过以"高、中、低"风险表述来界定。常用的安全生产合规分析方法包括头脑风暴法、检查表法、情景分析法、访谈法、风险矩阵法、人因可靠性分析法等。下面以检查表法为例，对安全生产检查项目的合规风险进行评估形成风险清单（见表5-1）。

表5-1 安全检查合规风险清单（部分）

序号	检查项目	可能性	后果	风险等级	应对措施
1	班组人员未按"两穿一戴"规定执行	较大	严重	高	安全管理人员专人检查，违者扣考核分
2	班组未执行交接制度和安全值日制度	一般	一般	低	班组履行签名制
3	作业人员未进行岗位检查	一般	一般	低	上岗前叮嘱
4	班组人员不熟悉本岗位安全操作规程	大	严重	高	熟悉操作规程再上岗
5	班组有生病、疲劳人员进行作业	一般	较重	中	上岗前问询
6	班组人员违章作业行为	大	严重	高	安全人员巡查、监控
7	班组人员擅自离岗行为	一般	严重	高	安全人员巡查、监控
8	危险品未按规定领用、保存和输送	较大	严重	高	登记、检查
9	危险地段无栏杆、标志	较大	严重	高	检查、增设安全设施、警示标志
10	安全装置、护罩未起到安全防护作用	较大	严重	高	检查
11	走火通道不畅通	大	严重	高	检查、清理
12	仓库未使用防爆电器、安装不符合要求	一般	严重	高	采用并规范安装

续表

序号	检查项目	可能性	后果	风险等级	应对措施
13	作业区内有其他危险因素	一般	一般	低	识别、警示
14	消防设施、器材未定期检查	一般	一般	高	专人定期检查
15	电线电缆乱接乱拉、有破损	较大	严重	高	专业电工检修
16	漏电保护开关失效	一般	一般	中	专业电工检修
17	电气设备绝缘电阻检测不合格	一般	严重	高	购买合规产品、检修
18	电气设备异常响动	较大	较重	中	电气工程师检修

安全生产合规风险分析和评价需要合规管理人员对安全生产合规风险做充分的调查研究，掌握大量准确的数据和资料，形成企业安全生产合规风险清单，并在清单基础上对每一项合规风险进行评估。企业在进行安全生产合规分析与评价时可按照表5-2进行。

表5-2 安全生产合规风险分析与评价框架

序号	业务基本信息			安全生产合规信息			安全合规底线清单
	业务事项	二级事项	责任部门	是否为安全合规风险点	安全合规要求	禁止性安全合规要求	
1					从以下角度列明： 1. 法律法规 2. 监管规定 3. 国际规则 4. 公司承诺 5. 道德规范	从以下角度列明： 1. 法律法规 2. 监管规定 3. 国际规则 4. 公司承诺 5. 道德规范	
2					从以下角度列明： 1. 法律法规 2. 监管规定 3. 国际规则 4. 公司承诺 5. 道德规范	从以下角度列明： 1. 法律法规 2. 监管规定 3. 国际规则 4. 公司承诺 5. 道德规范	

（二）安全生产合规风险评估

基于风险评估方法的安全生产合规管理，并不意味着在合规风险较低的情况下，企业就会接受不合规的行为；相反，其有助于企业集中主要注意力和资源，优先处理更高级别的安全生产合规风险，并最终覆盖所有安全生产合规风险，使所有已识别的合规风险或情况都得到监视和处理。在进行安全生产合规风险评估时,可以借助一些适当的技术。其中,比较法是一种通用的技术方法,即在进行安全生产合规风险评估时,将企业能接受的安全生产合规风险水平与安全生产合规方针中设定的合规风险水平进行比较。

安全生产合规风险评估的详细程度和水平取决于企业的风险情况、环境、规模和目标,并随着具体的细分领域(如环境、财务、社会)变化而变化。因此,企业应定期评估安全生产合规风险,并在发生下列情形时,对安全生产合规风险进行周期性再评估:(1)企业发生新的或变化的活动、产品或服务;(2)企业组织结构或者战略发生变化;(3)企业发生重大的外部变化,如金融经济环境、市场条件、债务和客户关系;(4)企业安全生产合规义务发生变更;(5)企业并购或者被并购或者重组;(6)企业发生安全生产不合规事件和安全生产近乎不合规。

企业应保留有关安全生产合规风险评估和应对安全生产合规风险措施的文件化信息。

四、安全生产合规风险预警机制

安全生产合规风险预警机制通常是运用风险监测方法,对安全生产领域的合规状态及合规风险的形成进行动态监督和测试,当合规风险形成时,及时进行风险预警,提示企业采取安全生产风险应对措施。

企业可以从以下三个方面健全风险预警机制,以便采取有效的安全生产合规风险应对措施:

1. 强化监测监控。企业要采取人工监测、自动监测等多种手段,加强对危险源特别是风险等级为重大危险源的监测监控,建立健全监测巡视检查制度,做好监测设备设施的日常检查、运行维护和检测校验等,实现风险人工监测和自动监测"双保险",做到早预警、早处置。

2. 及时实施预警。企业要结合实际情况,明确预警信息发布的具体范围、条件和对象,对未有效管控的重大风险应及时实施预警,并按照响应等级向相应级别的政府部门报告,做好相应应急准备工作。预警解除后,要认真查找总结管控体系和管控措施可能存在的漏洞不足,完善风险管控机制。

3. 提升监测预警能力。企业要加大对最新信息技术的应用,推进重点区域、重要部位和关键环节的安全生产监测监控,配备使用自动化控制、自动预警、紧急避险、自救互救等设施设备,逐步实现自动采集报送、分析研判、预警发布,及时提高安全生产合规风险监测预警的智能化水平。要落实值班值守制度,严格履行职责,严肃工作纪律,加强对值班值守人员的教育培训,按规定及时处置突发事件。

第二节　安全生产合规审查机制

企业应当将安全生产合规审查作为一项必要程序嵌入安全生产管理流程。安全生产重大决策事项的合规审查意见应当由首席合规官签字,并由首席合规官对决策事项的合规性提出明确意见。业务及职能部门、合规管理部门依据各自的职责权限完善安全生产合规审查标准、流程、重点等,定期对开展的审查情况进行评估。

一、发挥合规管理"三大防线"在审查机制中的作用

安全生产合规审查须经过"三大防线"。第一道防线是企业的业务及职能部门;其承担安全生产合规管理主体责任,负责本部门经营管理行为的安全生产合规审查。第二道防线是企业合规管理部门;其牵头负责本企业安全生产合规管理工作,主要负责安全生产规章制度、经济合同、安全生产重大决策的合规审查。安全生产重大决策事项的合规审查意见应当由首席合规官签字,并由首席合规官对决策事项的合规性提出明确意见。第三大防线是企业监督追责部门。中央企业是纪检监察机构和审计、巡视巡察、监督追责等部门;监督追责部门在职权范围内对安全生产合规要求落实情况进行监督,对安全生产违规行为进行调查,按照规定开展安全生产责任追究。《中央企业合规管理办法》也要求合规与监察、审计、法律、内控、风险管理等相关部门形成协同联动机制,强调企业所有员工参与安全

生产合规管理建设。

二、安全生产合规重大决策事项管控清单

在安全生产重大事项合规管理流程中,企业通过识别管理中的安全生产合规风险,设置关键决策合规风控点,并增加安全生产合规审查环节,由相关审查人员审查并签字,形成安全生产重大事项合规流程管控清单。

以安全生产投入为例,在财务部门做好前期调查、论证、审查等工作后,起草安全生产投入计划书,由财务主管确认,并由相关职能部门、法律合规部、首席合规官分别进行安全生产投入合规性审查并签字,再交由安全生产合规委员会(小组)审议。(见表5-3)

表5-3 安全生产合规重大决策事项管控清单

业务事项	发起部门合规管控		会签审查部门合规管控			决策机构合规管控		落实部门/岗位合规管控措施	
	发起部门	发起部门合规管控措施	审查部门一	审查部门二	会签部门合规管控措施	机构一	机构二	牵头落实部门	落实岗位	落实岗位合规管控措施
安全生产投入	财务部合规专员	做好前期合规调查、论证;起草安全生产投入合规审查报告书	法律合规部	首席合规官	审查安全生产投入比例是否符合法律规定和公司实际、是否符合合规方针	总经理办公会	董事会	财务部	财务部合规专员	根据安全生产投入合规审查意见书的有关内容,切实保证安全生产投入的合规
	财务部经理	签署安全生产投入合规审查报告书部门意见								

三、安全生产合规审查方案及存档

根据 GB/T 35770—2022 的要求,企业要定期对安全生产合规进行内部审查,审查的时间间隔根据企业自身情况确定。

企业应根据相关过程的重要性和以往审核的结果，确立内部审查方案。内部审查方案包括审核的目标、准则和范围，确定审核员，审查频次，方法，职责，策划要求和报告。

审查方案制定出来，企业要确保其得到实施和维护。企业要选择合格、中立的审核员实施审核，以确保审核过程的客观性和公正性。审查结果出来以后，要第一时间向相关管理者（包括合规团队、最高管理者和治理机构）和管理层报告。

实施审查方案和审查结果要以文件化信息予以保存，作为相关工作开展的证据。

第三节　安全生产合规风险应对措施

企业发生安全生产合规风险时，相关业务及职能部门应当及时采取应对措施，并按照相关规定及时向合规管理部门报告，必要时须根据合规风险级别向当地政府部门报告。

企业因违规行为引发重大法律纠纷案件、重大行政处罚案件、刑事案件，或者被国际组织制裁等重大安全生产合规风险事件，造成或者可能造成企业重大资产损失或者严重不良影响的，应当由首席合规官牵头，合规管理部门统筹协调，相关部门协同配合，及时采取措施妥善应对。

企业发生生产安全事故是安全生产领域的重大合规风险事件之一，其合规应对措施应遵守国务院颁布的《生产安全事故报告和调查处理条例》。

一、生产安全事故的等级

根据生产安全事故（以下简称事故）造成的人员伤亡或者直接经济损失，事故一般分为以下等级：

1. 特别重大事故，是指造成 30 人以上死亡，或者 100 人以上重伤（包括急性工业中毒，下同），或者 1 亿元以上直接经济损失的事故；

2. 重大事故,是指造成 10 人以上 30 人以下死亡,或者 50 人以上 100 人以下重伤,或者 5000 万元以上 1 亿元以下直接经济损失的事故;

3. 较大事故,是指造成 3 人以上 10 人以下死亡,或者 10 人以上 50 人以下重伤,或者 1000 万元以上 5000 万元以下直接经济损失的事故;

4. 一般事故,是指造成 3 人以下死亡,或者 10 人以下重伤,或者 1000 万元以下直接经济损失的事故。

二、上报流程

(一)各部门内部上报

1. 对于轻微伤事故或一般设备事故或未遂事故,事发部门必须在事发当班完成事故记录,并由部门主管领导在当天书面或电话上报本单位合规管理专员备案,由合规管理专员向首席合规官汇报。

2. 对于轻伤事故或重大设备事故及其以上事故,事故发生部门主管领导必须在事故发生后 20 分钟内将事故的概况书面或电话上报本单位首席合规官,首席合规官应在 30 分钟内向本单位主要负责人报告事故的概况。

(二)本单位外部上报

经内部评判,事故属于生产安全事故的,事故发生后,现场有关人员应当立即向本单位主要负责人报告;单位主要负责人接到报告后,应当于 1 小时内向事故发生地县级以上人民政府安全生产监督管理部门和负有安全生产监督管理职责的有关部门报告。

情况紧急时,事故现场有关人员可以直接向事故发生地县级以上人民政府安全生产监督管理部门和负有安全生产监督管理职责的有关部门报告。

三、事故报告内容

1. 事故发生单位概况;

2. 事故发生的时间、地点以及事故现场情况;

3. 事故的简要经过;

4.事故已经造成或者可能造成的伤亡人数(包括下落不明的人数)和初步估计的直接经济损失;

5.已经采取的措施;

6.其他应当报告的情况。

事故报告后出现新情况的,应当及时补报。自事故发生之日起30日内,事故造成的伤亡人数发生变化的,应当及时补报。

四、应对措施

1.事故发生单位主要负责人接到事故报告后,除及时上报事故外,还应当立即启动生产安全事故相应应急预案,采取有效措施,组织抢救,防止事故扩大,减少人员伤亡和财产损失。

2.当发生人身伤害事故时,现场人员应立即采取有效措施,防止发生继发事故,控制事故范围的扩大,并立即将受伤或中毒人员用适当的方法和器具搬运出危险地带,并根据具体情况施行急救措施。

3.事故发生部门、现场人员要妥善保护事故现场,法律合规部保存相关证据,由于抢救人员、防止事故扩大以及疏散交通等原因,需要移动事故现场物件的,现场人员要做出标志、绘制简图并制作书面记录,妥善保存现场重要痕迹、物证。有拍照或录像工具的还要进行拍照或录像,便于事故调查分析。

4.配合相关政府部门对生产安全事故的调查,妥善处理好事故善后工作。依据《生产安全事故调查报告》对相关责任人员进行追责,并在企业内部做好警示教育,培育合规文化。

第四节 违规问题举报、整改、追责机制

安全生产违规问题发生以后,有的会被主动上报,有的可能会被刻意隐瞒。为发现问题、解决问题,避免小问题积累成大问题,企业应当畅通举报通道,做到

有错必究、逢错必改,这样才能促进安全生产合规管理工作的不断进步。

1.安全生产违规问题举报。企业应当设立违规举报平台,公布举报电话、邮箱或者信箱。相关部门按照职责权限受理违规举报,并就举报问题进行调查和处理;对造成资产损失或者严重不良后果的,移交责任追究部门;对涉嫌违法的,按照规定移交公安机关。

企业应当对举报人的身份和举报事项严格保密,对举报属实的举报人可以给予适当奖励。任何单位和个人不得以任何形式对举报人进行打击报复。

2.企业应当建立违规问题整改机制,通过健全规章制度,优化业务流程等,堵塞管理漏洞,提升安全生产依法合规管理水平。对检查或者举报发现的安全生产违规问题,可以按照以下示例建立整改台账(见表5-4)。

表5-4 安全生产违规问题整改登记台账(_____月)

检查日期	问题位置	问题详情	风险等级(高、中、低)	整改措施	完成期限	完成情况	整改责任人	验收责任人	备注

注:(1)每次检查发现的安全生产违规问题都需做好登记记录;(2)谁检查,谁验收。

3.企业应当完善安全生产违规行为追责问责机制,明确责任范围,细化问责标准,针对问题和线索及时开展调查,按照有关规定严肃追究违规人员责任。企业可制作安全生产重点岗位合规职责问责清单(见表5-5),开展安全生产违规人员追责工作。

表 5-5 安全生产重点岗位合规职责问责清单

序号	部门	岗位	合规职责	问责标准	部门责任人	备注
1	法律合规部	合规主管	1. 拟定安全生产合规管理制度 2. 起草并审核安全生产法律文件 3. 对公司安全生产重大决策、规章制度、重要合同进行合规审查 4. 建立安全生产合规审查事项清单 5. 明确安全生产合规审查依据,制定审查规则、复核规则 6. 对安全生产合规风险进行识别、评价,撰写年度合规报告 7. 受理安全生产合规举报、组织开展合规调查 8. 组织开展安全生产合规培训、签订合规承诺 9. ……			
2						
3						
4						

4. 企业应当建立所属单位安全生产管理部门和员工履职违规行为记录制度,将违规行为性质、发生次数、危害程度等作为考核评价、职级评定等工作的重要依据。企业可以制作安全生产管理部门和员工履职违规行为记录表,并作为档案予以保存(见表5-6、表5-7)。

表 5-6 安全生产管理部门履职违规行为记录

违规主体	违规时间	违规行为性质	违规次数	危害程度	备注
部门1					
部门2					
部门3					
……					

表 5-7 安全生产员工履职违规行为记录

违规主体	违规时间	违规行为性质	违规次数	危害程度	备注
员工 1					
员工 2					
员工 3					
……					

第五节 安全生产合规管理与其他内部管理协调运作机制

企业应当结合实际建立健全安全生产合规管理与法务管理、内部控制、风险管理等协同运作机制,加强统筹协调,避免交叉重复,提高管理效能。

在现代企业管理中,安全生产合规管理不仅是保障员工人身安全和企业财产安全的重要基石,更是推动企业可持续发展的关键要素。同时,企业内部的其他管理体系,如法务管理、内部控制、风险管理等同样发挥着不可替代的作用。这些管理体系的协调运作,对于提升企业整体管理水平、降低经营风险具有重要意义。

一、安全生产合规管理与其他管理体系的关系

(一)与法律合规管理的关系

法律合规管理是企业管理的基石,它要求企业所有经营活动必须在法律允许的范围内进行。安全生产合规管理作为法律合规管理的重要组成部分,必须严格遵守国家安全生产法律法规,确保生产活动合法合规;同时,法律合规管理也为安全生产合规管理提供了法律支持和保障。两者相辅相成,共同维护企业的合法经营和安全生产。

(二)与内部控制管理的关系

内控管理是企业为实现经营目标、保护资产安全完整、保证财务报告真实可

靠、确保经营方针和规章制度贯彻执行而制定的一系列控制方法和程序。安全生产合规管理与内控管理在目标上具有一致性,都是为了降低企业风险、提升管理水平。在实际操作中,两者可以相互借鉴、相互融合,共同构建企业的风险防控体系。

(三)与风险管理的关系

风险管理是企业识别、评估、应对和控制潜在风险的过程。安全生产合规管理本质上也是一种风险管理,它侧重于对安全生产领域的风险进行管控。因此,安全生产合规管理与风险管理在方法论上具有共通性,可以共享风险识别、评估、应对等工具和手段。同时,风险管理为安全生产合规管理提供了更广阔的视野和更系统的框架,有助于提升安全生产合规管理的水平。

二、安全生产合规管理与其他内部管理协调运作机制

(一)制度对标与融合

在制度层面,安全生产合规管理应与其他管理体系进行对标和融合。企业可以借鉴《合规管理体系 要求及使用指南》(GB/T 35770—2022)等标准,通过内部诊断、体系策划、流程职能双向对标、制度文件查漏补缺等步骤,实现安全生产合规管理体系与其他管理体系的一体化运作或高效协同。这种融合不仅有助于减少制度冲突和重复劳动,还能提升管理效率和效果。

(二)跨部门协同机制

在组织架构层面,企业应建立跨部门协同机制,确保安全生产合规管理与其他管理体系之间的顺畅沟通和协作。企业通过设立跨部门协作小组、定期召开联席会议等方式,加强不同部门之间的信息共享和资源整合,共同应对安全生产合规风险和其他管理风险。

(三)风险识别与评估

在风险识别与评估方面,安全生产合规管理应与其他管理体系共享风险信息库和评估工具。企业可以全面梳理经营管理活动中的各类风险,包括安全生产风险、法律风险、内控风险等,建立统一的风险数据库并定期更新。通过对风险发生

的可能性、影响程度等进行分析评估,为制定科学有效的风险防控措施提供依据。

(四)应急响应与处置

在应急响应与处置方面,安全生产合规管理应与其他管理体系建立联动机制。企业应制定完善的应急预案和应急响应流程,明确各部门在应急情况下的职责和协作方式。同时,加强应急演练和培训,提高员工应对突发事件的能力和水平。在发生紧急情况时,能够迅速启动应急预案并有效进行处置,以最大限度地减少损失。

(五)监督与考核

在监督与考核方面,安全生产合规管理应与其他管理体系共同构建监督考核体系。企业应制定统一的监督考核标准和指标体系,定期对各部门的管理绩效进行评估和考核。通过考核结果反馈和整改落实等措施,推动各部门持续改进管理水平,进而提升整体绩效水平。

第六节 安全生产合规管理工作的评价

企业应当定期开展安全生产合规管理体系有效性评价,针对重点业务合规管理情况适时开展专项评价,强化评价结果运用。

一、有效性评价的定义和目的

有效性,指完成策划的活动和实现策划的结果的程度。为确保安全生产合规管理体系持续的有效性,企业治理机构和最高管理者应在策划的时间间隔内对组织的安全生产合规管理体系进行评审。管理评审的目的是由企业管理者对安全生产合规管理体系的有效性做出分析和评价,决定是否需要对安全生产合规管理体系的建立、开发、实施、维护做出调整,以及如何有效分配在安全生产合规管理体系运行中的各种资源投入。

二、管理评审的实施主体及频率

管理评审的实施主体是企业治理机构和最高管理者。评审的开展时间及次数由企业根据实际情况安排,但建议每年至少开展一次管理评审。

三、管理评审的内容

管理评审的内容涵盖以下几个方面:

1. 以往管理评审所采取措施的执行情况。

2. 与安全生产合规管理体系有关的外部和内部事项的变化。

3. 与安全生产合规管理体系有关的相关方需求和期望的变化。

4. 关于安全生产合规绩效的信息及趋势,包括以下方面:

(1) 不符合、不合规与纠正措施;

(2) 监视和测量的结果;

(3) 审核结果。

5. 持续改进的机会。

四、管理评审(安全生产领域)具体体现

在安全生产领域,管理评审具体体现在以下几个方面:

1. 安全生产合规方针的充分性;

2. 安全生产合规团队的独立性;

3. 安全生产合规目标的达成度;

4. 资源的充分性;

5. 安全生产合规风险评估的全面性;

6. 现有控制和绩效指标的有效性;

7. 与提出疑虑的人员、相关方沟通,包括反馈和投诉;

8. 调查;

9. 报告机制的有效性。

五、强化评价结果运用

评价结果及建议应当以文件化信息储存,并以书面报告形式提交给治理机构和最高管理者。评价结果出来以后,需强化其运用,提出改进建议。建议包括:

1. 安全生产合规方针及相关的目标、体系、结构和人员的调整。

2. 安全生产合规过程的变更,以确保与运行实践和体系有效整合;需监视的未来潜在安全生产不合规的领域。

3. 与安全生产不合规相关的纠正措施。

4. 当前安全生产合规体系和长期持续改进的目标之间的差距或不足。

5. 对组织内的安全生产示范性合规行为的认可。

六、应用案例

以下案例展示了管理评审在内容、过程和结果上报等方面的实践。

案例:R 企业的合规管理评价与实践

R 企业采用了"合规仪表盘"和年度合规管理有效性评价相结合的评价方法。"合规仪表盘"是一种实时管理工具,通过后台的信息采集系统,实时显示各项管理措施的落实情况和发生不合规事件的情况,如制度数据库的访问量、业务部门发起高风险交易合规审查的数量和进度、强制性合规培训的完成进度、合规疑虑报告的数量、经调查确认的严重不当行为的数量等。

年度合规管理有效性评价在每个财年的最后一个月开展,并在当月完成。评价中,合规部门按照本企业合规管理体系的组成要素,设计了制式表单,由业务部门负责人首先完成对本部门的评价;之后由公司负责人结合自己掌握的信息对每个组成要素的有效性做出评价,并对公司合规管理的有效性做出整体评价。评价结果作为年度合规报告的组成部分提交给管理层和董事会。管理层和董事会在正式会议上审议年度合规报告,听取合规部门和相关业务部门的汇报,并形成审议结论和决议。

第六章

安全生产合规文化建设

第一节 合规文化的内涵与意义

企业的合规文化是一种重要的软实力。它贯穿企业的各个方面,能够帮助企业在合规建设中取得实质性进展,从而在激烈的商业竞争中脱颖而出,助推企业稳步健康发展。合规文化与中国特色社会主义法治密切相关,其内涵独具特色。

一、合规文化的概念

合规文化是指在企业内形成的一种氛围;它促使员工树立合规理念,并在工作和业务开展过程中依法践行这一理念。合规文化涵盖了合规理念、合规价值、合规风险意识、合规风险应对等各方面内容。它不仅影响员工的行为,更深入员工的思想,使员工在履行职责时能够自觉遵守和维护合规制度。合规文化与合规制度相辅相成,是企业健康发展和行稳致远的重要保障。

二、合规文化的作用

合规文化在多个方面发挥重要作用:

1. 融合作用:合规文化通过在企业不同层级人员之间达成相对稳定的共识,促使企业内部和相关行业、社会机构形成合力,共同维护和优化合规环境。

2. 促进作用:合规文化能够促进企业领导和员工形成统一的行为规范,明确各自在合规体系中的地位和作用,增强企业合规的整体效能。

3. 解码作用:合规文化是企业合规管理体系的"密码",它通过营造良好的合规氛围和强化合规意识,帮助企业解决合规过程中遇到的各种难题,并引导员工养成自觉遵守规章制度的良好习惯。

三、安全生产合规文化的内涵

安全生产合规文化是一种综合性的管理文化。它要求企业在生产经营过程中,始终将安全生产放在首位,通过制度建设、教育培训、风险管理、应急管理等多方面的举措,确保生产活动的安全合法,保障企业、员工的财产、人身免受侵害。只有这样,企业才能实现安全生产的长效机制,推动企业的可持续发展。

企业安全生产合规文化的内涵有以下几个方面:

1. 全员知法守法:确保所有生产活动符合国家和地方的安全生产法规、标准和规章制度。

2. 全员风险管理:企业人人懂得识别、评估和控制生产过程中的各种安全风险,采取有效措施预防事故发生。

3. 持续改进:通过定期审查和改进安全管理体系,不断提升安全管理水平和能力,确保安全生产的持续改进。

4. 全员参与:鼓励全体员工参与安全管理,提升他们的安全意识和技能,确保每个人都成为安全生产的参与者和守护者。

5. 教育培训:定期开展安全培训,提高员工的安全知识和操作技能,确保员工能够正确应对各种安全风险。

6. 落实安全生产责任制:明确各级管理人员和员工在安全生产中的责任,确保每个人都清楚自己的职责和应承担的安全责任。

四、企业安全生产合规文化的意义

1. 保障员工生命安全。安全生产合规文化可以有效减少生产事故的发生,保障员工的生命安全和健康。

2. 提高企业效益。通过减少事故和伤害,企业可以降低相关的经济损失和法律风险,提高生产效率和经济效益。

3. 树立企业形象。良好的安全生产合规文化可以提升企业的社会形象,增强企业的市场竞争力和品牌价值。

4. 确保合法合规运营。确保企业的生产活动符合国家和地方的法律法规要求,避免因违法违规行为而受到处罚。

5. 促进企业可持续发展。安全生产合规文化是企业可持续发展的重要保障,通过安全管理和风险控制,实现经济效益、环境效益和社会效益的协调发展。

6. 增强员工凝聚力。通过建立和推广安全生产合规文化,企业可以增强员工的归属感和凝聚力,营造一个和谐、安全的工作环境。

综上所述,安全生产合规文化是企业管理的重要组成部分,通过持续推进和改进安全管理,企业可以有效防范和减少生产安全事故,保障员工的生命安全和健康,实现经济效益和社会效益的双赢。

第二节 安全生产合规文化的建设与宣传

合规文化的建设是企业实现长期稳定发展的重要基石。建立起强有力的合规文化,不仅需要企业内部自上而下的重视和落实,还需要通过有效的传播手段将合规理念深入人心。本节将探讨如何在企业内部构建起以安全生产为核心的合规文化,涵盖从高层领导的引导、员工培训教育到合规制度的落地实施。同时,本节还将介绍如何通过各种传播方式和渠道,使合规文化在企业中广泛传播,确保每位员工都能理解并践行合规要求,从而形成全员参与、共同维护的良好氛围。

一、建设企业安全生产合规文化

1. 企业领导人员的引导和承诺

企业应当将安全生产合规管理纳入安全生产委员会法治专题进行学习,推动企业领导人员强化合规意识,带头依法依规开展经营管理活动,确保企业领导人员积极支持并参与安全生产合规文化建设,通过承诺和实际行动示范合规的重要性。

企业领导人员应将安全生产合规理念纳入企业的核心价值观和战略规划,制定明确的合规政策和制度。企业领导人员应创建系统化的合规管理体系,涵盖企业的所有业务和运营环节。企业领导人员应将安全生产合规要求嵌入业务流程,确保安全生产合规管理成为日常运营的一部分。

2. 员工的教育和培训

企业应当建立常态化安全生产合规培训机制,对人员进行全面培训。为员工提供持续的合规培训,确保他们了解合规政策、操作规程和自身责任。首先,要制定安全生产合规年度培训计划,拟定培训实施方案;其次,培训后还要对员工进行考核,进行培训总结,不断提高培训的效果。要对员工进行合规三级培训(公司级、车间级、岗位级)、专项培训等多层次的教育和培训。培训的形式可以多样化,如现场授课、外出参观学习、现场观摩、网上教学等。

培训要注重提升员工的安全生产意识。通过各种喜闻乐见的教育活动如合规大赛、合规抽奖、合规有奖问答等活动提高员工的合规意识。鼓励员工在工作中遵守合规要求,对合规工作表现优异的人员应予以表彰。

3. 培训工作的开展

(1)明确培训的目的,确保员工能够了解和掌握与安全生产相关的法律、法规、标准以及操作规程,从而减少生产过程中的安全风险。

(2)制订培训计划。在培训内容上,企业可以先从理论入手,详细讲解安全生产的基础知识,如安全生产法规、安全生产责任制等;随后,可以结合具体案例,分析生产过程中的安全隐患和事故原因,让员工深刻认识到安全生产合规的重要性。

（3）选择优秀师资。聘请既有理论水平又有实践经验的专家型老师。老师应根据不同的授课群体设计培训内容。在培训过程中，安排实践操作环节，比如，现场演示正确的操作方法和安全防护措施，让员工亲自动手操作，加深员工对安全知识的理解和记忆。

（4）采取多样化教学方法。为增强培训效果，企业还可以采用多种教学方法，比如互动问答、小组讨论等，让员工积极参与其中，提高学习的趣味性和实效性。

（5）培训评估。企业可以通过考试、问卷调查等方式，了解员工对培训内容的掌握情况，以便及时发现问题并进行改进。

总之，进行安全生产合规培训需要综合考虑多个方面：既要注重理论知识的传授，又要注重实践操作的训练；既要采用灵活多样的教学方法，又要注重培训效果的评估和反馈，确保培训达到预期目标。

二、宣传企业安全生产合规文化

企业应当加强合规宣传教育，及时发布合规手册，并组织员工签订安全生产合规承诺，强化全员守法诚信、合规经营意识。

1. 内、外部宣传

对内宣传：在企业内部，通过公告、培训、会议等多种形式宣传合规文化，确保每位员工对合规要求有清晰且准确的认识。

对外宣传：利用企业官方网站、社交媒体等平台对外宣传企业的合规文化和展示合规实践成果，树立良好的企业形象。

2. 合作与交流

行业合作：与其他企业和行业组织合作，分享合规经验和最佳实践，共同提升行业合规水平。

政府和社会：积极与政府、监管机构和社会组织互动，获取最新的合规信息和指导。

3.透明与公开

信息公开：定期发布合规报告，公开企业在合规方面的工作进展和成果，接受公众和利益相关方的监督。

透明管理：保持企业运营的透明度，让员工和外部利益相关者清晰了解企业的合规情况。

通过以上策略，企业能够全面推进合规文化建设，提升合规管理水平，增强市场竞争力和社会责任感，实现企业的可持续发展。

第三节 对从业人员的安全生产合规培训

一、安全生产合规培训的对象

企业安全生产合规培训的对象主要针对的是企业的从业人员。企业应当将安全生产合规培训作为生产经营单位主要负责人、安全生产管理人员（含首席合规师）、特种作业人员、危险化学品登记人员、安全生产应急救援人员等从业人员安全培训的必修内容，通过培训，提高这些人员的合规能力，确保企业安全生产合规工作取得实效。企业应当引导这些人员自觉践行合规理念，遵守合规要求，积极参与合规培训，对自身行为合规性负责，培育具有企业特色的合规文化。

对于中央企业的分公司、子公司及其所属单位和其他生产经营单位，发生人员死亡的生产安全事故的，其主要负责人和安全生产管理人员应当重新参加安全培训。特种作业人员对造成人员死亡的生产安全事故负有直接责任的，应当按照《特种作业人员安全技术培训考核管理规定》重新参加安全培训。

对于新招的矿山井下作业人员和危险物品生产经营单位危险工艺操作岗位人员，除按照规定进行安全培训外，还需在有经验的职工带领下实习满 2 个月后，方可独立上岗作业。

二、安全合规培训工作的原则

安全合规培训应实行统一规划、归口管理、分级实施、分类指导、教考分离的原则。国家安全生产监督管理总局指导全国安全培训工作,依法对全国的安全培训工作实施监督管理。国家煤矿安全监察局指导全国煤矿安全培训工作,依法对全国煤矿安全培训工作实施监督管理。国家安全生产应急救援指挥中心指导全国安全生产应急救援培训工作。县级以上地方各级人民政府安全生产监督管理部门依法对本行政区域内的安全培训工作实施监督管理。省、自治区、直辖市人民政府负责煤矿安全培训的部门、省级煤矿安全监察机构按照各自工作职责,依法对所辖区域煤矿安全培训工作实施监督管理。

三、建立企业安全培训管理制度

对从业人员的安全培训,具备安全培训条件的企业应当以自主培训为主,也可以委托具备安全培训条件的机构进行安全培训。不具备安全培训条件的企业,应当委托具有安全培训条件的机构对从业人员进行安全培训。安全培训应当按照规定的安全培训大纲进行,培训时企业要选择优质的教材。

企业要建立安全培训管理制度,保障从业人员安全培训所需经费,对从业人员进行与其所从事岗位相应的安全教育培训;从业人员调整工作岗位或者采用新工艺、新技术、新设备、新材料的,应当对其进行专门的安全教育和培训。未经安全教育和培训合格的从业人员,不得上岗作业。企业使用被派遣劳动者的,应当将被派遣劳动者纳入本单位从业人员统一管理,对被派遣劳动者进行岗位安全操作规程和安全操作技能的教育和培训。劳务派遣单位应当对被派遣劳动者进行必要的安全生产教育和培训。企业接收中等职业学校、高等学校学生实习的,应当对实习学生进行相应的安全生产教育和培训,提供必要的劳动防护用品。学校应当协助企业对实习学生进行安全生产教育和培训。

四、安全培训和合规应有机结合

安全培训应紧密贴合特定人员的岗位及其面临的安全生产合规风险。培训结束后,需对特定人员的培训效果进行有效性评估。企业最高管理层每年至少对特定人员的培训工作进行一次评审。

企业在对特定人员开展培训时,宜结合已识别的安全生产合规风险,提升其合规意识。通过培训,特定人员应了解:企业的合规方针;他们对安全生产合规管理体系有效性的贡献,包括改善合规绩效带来的效益;不符合安全生产合规管理体系要求的后果;提出安全生产合规疑虑的方法和程序;工作岗位的安全生产合规义务与合规方针的关系;支持合规文化的重要性。这些合规意识不仅要求上述特定人员了解,企业其他人员也应知晓。

企业所有安全培训记录作为文件化信息予以保留存档,以备行政机关检查和企业定期合规评审之用。

第七章

安全生产合规信息化建设

第一节 安全生产合规信息化建设的意义

所谓信息化就是工业社会向信息社会前进的过程,亦即加快信息高科技发展及其产业化,提高信息技术在经济和社会各领域的推广应用水平并推动经济和社会发展的过程。

1. 安全生产合规信息化建设能显著提升安全生产合规管理效率。企业在安全生产合规管理工作中,利用信息技术,可以实现信息快速传输,促进各方的协作与沟通。同时,引入智能技术,如人工智能、大数据分析等,能极大地辅助决策的制定,提高决策效率,实现安全生产智能化管理。

2. 安全生产合规信息化建设促进安全生产合规信息资源的共享。《中央企业合规管理办法》规定,中央企业应当加强合规管理信息系统与财务、投资、采购等其他信息系统的互联互通,实现数据共用共享。企业通过建立统一的安全生产信息平台,可实现企业不同层级、部门、人员甚至行业之间安全生产信息的共享和交换,提升信息资源的价值。

3. 安全生产合规信息化建设能确保安全生产信息的安全。企业通过提升安全生产信息系统的安全性,保护信息资产免受未经授权的访问、破坏或泄露,确保信息的机密性、完整性和可用性。

4. 安全生产合规信息化建设能提升人员的信息素养。安全生产合规信息化建设通过讲授信息技术知识,培养企业人员具备信息技术的技能,提升其信息意识和运用信息的能力,适应信息化时代的需求和挑战。

5. 安全生产合规信息化建设是企业合规的应有之义。企业讲合规就要讲信息化建设。由于企业合规的策划、执行、检查、改进等环节都需要保存、获取、利用文件化信息,所以企业开展合规建设就必然要推进信息化建设。

第二节　安全生产合规信息技术的应用

根据 GB/T 35770—2022 的要求,企业在建立、开发、实施、评价、维护和改进安全生产合规管理体系时,可合理应用信息技术,提升安全生产合规管理体系的有效性。企业可对应用信息技术形成的管理工具进行测试、优化和不断升级,以提高这些工具的准确性和适用性,并将其与企业的信息化业务过程相融合。

完整准确的数据是安全生产合规管理体系应用信息技术的基础。在安全生产合规风险评估、安全生产合规管理体系运行、安全生产合规培训、安全生产合规绩效评价以及安全生产合规管理体系的持续改进等方面,企业需要对相关安全数据和信息进行准确收集、分析,并将其运用于企业的合规管理。

1. 信息技术在安全生产合规管理体系中的应用包括但不限于以下方面:

(1) 合规义务、合规制度和相关典型案例数据库;

(2) 合规风险数据库(包括企业对以往违规行为的记录、总结报告);

(3) 合规培训系统(包括线上课件、自我测试等);

(4) 合同管理和财务系统;

(5) 信息和数据搜索与分析工具,例如对组织外部合规相关领域立法和执法趋势的跟踪和分析、对组织内部过往违规事件进行行为模式及发生原因的分析;

(6) 数据分析和示险看板,如合同履约率的数据分析和示险看板产品。

2. 企业应当定期梳理业务流程,查找安全生产合规风险点,运用信息化手段将合规要求和防控措施嵌入流程,针对关键节点加强合规审查,强化过程管控。

企业应当定期对现有业务流程进行全面梳理,识别安全生产合规的关键环节和潜在风险点。在此基础上,制定标准化的业务流程和操作规程,确保每个环节都符合安全生产合规要求。企业可建立专门的合规管理信息系统,将安全生产合规要求和防控措施嵌入流程,实现信息的实时更新和动态监测。例如,在采购环节设置供应商资质审核流程,确保采购的原材料和设备符合安全生产标准;在生产环节设置安全操作规程和应急预案,确保生产过程中的安全可控。

此外,企业应推动合规管理信息系统与财务、投资、采购等其他业务系统的互联互通,打破信息孤岛,实现数据共享,确保安全生产合规要求能够贯穿企业经营管理全过程。

3. 企业可利用大数据、云计算、人工智能等先进信息技术,对安全生产重点领域和关键节点进行实时动态监测。通过数据分析,及时发现潜在的安全隐患,实现合规风险的即时预警和快速处置。企业在生产业务流程的风险节点上增加风险预控提示和"阅读确认"功能,以规范生产业务操作,明确安全职责,控制违规风险。同时,企业在生产业务流程中增加安全"一票否决"功能,对严重偏离风控要求的生产业务流程进行暂停整改。

4. 企业应注重信息技术创新与升级。企业可密切关注安全生产合规管理领域的技术发展动态,积极引入新技术、新方法,不断提升安全生产合规管理信息化水平。企业通过技术创新和升级,为安全生产合规管理提供更加有力的技术支撑。

广东省佛山市应急管理局对先进信息技术的引入和运用,值得广大企业大力借鉴。由佛山市应急管理局牵头建设的佛山市城市安全运行监测中心,整合汇聚了省、市36个单位226类基础数据,动态数据日均新增量达9.8亿条。该中心对燃气、消防、交通、林火等九大领域进行专项监测,实现24小时在线监测和自动预警,是城市安全治理的"智慧大脑"。2022年,通过佛山市城市安全运行监测中心的信息技术赋能,佛山成功应对了数起森林火灾,抵御了北江流域百年一遇的洪水。全市生产安全事故起数、死亡人数创历史新低,同比分别下降46.7%和45.1%,连续5年实现"双位数"下降,下降幅度是全省平均下降幅度的2.5倍,两项指标从全省长期排名第三直线下降至第七;较大事故从2014年的8起(2014年以来年均6起)下降至2021年的1起。

第八章

安全生产合规案例分析

在安全生产领域，优秀企业的合规实践不仅展示了其对法律法规的严格遵守，也体现了其在安全管理和风险控制方面的卓越能力。本章将介绍在安全生产合规方面表现突出的企业案例，通过详细分析这些企业在建立和实施安全生产合规体系过程中的成功经验和最佳实践，展示其如何有效防范安全风险、保障员工健康、维护企业声誉。这些优秀案例为其他企业提供了可供借鉴的范本，帮助更多企业提升安全生产管理水平，实现持续、健康、稳健的发展。

第一节 合规实践优秀企业案例分析

一、企业背景

A 公司隶属国家能源集团，成立于 2000 年，注册资本近 50 亿元，位于广东省，是中国排名前列的发电厂之一。该厂坚持以质量效益为中心，努力打造安全高效、生态文明的一流电力企业，取得较好的经营业绩。截至 2021 年年底，创造产值千亿元，成为国家重要的能源保障单位。

A 公司将合规文化纳入企业总体文化建设范畴，坚持合规从高层做起，坚持全面合规、全员合规，坚持合规创造价值、合规保障安全，营造了较好的诚信合规氛围，并积累了宝贵的合规文化建设实践经验。

二、合规管理体系建设的背景

1. 外在监管要求必须开展合规文化建设

2003 年,中国加入 WTO 后,合规管理的建设速度显著加快。2016 年,中国移动等五家央企开始试点企业合规管理;2017 年,国家标准《合规管理体系　指南》(GB/T 35770—2017)发布;2018 年 11 月,《中央企业合规管理指引(试行)》颁布,推动央企系统开展合规管理体系建设;2022 年 10 月 1 日《中央企业合规管理办法》开始施行。以上社会环境激发了 A 公司开展合规管理的积极性。

2. 企业的内在力量驱动合规文化建设

通过不懈努力,A 公司已构建起一套完整且高效的生产、运营和管理体系。不合规的文化容易导致不合规的行为,增加审计违规风险,也容易引发法律纠纷。为贯彻落实国家"四个革命、一个合作"能源安全新战略、"双碳"战略目标任务,以及国家能源集团"一个目标、三型五化、七个一流"发展战略,A 公司还需要进一步加强合规文化建设,确保法治合规建设取得实效,以满足打造一流企业的内在需求。

三、合规管理体系建设的做法

1. 党委重视,合规从高层抓起

A 公司党委高度重视合规文化建设,深刻认识到其抓好这项工作是加强合规管理的重要组成部分,对提升公司干部职工依法合规办事,加快创建世界一流电力示范企业具有重要意义。在企业章程中,明确了董事会、监事会、经理层在推进法治合规管理中的职责。同时 A 公司制定了合规管理办法,成立了合规管理委员会,负责组织和统筹协调公司的合规管理工作,从上至下推动合规管理建设。公司党委定期开展党委中心组集中学习法律和规章制度,将合规文化建设的关键内容纳入党委中心组的定期专题学习内容,持续提升企业领导人员的合规意识,带头依法依规进行经营管理活动。

2.健全企业的"规",丰富合规文化内容

企业的合规管理文化建设需要结合行业特点和实际业务情况,制定科学合理、完善的法律法规、标准规范、规章制度和合规操作流程,并制定适用于具体岗位人员的合规政策、行为手册和操作指引。企业的合规管理制度明确规定了"规"包括法律法规、监管规定、行业准则、国际条约和规则、商业惯例、公司章程、上级单位及公司的规章制度等要求。

A 公司定期跟踪和分析与企业经营管理活动相关的立法动态,并通过合规管理风险提示清单等形式提醒相关部门重点关注。同时,企业定期更新常用法律法规数据库,按业务板块和专业岗位进行细化分类,便于快速查找法规条文。截至 2022 年 5 月,该数据库收录了宪法、123 部法律、139 部行政法规、1 部监察法规、67 部广东省地方性法规、245 部国务院部委规章、17 部广东省和广州市政府规章、379 部各级政府规范性文件,以及包括党内法规、行业规定和团体规定在内的共 1097 部法律法规数据,为合规管理提供全面的法律法规依据。

根据电力和能源管理所需的工程建设、安全生产、环境保护、技术管理等方面的要求,A 公司建立了企业常用电力标准规范数据库。该标准数据库收录了包括国际标准、国家标准、地方标准、行业标准、中电联标准以及国家能源集团企业标准在内的 4000 余部标准规范,并提供部分标准的电子文本和纸质文本。

A 公司持续完善以公司章程为纲的规章制度体系,开展制度执行后评价工作,定期发布有效制度和废止制度清单。同时按照管理体系梳理内在逻辑关系并汇编成册,并将《中央企业合规指引》、专项合规指南以及国家能源集团《火电板块业务合规指引》和《通用法律禁止性、强制性规范指引》等内容纳入企业合规文化建设内容。

3.完善合规文化队伍建设,健全工作网络

现代企业的合规管理已经从传统的单一法务领域扩展到企业专项合规部门、法律合规部门以及内部审计和党内纪检巡察监督共同参与的"大合规"领域,仅靠一个部门难以确保合规管理的长久稳定。为此,A 公司完善了总法律顾问制度,推行公司律师制度,设立了法律合规部和内控审计部,优化了合规管理职责的分

工,筑牢了合规管理的"三道防线"。

同时,A公司充分发挥专兼职合规管理岗位的作用,致力于完善合规文化建设,并建立了企业、部门(车间)和班组三级普法队伍,实现合规文化建设与法治宣传教育工作深入部门(车间)和班组,形成覆盖全员的工作网络。

4. 创新合规文化建设的载体与方式

A公司不断强化合规文化阵地建设,设立了常态化的党员教育活动室、廉政教育活动室和普法教育活动室。在职工书屋设置了法律类图书书架,上架了千余册法律法规书籍和国家行业标准规定书册。在办公楼和食堂设置播放法治合规宣传的电视和电子屏,公司内的"法治合规文化长廊"每季度切换宣传主题,让员工随时接触到法律,营造浓厚的合规文化氛围。

A公司注重与当地普法办加强联系,结合政府普法责任清单,借助政府部门进企业开展法治宣传教育等途径,补齐员工在公民守法和政府执法类守法合规方面的短板。

在处理企业法律纠纷案件过程中,A公司要求案件发生部门的负责人和业务管理直接责任人参加法庭旁听,现场观摩法庭审判活动,近距离感受法律的神圣与尊严。

进一步推动"依法合规、诚信守约、忠诚敬业"的合规理念深入人心。A公司在国家能源集团发布《诚信合规手册》后,立即组织全体干部职工通过线上线下结合、集中学习和合规宣示等方式学习宣传《诚信合规手册》内容。企业领导班子带头,全体员工签署《合规承诺书》,郑重承诺遵守合规要求和履行合规义务。组织中层及以上管理人员集中开展认同合规理念、践行合规文化、履行合规责任、坚持合规从业的诚信合规宣誓,引导全体干部职工树立正确的发展观和业绩观,不做不合规的事情,不求不合规的效益,将诚信合规准则融入生产经营管理的各个领域和环节,把具体要求落实到岗位的日常业务工作中。

四、开展年度合规性评价,持续优化合规管理

每年8月至10月,A公司依据法律法规数据库、强制性标准规范及规章制度

要求,对生产经营管理中涉及的法律法规和强制性标准规范的执行情况进行识别和评审。从规章制度合规性、企业证照合规性以及企业业务遵守法律法规和强制性标准三个方面,评估本单位的合规情况。通过发现问题并列出专项整改计划,A公司进一步提升企业合规管理能力,持续推进合规体系建设,促进企业依法合规运营。

通过全面推进合规文化建设,A公司建立了系统有效的合规管理体系,从高层领导到全体员工都树立了依法合规、诚信守约的意识。凭借完善的法律法规数据库、明确的合规操作流程和定期的合规性评价机制,A公司在各个方面都严格遵守法律法规和行业标准。这些举措有效预防和控制了合规风险,提升了管理水平和经营效益,实现了安全高效、依法合规运营的目标。

第二节　案例启示与经验教训

在当今复杂多变的商业环境中,企业的安全生产合规不仅是保障员工生命安全和企业资产安全的底线,更是企业持续健康发展的生命线。本节将通过对真实案例的深入剖析,以点带面总结企业在安全生产合规管理中存在的问题及其应对策略。通过分享这些案例启示与经验教训,我们希望为广大企业提供借鉴,帮助企业识别和规避安全生产风险,完善内部管理制度,提高法律意识,从而构建更加坚实的安全生产合规体系,推动企业实现长期稳定的发展目标。

案例一:随州市Z公司、康某某等人重大责任事故案

一、基本案情

湖北省随州市Z有限公司(以下简称Z公司)系当地重点引进的外资在华食品加工企业。康某某、周某某、朱某某分别系该公司行政总监、安环部责任人、行政部负责人。

2020年4月15日,Z公司与随州市高新区某保洁经营部法定代表人曹某某

签订污水沟清理协议,将Z公司洗衣房至污水站下水道、污水沟内垃圾、污泥的清理工作交由曹某某承包。2020年4月23日,曹某某与其同事刘某某违规进入未将盖板挖开的污水沟内作业时,有硫化氢等有毒气体溢出,导致曹某某、刘某某与前来救助的吴某某先后中毒身亡。随州市政府事故调查组经调查后认定该事故为一起生产安全责任事故。事故的直接责任人为曹某某,其作为清污工程的承包方,不具备有限空间作业的安全生产条件,在未为作业人员配备应急救援装备及物资,未对作业人员进行安全培训的情况下,违规从事污水沟清淤作业。康某某、周某某、朱某某作为Z公司分管和负责安全生产的责任人,在与曹某某签订合同以及曹某某实施清污工程期间,把关不严,未认真履行相关工作职责,未及时发现事故隐患,导致发生较大生产安全事故。

二、本案中的企业安全生产合规教训

1. 承包方资质审查不严

Z公司在与曹某某签订污水沟清理协议时,Z公司未充分审查其是否具备有限空间作业的安全生产条件。这表明Z公司在选择承包方时,缺乏对承包方资质的严格审查和评估。

2. 缺乏安全培训和应急救援措施

曹某某及其同事刘某某在作业时,未接受安全培训且未配备应急救援装备及物资。Z公司作为委托方,对承包方的安全培训和应急措施未进行有效监督和管理。

3. 安全隐患排查不到位

Z公司在签订合同及工程实施期间,对清污工程的安全隐患排查不及时、不彻底,未能及时发现和整改存在的安全隐患。

4. 责任人未履行职责

康某某、周某某、朱某某作为公司分管和负责安全生产的责任人,未认真履行相关工作职责,对合同的签订和工程实施期间的安全生产状况未能严格把关,导致事故的发生。

5. 事故应对和善后处理

事故发生后,Z公司对曹某某等三人的家属进行赔偿并取得谅解。但这并不能掩盖其在事故发生前的合规管理问题。

三、基于本案的企业合规建议与启示

1. 严格审查承包方资质

在签订承包合同前,发包方必须严格审查承包方的资质,确保其具备相应的安全生产条件和能力。对涉及危险作业的承包项目,应特别关注承包方的安全管理能力和历史记录。

2. 强化安全培训和教育

对所有参与危险作业的人员,尤其是承包方人员,进行必要的安全培训。确保每位作业人员了解并掌握相关安全操作规程和应急救援措施。

3. 建立健全安全隐患排查机制

定期开展安全隐患排查,尤其是对高风险作业场所和项目的排查。对发现的安全隐患,及时制定整改措施并跟踪落实,确保彻底排除隐患。

4. 明确和强化责任人职责

对公司内部负责安全生产的管理人员,明确其职责和责任范围,并加强其履职情况的监督和考核。对未履行职责导致安全事故发生的管理人员,应依法依规追究其责任。

5. 完善应急救援和善后处理机制

建立和完善应急救援预案,确保在发生安全事故时能够迅速、有效地进行救援和处理。对事故的善后处理要在依法依规的前提下进行,确保各方权益得到保障。

6. 持续改进合规管理

根据事故教训和外部监督建议,持续改进和完善企业的合规管理体系。定期审查和更新企业的安全生产管理制度,确保其符合最新的法律法规和行业标准。

案例二:江西新余某临街店铺"1·24"特别重大火灾事故案

一、基本案情

佰烩香批发部实际经营者吴某委托凝霜制冷公司法定代表人吴某根以包工

包料形式建设冷库。2024年1月8日,吴某根组织施工人员开始进场施工,至1月23日晚,完成了双饰金属面聚氨酯夹芯板冷库隔墙建设,冷库墙面、立柱及顶棚聚氨酯泡沫喷涂作业,制冷系统管道焊接和制冷压缩机组安装作业,开展地面挤塑板铺设作业。1月24日10时6分,吴某根、宋某龙、邓某、杨某、柳某平5人进场继续铺设冷库地面挤塑板,并使用瓶装聚氨酯泡沫填缝剂进行填缝作业。13时40分,5人外出吃饭,于14时35分返回现场继续施工。14时42分,吴某根离开施工现场,至事发未返回。14时56分,吴某来到现场查看施工情况,未离开。15时10分,挤塑板铺设和填缝作业结束。15时20分,开始在挤塑板上铺设塑料薄膜,其间,现场人员听到类似冬季脱毛衣发出的"啪啪啪"静电声响。15时22分,铺设约30米后,现场人员看到塑料薄膜卷前方挤塑板明显鼓起并伴有"嘭"的声响,同时发现右前方地面缝隙处出现火苗,通过脚踩、泼水等方式灭火未果,起火区域迅速产生大量黑烟,通过地下一层南北两侧楼梯迅速扩散至二层。

此次事故共造成39人死亡,9人受伤。死者中包括地下一层施工人员1人、二层博弈教育32人(参加专升本培训的学生31人、教师1人)、聚馨源宾馆6人;受伤人员中,博弈教育6人(均为参加专升本培训的学生)、聚馨源宾馆3人。

二、本案中的企业安全生产合规教训

1. 未能严格落实安全生产主体责任,存在安全生产监管盲区

新余市人防部门对2021年排查出来的包括涉事建筑地下一层在内的67个不合格人防工程放任不管。新余市渝水区消防部门多次检查位于二层的宾馆,检查时必经过一层楼梯,竟对地下一层与一层之间没有按规范作防火分隔这一明显问题视而不见。"双随机、一公开"检查对象名录库严重失真,没有入库的就永远抽查不到,2020年3月以来,袁河消防救援大队一直未将博弈教育等6家经营主体纳入其中并进行抽样检查。新余市公安局渝水分局片面追求检查率,不顾辖区"九小场所"实际数量弄虚作假,6年中确定的检查场所数量不足500家且一直固定不变,与事故发生后排查的底数有上万家存在巨大差距。每一起事故都表明,没有捋不清的问题,没有查不清的责任,无论生产经营单位规模大小、有证与否,抑或经营主体变更了多少次、问题存在了多少年,其对应的监管部门和责任都能

查证查实。任何地方和部门单位都不能抱有侥幸心理,都必须以对党和人民高度负责的态度、极端负责的精神,主动靠前履职到位,决不能安之若素、无动于衷。

2. 没有坚持安全隐患排查治理合规,未能把"两个至上"落到实处

习近平总书记反复强调,"人民至上、生命至上","人民幸福安康是推动高质量发展的最终目的"。这要求想问题抓工作,统筹好发展和安全,都要时刻关注安全生产合规,解决人民群众身边的安全风险和问题隐患。近年来,多地发生的居民自建房坍塌,餐馆燃气爆炸,电动自行车起火,学校、医院和居民楼火灾等重特大事故,对人民群众安全感造成严重冲击,江西新余这起事故再次敲响了警钟。涉事建筑为居民小区综合楼,地下一层实际控制人明知该处是按人防工程申报但实际未验收的非法地下室,却随意多次出租改变用途,造成重大安全风险;佰烩香批发部作为个体工商户,未经任何报建审批就在居民楼下建冷库,埋下重大隐患;凝霜制冷公司在新余市建设的44家冷库也大多是这种情况,无任何资质并长期游离于监管之外;博弈教育作为教育咨询公司,擅自开展专升本培训,有关主管部门长期失管、漏管。事故惨痛教训十分深刻,隐患排查合规必须确保覆盖每一个行业领域、每一家经营主体、每一个社会单元,不留死角盲区,真正让人民群众放心安心。

3. 只有盯紧基层末梢的安全生产合规,才能防止小问题酿成大事故

中小微企业和个体工商户门槛低、体量大、分布广、涉及领域多,很多单位安全投入、安全培训、现场管理等安全基础水平较低,而这些单位所在的乡镇街道、城乡社区往往安全监管人员不足、专业能力欠缺,发现问题和解决问题的能力水平也较弱。这是当前安全生产工作的短板弱项,也是基层面临的突出矛盾问题。此次事故中所涉及的冷库、施工单位、培训机构、宾馆等单位,都缺乏最基本安全管理能力,平时不知道该怎么管,事故发生后不会应急处置。基层安全监管落空,大量工作压给根本无能力承担的街道和网格员。从近几年发生的一些重特大事故看,上述问题具有普遍性,若不能有效解决,就会小风险演变成大问题、小隐患酿成大事故,不仅严重威胁人民群众生命财产安全,还影响经济发展社会安全稳定大局。地方各级党委政府必须予以高度重视,着力从体制机制上提高基层末梢

安全治理能力,不断夯实安全基础。

4. 只有提高合规应急能力和素质,才能在关键时刻规避安全风险

火灾时有发生,但如果应急避险做得充分,就不一定会造成人员伤亡,更不一定会造成群死群伤。包括此次事故在内的许多火灾事故均暴露出,一些地方和生产经营单位消防安全知识宣传教育、应急逃生技能培训、预案演练等工作不到位,从业人员和社会公众避险逃生能力不足,是被困人员关键时刻未能第一时间自救逃生和获救的重要因素。如果能做好这些工作,就会最大可能减少伤亡。例如,在这次事故中,被困在聚馨源宾馆的林某某在发现宾馆走廊到处是浓烟后,立即自救,先用卫生间的水浸湿床单塞紧门缝,防止烟气进入,再打湿毛巾捂住嘴巴,并把窗帘拉下打结准备当逃生绳用,看到房内不再进烟"我整个人就比较镇定了",接着打通电话等待救援,最后被消防员成功救出。他讲述,之前在一个建筑工地接受过消防知识培训,关键时刻用上了。又如,博弈教育教室西侧安装的防盗网和东侧安装的广告牌,客观上成为影响人员逃生的重要因素,教室第三排的学生陈某某发现烟气后,迅速冲出教室,跑向有亮光的东北侧阳台逃生。这些都给我们深刻的启示,安全知识和逃生技能教育培训何其重要,但很多地方安全宣传教育"五进"(进企业、进农村、进社区、进学校、进家庭)工作,没有"进去""进好",与"人人讲安全、个个会应急"的要求就差得更远了。本次事故中绝大多数参加专升本培训的学生没有接受过消防安全教育培训,也没有被组织参加逃生演练。这是地方各级党委政府、相关部门单位和全社会都应深刻吸取的教训,一定要重视和加强安全教育培训,决不能当作可有可无的事。

三、合规整改和安全防范措施建议

1. 要将"时时放心不下"的责任感转化为"事事心中有底"的行动力

当前,安全生产基础整体上仍较为薄弱,传统风险和新增风险并存,安全生产形势的复杂性、严峻性、长期性依然突出。各级领导干部要学深悟透践行习近平总书记关于安全生产重要论述,强化风险意识、底线思维,切实增强"时时放心不下"的责任感,切实扛起"促一方发展、保一方平安"的政治责任。要深刻吸取本次事故及同类事故的惨痛教训,分析本地区安全生产的重点、难点和薄弱环节,揪出

人民群众身边的风险隐患,做到基数清、情况明、措施实,逐个地区、逐个领域和单位层层压紧压实安全责任,织密安全保障网。要精准发力加强重点行业领域的系统治理,推动公共安全治理模式向事前预防转型,完善安全生产体制机制,坚决遏制各类安全事故多发连发势头,确保人民群众生命财产安全和社会大局稳定。

2. 要加强冷库全链条全生命周期安全管理

各地区和有关部门单位要综合分析这起事故和近年来涉及冷库火灾事故暴露出来的突出问题,围绕"一件事"全链条监管,系统加强冷库规范化管理。在准入环节,要统筹开展涉及冷库的各类建筑的立项、规划、选址、建设等审批许可工作;明确禁止在居住建筑(商住楼、住宅、公寓)、教育建筑、人防工程及其地下空间新改扩建冷库(含装配式冷库)。在施工环节,要抓紧修订《冷库设计标准》《冷库安全规程》《冷库施工及验收标准》等标准,明确喷填完成间隔时间、易燃气体浓度安全阈值;明确施工工艺、工具及服装的防静电措施,规范聚乙烯薄膜的铺设方式,防止发生静电放电;明确地面保温材料燃烧性能不应低于 B1 级(难燃)。加强施工现场管理,设置强制通风措施、可燃气体检测报警仪、视频摄像,实时监测施工现场易燃气体浓度,动态监控作业行为。在使用环节,要督促冷库业主落实安全生产主体责任,严格落实安全操作规程,加强现场管理。在维修和报废拆除时,要重点加强动火作业管理。在监管环节,要明确冷库等各类建设工程安全监管职责,督促有关部门按照"谁主管、谁负责"的原则,加强监督检查。

3. 要强化多业态混合经营等重点场所安全管理

多业态混合经营场所往往共存于一个建筑体内,"九小场所"比较集中,人员比较密集,综合性风险大。国家层面要制定出台多业态混合经营场所安全管理规定,明确相关安全管理要求;进一步厘清"九小场所"监管职责边界;修订旅馆业治安管理有关办法,进一步完善办理特种行业许可证申领、变更、注销、吊销、撤销事项的程序、条件等相关规定。要修订《建筑防火通用规范》,增加多业态混合经营场所有关疏散和救援的规定,确保紧急情况下能够有效逃生和救援。要明确各业态所属的行业领域,落实相应部门监管职责,把安全责任措施压紧压实到具体场景、具体点位、具体人员。要对多业态混合经营场所及所在建筑进行排查、分类处置,深入细致开展消防安全检查,及时发现未经规划许可、未经消防验收(备案)或验收(备案抽查)不合格擅自投入使用、不具备消防安全使用条件、违规设置影响逃生和灭火救援障碍物等问题。要及时摸排消防安全重点单位和"九小场所"并更新名录,加强动态监管。要大力推广在人员集中区域、疏散通道附近安装"一键报警"装置,实现一键按下,全楼报警、全员响应。要建立部门信息共享机制,防止后续行业管理、业务监管和属地管理出现漏洞。

4. 要认真扎实开展治本攻坚,深化专项整治

结合在全国组织开展的安全生产治本攻坚三年行动,吸取这起事故教训,求真务实、真抓实干,紧盯重点行业领域、聚焦关键环节,敢于动真碰硬,精准发力、重拳出击,坚决避免整治浮于表面,真正从根本上消除事故隐患,从根本上解决问题。及时更新"双随机、一公开"检查对象名录库,明确全覆盖检查的时限要求,防止查不到、管不到。要加强研究分析、分类管理,切实增强监督检查的科学性、针对性和实效性。要将治理整顿"九小场所"安全问题作为一项常态化长期性任务,把打通生命通道等作为重中之重,有效解决安全疏散通道不畅、消防设施未保持完好有效、安全出口不足、违规设置防盗网和广告牌等问题隐患。要出台人防工程和普通地下室使用维护管理相关规定,健全人防工程与地上主体建筑审批监管衔接机制,明确纳入人防工程建设但又达不到人防工程标准的地下空间处理流程和管理部门,并尽快研究解决历史遗留问题。要全面排查社会各类成人教育培训机构,抓紧研究细化规章制度,加强规范管理。

5. 要着力提升基层单位安全防范和应急处置能力

根据地区人口数量、经济规模、灾害事故特点、安全风险程度等因素,配齐配强应急救援力量,健全责任落实机制,做实隐患排查治理,依法开展监督检查。加快推动基层专兼职应急救援力量建设和装备配备,加强与有关部门的协调联动和对中小企业的消防安全工作帮扶,提升基层应急能力。指导帮助基层编制简明实用的应急预案,加强对经营场所业主和员工、宿舍管理员、医护人员和护工、物业人员、保安员、基层执法人员和网格员、教职工和学生等重点人群的预案培训,各类生产经营单位、医院、社区和学校(培训机构)每年至少要组织一次应急演练,着

力提升疏散逃生能力。对生产经营单位实施分级分类监管,一个单位明确一个层级,防止监管职责全部压给乡镇街道。扎实推进安全宣传教育"五进",大力培养社会消防志愿者,加强典型案例警示教育,普及安全知识技能,真正做到"人人讲安全、个个会应急"。健全完善"社会群众举报+企业员工报告"安全隐患监督体系,筑牢安全防范人民防线。

案例三:山东广饶县某化工有限公司"10·18"较大中毒事故

一、基本案情

2013年10月18日,山东省广饶县某化工有限公司(以下简称某某公司)医药中间体生产车间发生一起物料泄漏中毒事故,造成3人死亡,直接经济损失约271万元。事故的直接原因是:氟化岗位操作工违章操作,未佩戴必要的劳动防护用品,在氟化釜处于带压的状态下,使用管钳对已关闭到位的截止阀进行阀盖紧固作业,截止阀压盖螺纹失稳滑丝,导致含有氟化氢的物料喷出,造成事故。

二、本案中的企业安全生产合规教训

1. 氟化岗位操作工张某江违章操作,未佩戴必要的劳动防护用品,在氟化釜处于带压状态下,使用管钳对已关闭到位的截止阀进行压紧阀盖作业,致使截止阀连接螺纹受力过大引起结构失稳(滑丝),造成含有氟化氢的有毒物料喷出。

2. 某某公司非法生产,未依法履行安全生产、环保、消防等许可手续,非法生产危险化学品、非法购买剧毒危化品氯气、非法使用未经登记注册的压力容器;拒不执行相关部门停产指令,擅自生产。

3. 某某公司安全生产管理制度缺失,安全生产责任制、安全管理规章制度不符合公司实际并未行文公布,安全操作规程不完善。

4. 某某公司不具备基本安全生产条件。安全教育培训不到位,从业人员安全素质差,安全意识淡薄,主要负责人及特种作业人员未取证上岗;设备管理不到位,维护保养不及时;车间内未设置有毒气体检测报警仪,未设置危险化学品安全警示标志,安全生产条件不符合标准。

三、合规整改和安全防范措施建议

1. 深刻吸取事故教训，持续深入开展"打非治违"工作

各级政府及相关职能部门应认真吸取"10·18"事故的惨痛教训，充分认识做好安全生产工作的极端重要性和当前安全生产的严峻形势。要采取更加坚决、更加有力、更加有效的措施，杜绝各类生产经营项目"带病"运行，全面提升政府及有关部门的安全监管能力和水平；要把"打非治违"作为安全生产工作的一项重要内容，做到制度化、常态化，严厉打击各类非法违法生产经营建设行为，坚决落实"四个一律"要求，切实提高"打非治违"质量，做到真查细查、真改实改；要建立"打非治违"的日常协作机制，切实落实属地管理责任，成立专门机构，配备专职人员，定期组织召开联席会议，强化调度，互通信息，确保各部门、单位职责落到实处，避免"打非治违"大而化之、流于形式；要切实落实县、乡两级政府的责任，对"打非治违"工作不力的，要严格按有关规定追究责任。

2. 切实落实企业安全生产主体责任，强化企业内部安全管理

各级政府要切实加强安全生产领导，加大对基层安监机构队伍建设和装备建设的投入力度，采取"四不两直"、明察暗访、突击检查、联合检查等形式，提高日常执法监管的针对性和有效性。同时，加大行政处罚力度，依法严格督促生产经营单位贯彻落实安全生产有关法律法规和方针政策。生产经营单位要贯彻"安全第一、预防为主、综合治理"的方针，切实抓好安全生产工作。要严格执行安全生产和环境保护、特种设备等方面的法律法规，在未取得相关许可、批准和注册登记的情况下，坚决不得进行生产经营；建立健全并严格执行各项规章制度和安全操作规程；健全安全生产责任体系，明确各岗位的安全生产职责，严格安全生产绩效考核和责任追究制度；加强教育培训，提高从业人员的安全意识和操作技能；严格特种作业人员管理，杜绝无证上岗；全面彻底排查和治理安全隐患；加强应急管理尤其要加强应急预案建设和应急演练，提高事故灾难的应对处置能力。

3. 进一步强化源头管理，切实落实政府及有关部门的安全监管责任

各级政府及相关职能部门要切实做好危化品建设项目安全条件审查、设施设计审查、试生产备案、竣工验收等工作，对新、改、扩建项目的安全设施，坚持与主

体工程同时设计、同时施工、同时投入生产和使用的"三同时"制度;要继续抓好建设项目排查清查工作,严肃查处未批先建危化品项目,防止出现新的违规建设行为,严防安全生产条件差、工艺技术落后的项目上马,把好项目准入关;要严格落实安全生产行政首长负责制和"一岗双责"制,落实行业主管部门直接监管、安全监管部门综合监管、地方政府属地监管责任,形成全面履职、党政同责、一岗双责、齐抓共管的良好局面。

案例四:有限空间涉重大事故隐患不合规行为的行政处罚案例

2024年4月24日,新疆维吾尔自治区某市应急管理局行政执法人员对某市某豆业有限公司进行执法检查时,发现该公司污水处理站内污水井硫化氢气体浓度达到30.7ppm,该公司未对该污水井等有限空间进行辨识,未建立有限空间管理台账,未按规定在有限空间出入口等醒目位置设置明显的安全警示标志,按照《工贸企业重大事故隐患判定标准》第十三条第一项的规定,判定为重大事故隐患。

违法依据:上述行为违反了《安全生产法》第三十五条规定:"生产经营单位应当在有较大危险因素的生产经营场所和有关设施、设备上,设置明显的安全警示标志。"《工贸企业有限空间作业安全规定》第六条第一款规定:"工贸企业应当对有限空间进行辨识,建立有限空间管理台账,明确有限空间数量、位置以及危险因素等信息,并及时更新。"第十一条规定:"工贸企业应当在有限空间出入口等醒目位置设置明显的安全警示标志,并在具备条件的场所设置安全风险告知牌。"

对不合规的处理:某市应急管理局依据《安全生产法》第九十九条第一项,《工贸企业有限空间作业安全规定》第十九条第一项、第二十一条第二项,《安全生产违法行为行政处罚办法》第五十三条的规定,对该公司违法行为分别裁量,合并处罚,责令该公司限期改正,并处人民币0.7万元的罚款,对该公司直接负责的主管人员处人民币0.1万元的罚款。

案例五：行政不合规和刑事不合规的交叉——特种作业证件问题

2023年4月27日，应急管理部联合执法小分队对河南省某金属材料有限公司进行暗查暗访，发现该公司从事焊接的特种作业人员王某某等三人未按照规定持特种作业操作资格证上岗作业；王某某使用伪造的特种作业操作证件；王某某和聂某涉嫌买卖国家机关证件，随后联合执法小分队将问题线索移交属地监管部门。河南省郑州市某新区应急管理局依法进行立案查处，核查后确认该公司上述行为违反了《安全生产法》第三十条第一款和《特种作业人员安全技术培训考核管理规定》第三十六条第二款的规定。某新区应急管理局依据《安全生产法》第九十七条第七项的规定，责令河南省某金属材料有限公司限期改正，并对该公司作出罚款人民币3.5万元的行政处罚决定；依据《特种作业人员安全技术培训考核管理规定》第四十一条第一款的规定，对王某某作出警告并处罚款人民币0.2万元的行政处罚决定；对王某某和聂某涉嫌买卖国家机关证件的相关线索依法移交公安机关处理。

案例六：湖州市南浔区浙江某家居科技有限公司安全隐患自查自纠不合规行政处罚案

2023年7月5日，湖州市南浔区应急管理局执法人员对浙江某家居科技有限公司开展督导暗访检查，发现该公司不同防火分区共用一套除尘系统，除尘系统互联互通，未落实粉尘清理制度，造成作业现场积尘严重等重大安全隐患。反映了该公司在重大事故隐患专项排查整治2023行动自查自纠阶段，重大隐患排查不到位，自查自纠流于形式。执法人员当场开具《责令限期整改指令书》，责令该公司限期改正，并对该公司违法行为立案调查。

经核查，该公司上述行为违反了《安全生产法》第三十六条第一款"安全设备的设计、制造、安装、使用、检测、维修、改造和报废，应当符合国家标准或者行业标准"的规定，郭某作为公司主要负责人，对公司长期存在的安全生产违法行为未督促落实整改，未及时采取措施消除安全隐患，其行为系未履行安全生产管理职责，违反了《安全生产法》第二十一条"生产经营单位的主要负责人对本单位安全生产工作负有下列职责：……（五）组织建立并落实安全风险分级管控和隐患排查治理双重预防工作机制，督促、检查本单位的安全生产工作，及时消除生产安全事故隐患"的规定。依据《安全生产法》第九十九条第二项和第九十四条第一款的规定，同年7月20日，南浔区应急管理局依法对该公司作出罚款人民币3万元的行政处罚，对郭某作出罚款人民币2万元的行政处罚。

第九章

安全生产合规的未来趋势

第一节 安全生产法律和政策的未来走向

我国安全生产法规政策的未来走向将更加注重法律法规体系的完善、企业主体责任的强化、智能化监管的推进以及国际化标准的转化适用。

一、安全生产法律法规体系建设进一步加强

立法质量得到提升。在全面依法治国的背景下,专业法律人才不断涌现,为立法工作提供了坚实的人才保障。未来的安全生产法规政策将更加注重以人为本,强调立法的科学性、针对性和可操作性,确保法规内容明确、具体、可行,能够有效指导安全生产工作实践。

法律体系更加健全。未来的安全生产法律体系将与我国到2035年基本实现社会主义现代化、到21世纪中叶建成富强民主文明和谐美丽的社会主义现代化强国的战略安排相适应,不断调整和完善,将构建以宪法为根本大法,安全生产法为核心,强制执行标准为辅助的更加健全的安全生产法律体系,确保各项安全生产工作有法可依、执法必严、违法必究。

二、强化企业安全生产主体责任

未来的安全生产法规将进一步增强企业社会责任,明确生产经营单位是安全

生产的责任主体，要求企业建立健全安全生产责任制，确保安全生产责任层层落实。国家将加大责任追究力度，对于违反安全生产法规、造成生产安全事故的企业和责任人，将依法依规进行严肃处理，提高违法成本，形成有效震慑。

三、安全生产监管智能化

随着科技的进步，智能化技术将在安全生产监管领域得到广泛应用。通过物联网、大数据、云计算等现代信息技术手段，实现对安全生产全过程的实时监控和风险预警，提高生产安全监管效率和精准度。国家将逐步建立全国性的安全生产监管信息平台，实现监管信息的共享和互通，加强跨部门、跨地区的协同监管，形成监管合力。

四、安全生产国际标准的制定和转化适用

积极参与国际规则制定。随着我国经济的全球化发展，许多企业不断走出国门，安全生产领域的国际合作日益加强。我国将积极参与国际安全生产标准的制定和修订工作，维护我国企业的海外权益，提高我国安全生产标准的国际影响力。

加强国际交流与合作。加强与其他国家和国际组织的交流合作，学习借鉴国际先进的安全生产管理经验、技术手段和立法成果，共同提升全球安全生产法治水平。

第二节　安全生产合规管理的未来发展

如前文所述，面对经济全球化的趋势，越来越多的中国企业"走出去"，同时也有越来越多的外资企业"引进来"。在此背景下，安全生产合规管理已成为全球企业发展面临的共同课题。

一、全面提升依法治理水平

为确保企业合规，首先需要建立健全法律法规体系，并持续优化相关标准和

规程。因此,未来要进一步完善我国的安全生产法律法规与相关标准、规程,并提前进行规划部署,前瞻性地研究制定相关新标准。同时,建立将新标准直达企业的有效机制也至关重要,确保企业能够迅速了解并主动落实新标准。

未来的安全生产合规管理,需要企业持续完善安全投入长效机制,落实企业安全生产费用提取使用管理制度,积极推行安全生产责任保险制度,健全企业增加安全投入的激励约束机制。推动工业机器人、智能装备在危险工序和生产环节的广泛应用,加快安全生产信息化、智能化建设。同时,加强安全文化建设,提高全社会和广大从业人员安全技能素质。

二、安全生产合规管理国际融合进一步加深

近年来,我国安全生产领域的国际交流与合作不断扩大并逐步深入。为此,我们需要深入研究国际法、国际标准与国内法、国家标准的关系,实现我国从国际法、国际标准的"接受者""跟跑者"向"参与者""制订者"甚至"引领者"转变。

进一步推动我国安全生产合规标准体系与国际标准(如 ISO 37301:2021)、国际职业安全健康标准体系等的互认,有利于促进技术进步和管理水平提升,有利于规范标准化管理,有利于共同创新、合作共赢。实现国内、国际两套标准的互认需要各国企业、国际组织的共同努力,进一步加大交流力度,提升标准的适用性、可行性,充分利用人类共同的科技成果,打破贸易壁垒和技术封锁,让世界各国企业都能够平等分享人类发展的红利,实现安全和健康共同发展。

三、安全生产合规管理不断创新

以互联网为核心的新一轮科技和产业革命蓄势待发,大数据、云计算、人工智能等迅猛发展,给人们的生产方式和生活方式带来革命性变化。不少学者指出,这不仅是一场技术革命和经济变革,更是一场国家治理方式的变革。安全生产合规管理也必须顺应互联网、大数据、人工智能快速发展的历史潮流,深入推进安全生产科学立法、智能管理。

第十章

结　语

　　本书旨在从安全生产合规实务的角度出发,帮助企业构建完善的安全生产合规体系,提升企业的安全生产管理水平,保障企业、员工的人身财产安全。每个章节都紧密结合当前的安全生产政策和法律、标准要求,提供实用的方法和工具,帮助读者更好地理解和应用安全生产合规知识,避免企业在安全生产合规管理方面的"脱实向虚"。

　　本书作者在实务中开展安全生产合规工作的基本思路是：领导挂帅,搭建合规组织架构;分清职责,落实安全生产责任制;建规立制,监督问责不合规;识风险、懂评估、及时预警;发生重大不合规事件妥善应对;为合规的平稳运行提供各种保障;通过培训,使合规文化深入人心,达到"无为而治"的境界;通过信息化建设,提高合规管理的效率效果。希望这种思路能够"抛砖引玉",为读者提供有益的启发。

　　安全生产合规工作事关人民生命安全、企业生死,作者在此再次呼吁：企业应树牢安全合规发展理念,坚持安全第一、预防为主、综合治理的方针,从源头上防范化解重大安全风险。企业必须履行自身的安全生产合规义务,加强安全生产管理,建立健全全员安全生产责任制和安全生产规章制度。同时,加大对安全生产资金、物资、技术、人员的投入保障力度,改善安全生产条件,加强安全生产标准化、信息化建设,构建安全风险分级管控和隐患排查治理双重预防机制,健全风险防范化解机制,提高安全生产合规水平,确保安全生产。

PART 2

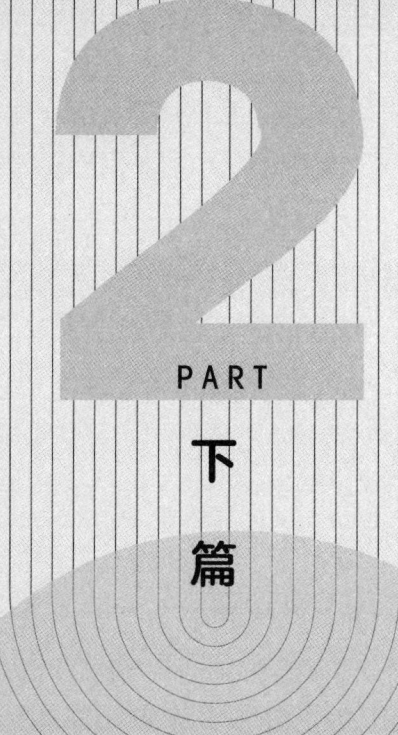

下篇

安全生产合规规定集成

中华人民共和国安全生产法

（2002年6月29日第九届全国人民代表大会常务委员会第二十八次会议通过　根据2009年8月27日第十一届全国人民代表大会常务委员会第十次会议《关于修改部分法律的决定》第一次修正　根据2014年8月31日第十二届全国人民代表大会常务委员会第十次会议《关于修改〈中华人民共和国安全生产法〉的决定》第二次修正　根据2021年6月10日第十三届全国人民代表大会常务委员会第二十九次会议《关于修改〈中华人民共和国安全生产法〉的决定》第三次修正）

目　录

第一章　总　则
第二章　生产经营单位的安全生产保障
第三章　从业人员的安全生产权利义务
第四章　安全生产的监督管理
第五章　生产安全事故的应急救援与调查处理
第六章　法律责任
第七章　附　则

第一章　总　则

第一条　为了加强安全生产工作，防止和减少生产安全事故，保障人民群众生命和财产安全，促进经济社会持续健康发展，制定本法。

第二条　在中华人民共和国领域内从事生产经营活动的单位（以下统称生产经营单位）的安全生产，适用本法；有关法律、行政法规对消防安全和道路交通安全、铁路交通安全、水上交通安全、民用航空安全以及核与辐射安全、特种设备安全另有规定的，适用其规定。

第三条 安全生产工作坚持中国共产党的领导。

安全生产工作应当以人为本,坚持人民至上、生命至上,把保护人民生命安全摆在首位,树牢安全发展理念,坚持安全第一、预防为主、综合治理的方针,从源头上防范化解重大安全风险。

安全生产工作实行管行业必须管安全、管业务必须管安全、管生产经营必须管安全,强化和落实生产经营单位主体责任与政府监管责任,建立生产经营单位负责、职工参与、政府监管、行业自律和社会监督的机制。

第四条 生产经营单位必须遵守本法和其他有关安全生产的法律、法规,加强安全生产管理,建立健全全员安全生产责任制和安全生产规章制度,加大对安全生产资金、物资、技术、人员的投入保障力度,改善安全生产条件,加强安全生产标准化、信息化建设,构建安全风险分级管控和隐患排查治理双重预防机制,健全风险防范化解机制,提高安全生产水平,确保安全生产。

平台经济等新兴行业、领域的生产经营单位应当根据本行业、领域的特点,建立健全并落实全员安全生产责任制,加强从业人员安全生产教育和培训,履行本法和其他法律、法规规定的有关安全生产义务。

第五条 生产经营单位的主要负责人是本单位安全生产第一责任人,对本单位的安全生产工作全面负责。其他负责人对职责范围内的安全生产工作负责。

第六条 生产经营单位的从业人员有依法获得安全生产保障的权利,并应当依法履行安全生产方面的义务。

第七条 工会依法对安全生产工作进行监督。

生产经营单位的工会依法组织职工参加本单位安全生产工作的民主管理和民主监督,维护职工在安全生产方面的合法权益。生产经营单位制定或者修改有关安全生产的规章制度,应当听取工会的意见。

第八条 国务院和县级以上地方各级人民政府应当根据国民经济和社会发展规划制定安全生产规划,并组织实施。安全生产规划应当与国土空间规划等相关规划相衔接。

各级人民政府应当加强安全生产基础设施建设和安全生产监管能力建设,所需经费列入本级预算。

县级以上地方各级人民政府应当组织有关部门建立完善安全风险评估与论证机制,按照安全风险管控要求,进行产业规划和空间布局,并对位置相邻、行业相近、业态相似的生产经营单位实施重大安全风险联防联控。

第九条 国务院和县级以上地方各级人民政府应当加强对安全生产工作的领导,建立健全安全生产工作协调机制,支持、督促各有关部门依法履行安全生产监督管理职责,及时协调、解决安全生产监督管理中存在的重大问题。

乡镇人民政府和街道办事处,以及开发区、工业园区、港区、风景区等应当明确负责安全生产监督管理的有关工作机构及其职责,加强安全生产监管力量建设,按照职责对本行政区域或者管理区域内生产经营单位安全生产状况进行监督检查,协助人民政府有关部门或者按照授权依法履行安全生产监督管理职责。

第十条 国务院应急管理部门依照本法,对全国安全生产工作实施综合监督管理;县级以上地方各级人民政府应急管理部门依照本法,对本行政区域内安全生产工作实施综合监督管理。

国务院交通运输、住房和城乡建设、水利、民航等有关部门依照本法和其他有关法律、行政法规的规定,在各自的职责范围内对有关行业、领域的安全生产工作实施监督管理;县级以上地方各级人民政府有关部门依照本法和其他有关法律、法规的规定,在各自的职责范围内对有关行业、领域的安全生产工作实施监督管理。对新兴行业、领域的安全生产监督管理职责不明确的,由县级以上地方各级人民政府按照业务相近的原则确定监督管理部门。

应急管理部门和对有关行业、领域的安全生产工作实施监督管理的部门,统称负有安全生产监督管理职责的部门。负有安全生产监督管理职责的部门应当相互配合、齐抓共管、信息共享、资源共用,依法加强安全生产监督管理工作。

第十一条 国务院有关部门应当按照保障安全生产的要求,依法及时制定有关的国家标准或者行业标准,并根据科技进步和经济发展适时修订。

生产经营单位必须执行依法制定的保障安全生产的国家标准或者行业标准。

第十二条 国务院有关部门按照职责分工负责安全生产强制性国家标准的

项目提出、组织起草、征求意见、技术审查。国务院应急管理部门统筹提出安全生产强制性国家标准的立项计划。国务院标准化行政主管部门负责安全生产强制性国家标准的立项、编号、对外通报和授权批准发布工作。国务院标准化行政主管部门、有关部门依据法定职责对安全生产强制性国家标准的实施进行监督检查。

第十三条　各级人民政府及其有关部门应当采取多种形式,加强对有关安全生产的法律、法规和安全生产知识的宣传,增强全社会的安全生产意识。

第十四条　有关协会组织依照法律、行政法规和章程,为生产经营单位提供安全生产方面的信息、培训等服务,发挥自律作用,促进生产经营单位加强安全生产管理。

第十五条　依法设立的为安全生产提供技术、管理服务的机构,依照法律、行政法规和执业准则,接受生产经营单位的委托为其安全生产工作提供技术、管理服务。

生产经营单位委托前款规定的机构提供安全生产技术、管理服务的,保证安全生产的责任仍由本单位负责。

第十六条　国家实行生产安全事故责任追究制度,依照本法和有关法律、法规的规定,追究生产安全事故责任单位和责任人员的法律责任。

第十七条　县级以上各级人民政府应当组织负有安全生产监督管理职责的部门依法编制安全生产权力和责任清单,公开并接受社会监督。

第十八条　国家鼓励和支持安全生产科学技术研究和安全生产先进技术的推广应用,提高安全生产水平。

第十九条　国家对在改善安全生产条件、防止生产安全事故、参加抢险救护等方面取得显著成绩的单位和个人,给予奖励。

第二章　生产经营单位的安全生产保障

第二十条　生产经营单位应当具备本法和有关法律、行政法规和国家标准或者行业标准规定的安全生产条件;不具备安全生产条件的,不得从事生产经营活动。

第二十一条　生产经营单位的主要负责人对本单位安全生产工作负有下列职责：

（一）建立健全并落实本单位全员安全生产责任制，加强安全生产标准化建设；

（二）组织制定并实施本单位安全生产规章制度和操作规程；

（三）组织制定并实施本单位安全生产教育和培训计划；

（四）保证本单位安全生产投入的有效实施；

（五）组织建立并落实安全风险分级管控和隐患排查治理双重预防工作机制，督促、检查本单位的安全生产工作，及时消除生产安全事故隐患；

（六）组织制定并实施本单位的生产安全事故应急救援预案；

（七）及时、如实报告生产安全事故。

第二十二条　生产经营单位的全员安全生产责任制应当明确各岗位的责任人员、责任范围和考核标准等内容。

生产经营单位应当建立相应的机制，加强对全员安全生产责任制落实情况的监督考核，保证全员安全生产责任制的落实。

第二十三条　生产经营单位应当具备的安全生产条件所必需的资金投入，由生产经营单位的决策机构、主要负责人或者个人经营的投资人予以保证，并对由于安全生产所必需的资金投入不足导致的后果承担责任。

有关生产经营单位应当按照规定提取和使用安全生产费用，专门用于改善安全生产条件。安全生产费用在成本中据实列支。安全生产费用提取、使用和监督管理的具体办法由国务院财政部门会同国务院应急管理部门征求国务院有关部门意见后制定。

第二十四条　矿山、金属冶炼、建筑施工、运输单位和危险物品的生产、经营、储存、装卸单位，应当设置安全生产管理机构或者配备专职安全生产管理人员。

前款规定以外的其他生产经营单位，从业人员超过一百人的，应当设置安全生产管理机构或者配备专职安全生产管理人员；从业人员在一百人以下的，应当配备专职或者兼职的安全生产管理人员。

第二十五条　生产经营单位的安全生产管理机构以及安全生产管理人员履行下列职责：

（一）组织或者参与拟订本单位安全生产规章制度、操作规程和生产安全事故应急救援预案；

（二）组织或者参与本单位安全生产教育和培训，如实记录安全生产教育和培训情况；

（三）组织开展危险源辨识和评估，督促落实本单位重大危险源的安全管理措施；

（四）组织或者参与本单位应急救援演练；

（五）检查本单位的安全生产状况，及时排查生产安全事故隐患，提出改进安全生产管理的建议；

（六）制止和纠正违章指挥、强令冒险作业、违反操作规程的行为；

（七）督促落实本单位安全生产整改措施。

生产经营单位可以设置专职安全生产分管负责人，协助本单位主要负责人履行安全生产管理职责。

第二十六条　生产经营单位的安全生产管理机构以及安全生产管理人员应当恪尽职守，依法履行职责。

生产经营单位作出涉及安全生产的经营决策，应当听取安全生产管理机构以及安全生产管理人员的意见。

生产经营单位不得因安全生产管理人员依法履行职责而降低其工资、福利等待遇或者解除与其订立的劳动合同。

危险物品的生产、储存单位以及矿山、金属冶炼单位的安全生产管理人员的任免，应当告知主管的负有安全生产监督管理职责的部门。

第二十七条　生产经营单位的主要负责人和安全生产管理人员必须具备与本单位所从事的生产经营活动相应的安全生产知识和管理能力。

危险物品的生产、经营、储存、装卸单位以及矿山、金属冶炼、建筑施工、运输单位的主要负责人和安全生产管理人员,应当由主管的负有安全生产监督管理职责的部门对其安全生产知识和管理能力考核合格。考核不得收费。

危险物品的生产、储存、装卸单位以及矿山、金属冶炼单位应当有注册安全工程师从事安全生产管理工作。鼓励其他生产经营单位聘用注册安全工程师从事安全生产管理工作。注册安全工程师按专业分类管理,具体办法由国务院人力资源和社会保障部门、国务院应急管理部门会同国务院有关部门制定。

第二十八条 生产经营单位应当对从业人员进行安全生产教育和培训,保证从业人员具备必要的安全生产知识,熟悉有关的安全生产规章制度和安全操作规程,掌握本岗位的安全操作技能,了解事故应急处理措施,知悉自身在安全生产方面的权利和义务。未经安全生产教育和培训合格的从业人员,不得上岗作业。

生产经营单位使用被派遣劳动者的,应当将被派遣劳动者纳入本单位从业人员统一管理,对被派遣劳动者进行岗位安全操作规程和安全操作技能的教育和培训。劳务派遣单位应当对被派遣劳动者进行必要的安全生产教育和培训。

生产经营单位接收中等职业学校、高等学校学生实习的,应当对实习学生进行相应的安全生产教育和培训,提供必要的劳动防护用品。学校应当协助生产经营单位对实习学生进行安全生产教育和培训。

生产经营单位应当建立安全生产教育和培训档案,如实记录安全生产教育和培训的时间、内容、参加人员以及考核结果等情况。

第二十九条 生产经营单位采用新工艺、新技术、新材料或者使用新设备,必须了解、掌握其安全技术特性,采取有效的安全防护措施,并对从业人员进行专门的安全生产教育和培训。

第三十条 生产经营单位的特种作业人员必须按照国家有关规定经专门的安全作业培训,取得相应资格,方可上岗作业。

特种作业人员的范围由国务院应急管理部门会同国务院有关部门确定。

第三十一条 生产经营单位新建、改建、扩建工程项目(以下统称建设项目)的安全设施,必须与主体工程同时设计、同时施工、同时投入生产和使用。安全设施投资应当纳入建设项目概算。

第三十二条 矿山、金属冶炼建设项目和用于生产、储存、装卸危险物品的建设项目,应当按照国家有关规定进行安全评价。

第三十三条 建设项目安全设施的设计人、设计单位应当对安全设施设计负责。

矿山、金属冶炼建设项目和用于生产、储存、装卸危险物品的建设项目的安全设施设计应当按照国家有关规定报经有关部门审查,审查部门及其负责审查的人员对审查结果负责。

第三十四条 矿山、金属冶炼建设项目和用于生产、储存、装卸危险物品的建设项目的施工单位必须按照批准的安全设施设计施工,并对安全设施的工程质量负责。

矿山、金属冶炼建设项目和用于生产、储存、装卸危险物品的建设项目竣工投入生产或者使用前,应当由建设单位负责组织对安全设施进行验收;验收合格后,方可投入生产和使用。负有安全生产监督管理职责的部门应当加强对建设单位验收活动和验收结果的监督核查。

第三十五条 生产经营单位应当在有较大危险因素的生产经营场所和有关设施、设备上,设置明显的安全警示标志。

第三十六条 安全设备的设计、制造、安装、使用、检测、维修、改造和报废,应当符合国家标准或者行业标准。

生产经营单位必须对安全设备进行经常性维护、保养,并定期检测,保证正常运转。维护、保养、检测应当作好记录,并由有关人员签字。

生产经营单位不得关闭、破坏直接关系生产安全的监控、报警、防护、救生设备、设施,或者篡改、隐瞒、销毁其相关数据、信息。

餐饮等行业的生产经营单位使用燃气的,应当安装可燃气体报警装置,并保障其正常使用。

第三十七条 生产经营单位使用的危险物品的容器、运输工具,以及涉及人身安全、危险性较大的海洋石油开采特种设备和矿山井下特种设备,必须按照国家有关规定,由专业生产单位生产,并经具有专业资质的检测、检验机构检测、检验合格,取得安全使用证或者安全标志,方可投入使用。检测、检验机构对检测、检验结果负责。

第三十八条 国家对严重危及生产安全的工艺、设备实行淘汰制度,具体目录由国务院应急管理部门会同国务院有关部门制定并公布。法律、行政法规对目录的制定另有规定的,适用其规定。

省、自治区、直辖市人民政府可以根据本地区实际情况制定并公布具体目录,对前款规定以外的危及生产安全的工艺、设备予以淘汰。

生产经营单位不得使用应当淘汰的危及生产安全的工艺、设备。

第三十九条 生产、经营、运输、储存、使用危险物品或者处置废弃危险物品的,由有关主管部门依照有关法律、法规的规定和国家标准或者行业标准审批并实施监督管理。

生产经营单位生产、经营、运输、储存、使用危险物品或者处置废弃危险物品,必须执行有关法律、法规和国家标准或者行业标准,建立专门的安全管理制度,采取可靠的安全措施,接受有关主管部门依法实施的监督管理。

第四十条 生产经营单位对重大危险源应当登记建档,进行定期检测、评估、监控,并制定应急预案,告知从业人员和相关人员在紧急情况下应当采取的应急措施。

生产经营单位应当按照国家有关规定将本单位重大危险源及有关安全措施、应急措施报有关地方人民政府应急管理部门和有关部门备案。有关地方人民政府应急管理部门和有关部门应当通过相关信息系统实现信息共享。

第四十一条 生产经营单位应当建立安全风险分级管控制度,按照安全风险分级采取相应的管控措施。

生产经营单位应当建立健全并落实生产安全事故隐患排查治理制度,采取技术、管理措施,及时发现并消除事故隐患。事故隐患排查治理情况应当如实记录,并通过职工大会或者职工代表大会、信息公示栏等方式向从业人员通报。其中,重大事故隐患排查治理情况应当及时向负有安全生产监督管理职责的部门和职工大会或者职工代表大会报告。

县级以上地方各级人民政府负有安全生产监督管理职责的部门应当将重大事故隐患纳入相关信息系统,建立健全重大事故隐患治理督办制度,督促生产经营单位消除重大事故隐患。

第四十二条 生产、经营、储存、使用危险物品的车间、商店、仓库不得与员工宿舍在同一座建筑物内,并应当与员工宿舍保持安全距离。

生产经营场所和员工宿舍应当设有符合紧急疏散要求、标志明显、保持畅通的出口、疏散通道。禁止占用、锁闭、封堵生产经营场所或者员工宿舍的出口、疏散通道。

第四十三条 生产经营单位进行爆破、吊装、动火、临时用电以及国务院应急管理部门会同国务院有关部门规定的其他危险作业,应当安排专门人员进行现场安全管理,确保操作规程的遵守和安全措施的落实。

第四十四条 生产经营单位应当教育和督促从业人员严格执行本单位的安全生产规章制度和安全操作规程;并向从业人员如实告知作业场所和工作岗位存在的危险因素、防范措施以及事故应急措施。

生产经营单位应当关注从业人员的身体、心理状况和行为习惯,加强对从业人员的心理疏导、精神慰藉,严格落实岗位安全生产责任,防范从业人员行为异常导致事故发生。

第四十五条 生产经营单位必须为从业人员提供符合国家标准或者行业标准的劳动防护用品,并监督、教育从业人员按照使用规则佩戴、使用。

第四十六条 生产经营单位的安全生产管理人员应当根据本单位的生产经营特点,对安全生产状况进行经常性检查;对检查中发现的安全问题,应当立即处理;不能处理的,应当及时报告本单位有关负责人,有关负责人应当及时处理。检查及处理情况应当如实记录在案。

生产经营单位的安全生产管理人员在检查中发现重大事故隐患,依照前款规定向本单位有关负责人报告,有关负责人不及时处理的,安全生产管理人员可以向主管的负有安全生产监督管理职责的部门报告,接到报告的部门应当依法及时处理。

第四十七条 生产经营单位应当安排用于配备劳动防护用品、进行安全生产培训的经费。

第四十八条 两个以上生产经营单位在同一作业区域内进行生产经营活动,可能危及对方生产安全的,应当签订安全生产管理协议,明确各自的安全生产管理职责和应当采取的安全措施,并指定专职安全生产管理人员进行安全检查与协调。

第四十九条 生产经营单位不得将生产经营项目、场所、设备发包或者出租给不具备安全生产条件或者相应资质的单位或者个人。

生产经营项目、场所发包或者出租给其他单位的,生产经营单位应当与承包单位、承租单位签订专门的安全生产管理协议,或者在承包合同、租赁合同中约定各自的安全生产管理职责;生产经营单位对承包单位、承租单位的安全生产工作统一协调、管理,定期进行安全检查,发现安全问题的,应当及时督促整改。

矿山、金属冶炼建设项目和用于生产、储存、装卸危险物品的建设项目的施工单位应当加强对施工项目的安全管理,不得倒卖、出租、出借、挂靠或者以其他形式非法转让施工资质,不得将其承包的全部建设工程转包给第三人或者将其承包的全部建设工程支解以后以分包的名义分别转包给第三人,不得将工程分包给不具备相应资质条件的单位。

第五十条 生产经营单位发生生产安全事故时,单位的主要负责人应当立即组织抢救,并不得在事故调查处理期间擅离职守。

第五十一条 生产经营单位必须依法参加工伤保险,为从业人员缴纳保险费。

国家鼓励生产经营单位投保安全生产责任保险;属于国家规定的高危行业、领域的生产经营单位,应当投保安全生产责任保险。具体范围和实施办法由国务院应急管理部门会同国务院财政部门、国务院保险监督管理机构和相关行业主管部门制定。

第三章 从业人员的安全生产权利义务

第五十二条 生产经营单位与从业人员订立的劳动合同,应当载明有关保障从业人员劳动安全、防止职业危害的事项，以及依法为从业人员办理工伤保险的事项。

生产经营单位不得以任何形式与从业人员订立协议，免除或者减轻其对从业人员因生产安全事故伤亡依法应承担的责任。

第五十三条 生产经营单位的从业人员有权了解其作业场所和工作岗位存在的危险因素、防范措施及事故应急措施，有权对本单位的安全生产工作提出建议。

第五十四条 从业人员有权对本单位安全生产工作中存在的问题提出批评、检举、控告；有权拒绝违章指挥和强令冒险作业。

生产经营单位不得因从业人员对本单位安全生产工作提出批评、检举、控告或者拒绝违章指挥、强令冒险作业而降低其工资、福利等待遇或者解除与其订立的劳动合同。

第五十五条 从业人员发现直接危及人身安全的紧急情况时，有权停止作业或者在采取可能的应急措施后撤离作业场所。

生产经营单位不得因从业人员在前款紧急情况下停止作业或者采取紧急撤离措施而降低其工资、福利等待遇或者解除与其订立的劳动合同。

第五十六条 生产经营单位发生生产安全事故后，应当及时采取措施救治有关人员。

因生产安全事故受到损害的从业人员，除依法享有工伤保险外，依照有关民事法律尚有获得赔偿的权利的，有权提出赔偿要求。

第五十七条 从业人员在作业过程中，应当严格落实岗位安全责任，遵守本单位的安全生产规章制度和操作规程，服从管理，正确佩戴和使用劳动防护用品。

第五十八条 从业人员应当接受安全生产教育和培训，掌握本职工作所需的安全生产知识，提高安全生产技能，增强事故预防和应急处理能力。

第五十九条 从业人员发现事故隐患或者其他不安全因素，应当立即向现场安全生产管理人员或者本单位负责人报告；接到报告的人员应当及时予以处理。

第六十条 工会有权对建设项目的安全设施与主体工程同时设计、同时施工、同时投入生产和使用进行监督,提出意见。

工会对生产经营单位违反安全生产法律、法规,侵犯从业人员合法权益的行为,有权要求纠正;发现生产经营单位违章指挥、强令冒险作业或者发现事故隐患时,有权提出解决的建议,生产经营单位应当及时研究答复;发现危及从业人员生命安全的情况时,有权向生产经营单位建议组织从业人员撤离危险场所,生产经营单位必须立即作出处理。

工会有权依法参加事故调查,向有关部门提出处理意见,并要求追究有关人员的责任。

第六十一条 生产经营单位使用被派遣劳动者的,被派遣劳动者享有本法规定的从业人员的权利,并应当履行本法规定的从业人员的义务。

第四章 安全生产的监督管理

第六十二条 县级以上地方各级人民政府应当根据本行政区域内的安全生产状况,组织有关部门按照职责分工,对本行政区域内容易发生重大生产安全事故的生产经营单位进行严格检查。

应急管理部门应当按照分类分级监督管理的要求,制定安全生产年度监督检查计划,并按照年度监督检查计划进行监督检查,发现事故隐患,应当及时处理。

第六十三条 负有安全生产监督管理职责的部门依照有关法律、法规的规定,对涉及安全生产的事项需要审查批准(包括批准、核准、许可、注册、认证、颁发证照等,下同)或者验收的,必须严格依照有关法律、法规和国家标准或者行业标准规定的安全生产条件和程序进行审查;不符合有关法律、法规和国家标准或者行业标准规定的安全生产条件的,不得批准或者验收通过。对未依法取得批准或者验收合格的单位擅自从事有关活动的,负责行政审批的部门发现或者接到举报后应当立即予以取缔,并依法予以处理。对已经依法取得批准的单位,负责行政审批的部门发现其不再具备安全生产条件的,应当撤销原批准。

第六十四条 负有安全生产监督管理职责的部门对涉及安全生产的事项进行审查、验收,不得收取费用;不得要求接受审查、验收的单位购买其指定品牌或者指定生产、销售单位的安全设备、器材或者其他产品。

第六十五条 应急管理部门和其他负有安全生产监督管理职责的部门依法开展安全生产行政执法工作,对生产经营单位执行有关安全生产的法律、法规和国家标准或者行业标准的情况进行监督检查,行使以下职权:

(一)进入生产经营单位进行检查,调阅有关资料,向有关单位和人员了解情况;

(二)对检查中发现的安全生产违法行为,当场予以纠正或者要求限期改正;对依法应当给予行政处罚的行为,依照本法和其他有关法律、行政法规的规定作出行政处罚决定;

(三)对检查中发现的事故隐患,应当责令立即排除;重大事故隐患排除前或者排除过程中无法保证安全的,应当责令从危险区域内撤出作业人员,责令暂时停产停业或者停止使用相关设施、设备;重大事故隐患排除后,经审查同意,方可恢复生产经营和使用;

(四)对有根据认为不符合保障安全生产的国家标准或者行业标准的设施、设备、器材以及违法生产、储存、使用、经营、运输的危险物品予以查封或者扣押,对违法生产、储存、使用、经营危险物品的作业场所予以查封,并依法作出处理决定。

监督检查不得影响被检查单位的正常生产经营活动。

第六十六条 生产经营单位对负有安全生产监督管理职责的部门的监督检查人员(以下统称安全生产监督检查人员)依法履行监督检查职责,应当予以配合,不得拒绝、阻挠。

第六十七条 安全生产监督检查人员应当忠于职守,坚持原则,秉公执法。

安全生产监督检查人员执行监督检查任务时,必须出示有效的行政执法证件;对涉及被检查单位的技术秘密和业务秘密,应当为其保密。

第六十八条 安全生产监督检查人员应当将检查的时间、地点、内容、发现的问题及其处理情况,作出书面记录,并由检查人员和被检查单位的负责人签字;被检查单位的负责人拒绝签字的,检查人员应当将情况记录在案,并向负有安全生产监督管理职责的部门报告。

第六十九条　负有安全生产监督管理职责的部门在监督检查中,应当互相配合,实行联合检查;确需分别进行检查的,应当互通情况,发现存在的安全问题应当由其他有关部门进行处理的,应当及时移送其他有关部门并形成记录备查,接受移送的部门应当及时进行处理。

第七十条　负有安全生产监督管理职责的部门依法对存在重大事故隐患的生产经营单位作出停产停业、停止施工、停止使用相关设施或者设备的决定,生产经营单位应当依法执行,及时消除事故隐患。生产经营单位拒不执行,有发生生产安全事故的现实危险的,在保证安全的前提下,经本部门主要负责人批准,负有安全生产监督管理职责的部门可以采取通知有关单位停止供电、停止供应民用爆炸物品等措施,强制生产经营单位履行决定。通知应当采用书面形式,有关单位应当予以配合。

负有安全生产监督管理职责的部门依照前款规定采取停止供电措施,除有危及生产安全的紧急情形外,应当提前二十四小时通知生产经营单位。生产经营单位依法履行行政决定、采取相应措施消除事故隐患的,负有安全生产监督管理职责的部门应当及时解除前款规定的措施。

第七十一条　监察机关依照监察法的规定,对负有安全生产监督管理职责的部门及其工作人员履行安全生产监督管理职责实施监察。

第七十二条　承担安全评价、认证、检测、检验职责的机构应当具备国家规定的资质条件,并对其作出的安全评价、认证、检测、检验结果的合法性、真实性负责。资质条件由国务院应急管理部门会同国务院有关部门制定。

承担安全评价、认证、检测、检验职责的机构应当建立并实施服务公开和报告公开制度,不得租借资质、挂靠、出具虚假报告。

第七十三条　负有安全生产监督管理职责的部门应当建立举报制度,公开举报电话、信箱或者电子邮件地址等网络举报平台,受理有关安全生产的举报;受理的举报事项经调查核实后,应当形成书面材料;需要落实整改措施的,报经有关负责人签字并督促落实。对不属于本部门职责,需要由其他有关部门进行调查处理的,转交其他有关部门处理。

涉及人员死亡的举报事项,应当由县级以上人民政府组织核查处理。

第七十四条 任何单位或者个人对事故隐患或者安全生产违法行为,均有权向负有安全生产监督管理职责的部门报告或者举报。

因安全生产违法行为造成重大事故隐患或者导致重大事故,致使国家利益或者社会公共利益受到侵害的,人民检察院可以根据民事诉讼法、行政诉讼法的相关规定提起公益诉讼。

第七十五条 居民委员会、村民委员会发现其所在区域内的生产经营单位存在事故隐患或者安全生产违法行为时,应当向当地人民政府或者有关部门报告。

第七十六条 县级以上各级人民政府及其有关部门对报告重大事故隐患或者举报安全生产违法行为的有功人员,给予奖励。具体奖励办法由国务院应急管理部门会同国务院财政部门制定。

第七十七条 新闻、出版、广播、电影、电视等单位有进行安全生产公益宣传教育的义务,有对违反安全生产法律、法规的行为进行舆论监督的权利。

第七十八条 负有安全生产监督管理职责的部门应当建立安全生产违法行为信息库,如实记录生产经营单位及其有关从业人员的安全生产违法行为信息;对违法行为情节严重的生产经营单位及其有关从业人员,应当及时向社会公告,并通报行业主管部门、投资主管部门、自然资源主管部门、生态环境主管部门、证券监督管理机构以及有关金融机构。有关部门和机构应当对存在失信行为的生产经营单位及其有关从业人员采取加大执法检查频次、暂停项目审批、上调有关保险费率、行业或者职业禁入等联合惩戒措施,并向社会公示。

负有安全生产监督管理职责的部门应当加强对生产经营单位行政处罚信息的及时归集、共享、应用和公开,对生产经营单位作出处罚决定后七个工作日内在监督管理部门公示系统予以公开曝光,强化对违法失信生产经营单位及其有关从业人员的社会监督,提高全社会安全生产诚信水平。

第五章 生产安全事故的应急救援与调查处理

第七十九条 国家加强生产安全事故应急能力建设,在重点行业、领域建立应急救援基地和应急救援队伍,并由国家安全生产应急救援机构统一协调指挥;鼓励生产经营单位和其他社会力量建立应急救援队伍,配备相应的应急救援装备和物资,提高应急救援的专业化水平。

国务院应急管理部门牵头建立全国统一的生产安全事故应急救援信息系统,国务院交通运输、住房和城乡建设、水利、民航等有关部门和县级以上地方人民政府建立健全相关行业、领域、地区的生产安全事故应急救援信息系统,实现互联互通、信息共享,通过推行网上安全信息采集、安全监管和监测预警,提升监管的精准化、智能化水平。

第八十条 县级以上地方各级人民政府应当组织有关部门制定本行政区域内生产安全事故应急救援预案,建立应急救援体系。

乡镇人民政府和街道办事处,以及开发区、工业园区、港区、风景区等应当制定相应的生产安全事故应急救援预案,协助人民政府有关部门或者按照授权依法履行生产安全事故应急救援工作职责。

第八十一条 生产经营单位应当制定本单位生产安全事故应急救援预案,与所在地县级以上地方人民政府组织制定的生产安全事故应急救援预案相衔接,并定期组织演练。

第八十二条 危险物品的生产、经营、储存单位以及矿山、金属冶炼、城市轨道交通运营、建筑施工单位应当建立应急救援组织;生产经营规模较小的,可以不建立应急救援组织,但应当指定兼职的应急救援人员。

危险物品的生产、经营、储存、运输单位以及矿山、金属冶炼、城市轨道交通运营、建筑施工单位应当配备必要的应急救援器材、设备和物资,并进行经常性维护、保养,保证正常运转。

第八十三条 生产经营单位发生生产安全事故后,事故现场有关人员应当立即报告本单位负责人。

单位负责人接到事故报告后,应当迅速采取有效措施,组织抢救,防止事故扩大,减少人员伤亡和财产损失,并按照国家有关规定立即如实报告当地负有安全生产监督管理职责的部门,不得隐瞒不报、谎报或者迟报,不得故意破坏事故现场、毁灭有关证据。

第八十四条 负有安全生产监督管理职责的部门接到事故报告后,应当立即按照国家有关规定上报事故情况。负有安全生产监督管理职责的部门和有关地方人民政府对事故情况不得隐瞒不报、谎报或者迟报。

第八十五条 有关地方人民政府和负有安全生产监督管理职责的部门的负责人接到生产安全事故报告后,应当按照生产安全事故应急救援预案的要求立即赶到事故现场,组织事故抢救。

参与事故抢救的部门和单位应当服从统一指挥,加强协同联动,采取有效的应急救援措施,并根据事故救援的需要采取警戒、疏散等措施,防止事故扩大和次生灾害的发生,减少人员伤亡和财产损失。

事故抢救过程中应当采取必要措施,避免或者减少对环境造成的危害。

任何单位和个人都应当支持、配合事故抢救,并提供一切便利条件。

第八十六条 事故调查处理应当按照科学严谨、依法依规、实事求是、注重实效的原则,及时、准确地查清事故原因,查明事故性质和责任,评估应急处置工作,总结事故教训,提出整改措施,并对事故责任单位和人员提出处理建议。事故调查报告应当依法及时向社会公布。事故调查和处理的具体办法由国务院制定。

事故发生单位应当及时全面落实整改措施,负有安全生产监督管理职责的部门应当加强监督检查。

负责事故调查处理的国务院有关部门和地方人民政府应当在批复事故调查报告后一年内,组织有关部门对事故整改和防范措施落实情况进行评估,并及时向社会公开评估结果;对不履行职责导致事故整改和防范措施没有落实的有关单位和人员,应当按照有关规定追究责任。

第八十七条 生产经营单位发生生产安全事故,经调查确定为责任事故的,除了应当查明事故单位的责任并依法予以追究外,还应当查明对安全生产的有关事项负有审查批准和监督职责的行政部门的责任,对有失职、渎职行为的,依照本法第九十条的规定追究法律责任。

第八十八条 任何单位和个人不得阻挠和干涉对事故的依法调查处理。

第八十九条 县级以上地方各级人民政府应急管理部门应当定期统计分析本行政区域内发生生产安全事故的情况,并定期向社会公布。

第六章 法律责任

第九十条 负有安全生产监督管理职责的部门的工作人员,有下列行为之一的,给予降级或者撤职的处分;构成犯罪的,依照刑法有关规定追究刑事责任:

(一)对不符合法定安全生产条件的涉及安全生产的事项予以批准或者验收通过的;

(二)发现未依法取得批准、验收的单位擅自从事有关活动或者接到举报后不予取缔或者不依法予以处理的;

(三)对已经依法取得批准的单位不履行监督管理职责,发现其不再具备安全生产条件而不撤销原批准或者发现安全生产违法行为不予查处的;

(四)在监督检查中发现重大事故隐患,不依法及时处理的。

负有安全生产监督管理职责的部门的工作人员有前款规定以外的滥用职权、玩忽职守、徇私舞弊行为的,依法给予处分;构成犯罪的,依照刑法有关规定追究刑事责任。

第九十一条 负有安全生产监督管理职责的部门,要求被审查、验收的单位购买其指定的安全设备、器材或者其他产品的,在对安全生产事项的审查、验收中收取费用的,由其上级机关或者监察机关责令改正,责令退还收取的费用;情节严重的,对直接负责的主管人员和其他直接责任人员依法给予处分。

第九十二条 承担安全评价、认证、检测、检验职责的机构出具失实报告的,责令停业整顿,并处三万元以上十万元以下的罚款;给他人造成损害的,依法承担赔偿责任。

承担安全评价、认证、检测、检验职责的机构租借资质、挂靠、出具虚假报告的,没收违法所得;违法所得在十万元以上的,并处违法所得二倍以上五倍以下的罚款,没有违法所得或者违法所得不足十万元的,单处或者并处十万元以上二十万元以下的罚款;对其直接负责的主管人员和其他直接责任人员处五万元以上十万元以下的罚款；给他人造成损害的，与生产经营单位承担连带赔偿责任；构成犯罪的，依照刑法有关规定追究刑事责任。

对有前款违法行为的机构及其直接责任人员，吊销其相应资质和资格，五年内不得从事安全评价、认证、检测、检验等工作；情节严重的，实行终身行业和职业禁入。

第九十三条 生产经营单位的决策机构、主要负责人或者个人经营的投资人不依照本法规定保证安全生产所必需的资金投入，致使生产经营单位不具备安全生产条件的，责令限期改正，提供必需的资金；逾期未改正的，责令生产经营单位停产停业整顿。

有前款违法行为，导致发生生产安全事故的，对生产经营单位的主要负责人给予撤职处分，对个人经营的投资人处二万元以上二十万元以下的罚款；构成犯罪的，依照刑法有关规定追究刑事责任。

第九十四条 生产经营单位的主要负责人未履行本法规定的安全生产管理职责的，责令限期改正，处二万元以上五万元以下的罚款；逾期未改正的，处五万元以上十万元以下的罚款，责令生产经营单位停产停业整顿。

生产经营单位的主要负责人有前款违法行为，导致发生生产安全事故的，给予撤职处分；构成犯罪的，依照刑法有关规定追究刑事责任。

生产经营单位的主要负责人依照前款规定受刑事处罚或者撤职处分的，自刑罚执行完毕或者受处分之日起，五年内不得担任任何生产经营单位的主要负责人；对重大、特别重大生产安全事故负有责任的，终身不得担任本行业生产经营单位的主要负责人。

第九十五条 生产经营单位的主要负责人未履行本法规定的安全生产管理职责，导致发生生产安全事故的，由应急管理部门依照下列规定处以罚款：

（一）发生一般事故的，处上一年年收入百分之四十的罚款；

（二）发生较大事故的，处上一年年收入百分之六十的罚款；

（三）发生重大事故的，处上一年年收入百分之八十的罚款；

（四）发生特别重大事故的，处上一年年收入百分之一百的罚款。

第九十六条 生产经营单位的其他负责人和安全生产管理人员未履行本法规定的安全生产管理职责的,责令限期改正,处一万元以上三万元以下的罚款;导致发生生产安全事故的,暂停或者吊销其与安全生产有关的资格,并处上一年年收入百分之二十以上百分之五十以下的罚款;构成犯罪的,依照刑法有关规定追究刑事责任。

第九十七条 生产经营单位有下列行为之一的,责令限期改正,处十万元以下的罚款;逾期未改正的,责令停产停业整顿,并处十万元以上二十万元以下的罚款,对其直接负责的主管人员和其他直接责任人员处二万元以上五万元以下的罚款:

(一)未按照规定设置安全生产管理机构或者配备安全生产管理人员、注册安全工程师的;

(二)危险物品的生产、经营、储存、装卸单位以及矿山、金属冶炼、建筑施工、运输单位的主要负责人和安全生产管理人员未按照规定经考核合格的;

(三)未按照规定对从业人员、被派遣劳动者、实习学生进行安全生产教育和培训,或者未按照规定如实告知有关的安全生产事项的;

(四)未如实记录安全生产教育和培训情况的;

(五)未将事故隐患排查治理情况如实记录或者未向从业人员通报的;

(六)未按照规定制定生产安全事故应急救援预案或者未定期组织演练的;

(七)特种作业人员未按照规定经专门的安全作业培训并取得相应资格,上岗作业的。

第九十八条 生产经营单位有下列行为之一的,责令停止建设或者停产停业整顿,限期改正,并处十万元以上五十万元以下的罚款,对其直接负责的主管人员和其他直接责任人员处二万元以上五万元以下的罚款;逾期未改正的,处五十万元以上一百万元以下的罚款,对其直接负责的主管人员和其他直接责任人员处五万元以上十万元以下的罚款;构成犯罪的,依照刑法有关规定追究刑事责任:

(一)未按照规定对矿山、金属冶炼建设项目或者用于生产、储存、装卸危险物品的建设项目进行安全评价的;

（二）矿山、金属冶炼建设项目或者用于生产、储存、装卸危险物品的建设项目没有安全设施设计或者安全设施设计未按照规定报经有关部门审查同意的；

（三）矿山、金属冶炼建设项目或者用于生产、储存、装卸危险物品的建设项目的施工单位未按照批准的安全设施设计施工的；

（四）矿山、金属冶炼建设项目或者用于生产、储存、装卸危险物品的建设项目竣工投入生产或者使用前，安全设施未经验收合格的。

第九十九条 生产经营单位有下列行为之一的，责令限期改正，处五万元以下的罚款；逾期未改正的，处五万元以上二十万元以下的罚款，对其直接负责的主管人员和其他直接责任人员处一万元以上二万元以下的罚款；情节严重的，责令停产停业整顿；构成犯罪的，依照刑法有关规定追究刑事责任：

（一）未在有较大危险因素的生产经营场所和有关设施、设备上设置明显的安全警示标志的；

（二）安全设备的安装、使用、检测、改造和报废不符合国家标准或者行业标准的；

（三）未对安全设备进行经常性维护、保养和定期检测的；

（四）关闭、破坏直接关系生产安全的监控、报警、防护、救生设备、设施，或者篡改、隐瞒、销毁其相关数据、信息的；

（五）未为从业人员提供符合国家标准或者行业标准的劳动防护用品的；

（六）危险物品的容器、运输工具，以及涉及人身安全、危险性较大的海洋石油开采特种设备和矿山井下特种设备未经具有专业资质的机构检测、检验合格，取得安全使用证或者安全标志，投入使用的；

（七）使用应当淘汰的危及生产安全的工艺、设备的；

（八）餐饮等行业的生产经营单位使用燃气未安装可燃气体报警装置的。

第一百条 未经依法批准，擅自生产、经营、运输、储存、使用危险物品或者处置废弃危险物品的，依照有关危险物品安全管理的法律、行政法规的规定予以处罚；构成犯罪的，依照刑法有关规定追究刑事责任。

第一百零一条 生产经营单位有下列行为之一的，责令限期改正，处十万元以下的罚款;逾期未改正的,责令停产停业整顿,并处十万元以上二十万元以下的罚款,对其直接负责的主管人员和其他直接责任人员处二万元以上五万元以下的罚款;构成犯罪的,依照刑法有关规定追究刑事责任:

(一)生产、经营、运输、储存、使用危险物品或者处置废弃危险物品,未建立专门安全管理制度、未采取可靠的安全措施的;

(二)对重大危险源未登记建档,未进行定期检测、评估、监控,未制定应急预案,或者未告知应急措施的;

(三)进行爆破、吊装、动火、临时用电以及国务院应急管理部门会同国务院有关部门规定的其他危险作业,未安排专门人员进行现场安全管理的;

(四)未建立安全风险分级管控制度或者未按照安全风险分级采取相应管控措施的;

(五)未建立事故隐患排查治理制度,或者重大事故隐患排查治理情况未按照规定报告的。

第一百零二条 生产经营单位未采取措施消除事故隐患的,责令立即消除或者限期消除,处五万元以下的罚款;生产经营单位拒不执行的,责令停产停业整顿,对其直接负责的主管人员和其他直接责任人员处五万元以上十万元以下的罚款;构成犯罪的,依照刑法有关规定追究刑事责任。

第一百零三条 生产经营单位将生产经营项目、场所、设备发包或者出租给不具备安全生产条件或者相应资质的单位或者个人的,责令限期改正,没收违法所得;违法所得十万元以上的,并处违法所得二倍以上五倍以下的罚款;没有违法所得或者违法所得不足十万元的,单处或者并处十万元以上二十万元以下的罚款;对其直接负责的主管人员和其他直接责任人员处一万元以上二万元以下的罚款;导致发生生产安全事故给他人造成损害的,与承包方、承租方承担连带赔偿责任。

生产经营单位未与承包单位、承租单位签订专门的安全生产管理协议或者未在承包合同、租赁合同中明确各自的安全生产管理职责,或者未对承包单位、承租单位的安全生产统一协调、管理的,责令限期改正,处五万元以下的罚款,对其直接负责的主管人员和其他直接责任人员处一万元以下的罚款;逾期未改正的,责令停产停业整顿。

矿山、金属冶炼建设项目和用于生产、储存、装卸危险物品的建设项目的施工单位未按照规定对施工项目进行安全管理的,责令限期改正,处十万元以下的罚款,对其直接负责的主管人员和其他直接责任人员处二万元以下的罚款;逾期未改正的,责令停产停业整顿。以上施工单位倒卖、出租、出借、挂靠或者以其他形式非法转让施工资质的,责令停产停业整顿,吊销资质证书,没收违法所得;违法所得十万元以上的,并处违法所得二倍以上五倍以下的罚款,没有违法所得或者违法所得不足十万元的,单处或者并处十万元以上二十万元以下的罚款;对其直接负责的主管人员和其他直接责任人员处五万元以上十万元以下的罚款;构成犯罪的,依照刑法有关规定追究刑事责任。

第一百零四条 两个以上生产经营单位在同一作业区域内进行可能危及对方安全生产的生产经营活动,未签订安全生产管理协议或者未指定专职安全生产管理人员进行安全检查与协调的,责令限期改正,处五万元以下的罚款,对其直接负责的主管人员和其他直接责任人员处一万元以下的罚款;逾期未改正的,责令停产停业。

第一百零五条 生产经营单位有下列行为之一的,责令限期改正,处五万元以下的罚款,对其直接负责的主管人员和其他直接责任人员处一万元以下的罚款;逾期未改正的,责令停产停业整顿;构成犯罪的,依照刑法有关规定追究刑事责任:

(一)生产、经营、储存、使用危险物品的车间、商店、仓库与员工宿舍在同一座建筑内,或者与员工宿舍的距离不符合安全要求的;

(二)生产经营场所和员工宿舍未设有符合紧急疏散需要、标志明显、保持畅通的出口、疏散通道,或者占用、锁闭、封堵生产经营场所或者员工宿舍出口、疏散通道的。

第一百零六条 生产经营单位与从业人员订立协议,免除或者减轻其对从业人员因生产安全事故伤亡依法应承担的责任的,该协议无效;对生产经营单位的主要负责人、个人经营的投资人处二万元以上十万元以下的罚款。

第一百零七条　生产经营单位的从业人员不落实岗位安全责任,不服从管理,违反安全生产规章制度或者操作规程的,由生产经营单位给予批评教育,依照有关规章制度给予处分;构成犯罪的,依照刑法有关规定追究刑事责任。

第一百零八条　违反本法规定,生产经营单位拒绝、阻碍负有安全生产监督管理职责的部门依法实施监督检查的,责令改正;拒不改正的,处二万元以上二十万元以下的罚款;对其直接负责的主管人员和其他直接责任人员处一万元以上二万元以下的罚款;构成犯罪的,依照刑法有关规定追究刑事责任。

第一百零九条　高危行业、领域的生产经营单位未按照国家规定投保安全生产责任保险的,责令限期改正,处五万元以上十万元以下的罚款;逾期未改正的,处十万元以上二十万元以下的罚款。

第一百一十条　生产经营单位的主要负责人在本单位发生生产安全事故时,不立即组织抢救或者在事故调查处理期间擅离职守或者逃匿的,给予降级、撤职的处分,并由应急管理部门处上一年年收入百分之六十至百分之一百的罚款;对逃匿的处十五日以下拘留;构成犯罪的,依照刑法有关规定追究刑事责任。

生产经营单位的主要负责人对生产安全事故隐瞒不报、谎报或者迟报的,依照前款规定处罚。

第一百一十一条　有关地方人民政府、负有安全生产监督管理职责的部门,对生产安全事故隐瞒不报、谎报或者迟报的,对直接负责的主管人员和其他直接责任人员依法给予处分;构成犯罪的,依照刑法有关规定追究刑事责任。

第一百一十二条　生产经营单位违反本法规定,被责令改正且受到罚款处罚,拒不改正的,负有安全生产监督管理职责的部门可以自作出责令改正之日的次日起,按照原处罚数额按日连续处罚。

第一百一十三条　生产经营单位存在下列情形之一的,负有安全生产监督管理职责的部门应当提请地方人民政府予以关闭,有关部门应当依法吊销其有关证照。生产经营单位主要负责人五年内不得担任任何生产经营单位的主要负责人;情节严重的,终身不得担任本行业生产经营单位的主要负责人:

(一)存在重大事故隐患,一百八十日内三次或者一年内四次受到本法规定的

行政处罚的;

（二）经停产停业整顿,仍不具备法律、行政法规和国家标准或者行业标准规定的安全生产条件的;

（三）不具备法律、行政法规和国家标准或者行业标准规定的安全生产条件,导致发生重大、特别重大生产安全事故的;

（四）拒不执行负有安全生产监督管理职责的部门作出的停产停业整顿决定的。

第一百一十四条 发生生产安全事故,对负有责任的生产经营单位除要求其依法承担相应的赔偿等责任外,由应急管理部门依照下列规定处以罚款:

（一）发生一般事故的,处三十万元以上一百万元以下的罚款;

（二）发生较大事故的,处一百万元以上二百万元以下的罚款;

（三）发生重大事故的,处二百万元以上一千万元以下的罚款;

（四）发生特别重大事故的,处一千万元以上二千万元以下的罚款。

发生生产安全事故,情节特别严重、影响特别恶劣的,应急管理部门可以按照前款罚款数额的二倍以上五倍以下对负有责任的生产经营单位处以罚款。

第一百一十五条 本法规定的行政处罚,由应急管理部门和其他负有安全生产监督管理职责的部门按照职责分工决定;其中,根据本法第九十五条、第一百一十条、第一百一十四条的规定应当给予民航、铁路、电力行业的生产经营单位及其主要负责人行政处罚的,也可以由主管的负有安全生产监督管理职责的部门进行处罚。予以关闭的行政处罚,由负有安全生产监督管理职责的部门报请县级以上人民政府按照国务院规定的权限决定;给予拘留的行政处罚,由公安机关依照治安管理处罚的规定决定。

第一百一十六条 生产经营单位发生生产安全事故造成人员伤亡、他人财产损失的,应当依法承担赔偿责任;拒不承担或者其负责人逃匿的,由人民法院依法强制执行。

生产安全事故的责任人未依法承担赔偿责任,经人民法院依法采取执行措施后,仍不能对受害人给予足额赔偿的,应当继续履行赔偿义务;受害人发现责任人有其他财产的,可以随时请求人民法院执行。

第七章 附 则

第一百一十七条 本法下列用语的含义:

危险物品,是指易燃易爆物品、危险化学品、放射性物品等能够危及人身安全和财产安全的物品。

重大危险源,是指长期地或者临时地生产、搬运、使用或者储存危险物品,且危险物品的数量等于或者超过临界量的单元(包括场所和设施)。

第一百一十八条 本法规定的生产安全一般事故、较大事故、重大事故、特别重大事故的划分标准由国务院规定。

国务院应急管理部门和其他负有安全生产监督管理职责的部门应当根据各自的职责分工,制定相关行业、领域重大危险源的辨识标准和重大事故隐患的判定标准。

第一百一十九条 本法自 2002 年 11 月 1 日起施行。

中华人民共和国消防法

(1998 年 4 月 29 日第九届全国人民代表大会常务委员会第二次会议通过 2008 年 10 月 28 日第十一届全国人民代表大会常务委员会第五次会议修订 根据 2019 年 4 月 23 日第十三届全国人民代表大会常务委员会第十次会议《关于修改〈中华人民共和国建筑法〉等八部法律的决定》第一次修正 根据 2021 年 4 月 29 日第十三届全国人民代表大会常务委员会第二十八次会议《关于修改〈中华人民共和国道路交通安全法〉等八部法律的决定》第二次修正)

目 录

第一章 总 则

第二章 火灾预防

第三章　消防组织

第四章　灭火救援

第五章　监督检查

第六章　法律责任

第七章　附　　则

第一章　总　　则

第一条　为了预防火灾和减少火灾危害,加强应急救援工作,保护人身、财产安全,维护公共安全,制定本法。

第二条　消防工作贯彻预防为主、防消结合的方针,按照政府统一领导、部门依法监管、单位全面负责、公民积极参与的原则,实行消防安全责任制,建立健全社会化的消防工作网络。

第三条　国务院领导全国的消防工作。地方各级人民政府负责本行政区域内的消防工作。

各级人民政府应当将消防工作纳入国民经济和社会发展计划,保障消防工作与经济社会发展相适应。

第四条　国务院应急管理部门对全国的消防工作实施监督管理。县级以上地方人民政府应急管理部门对本行政区域内的消防工作实施监督管理,并由本级人民政府消防救援机构负责实施。军事设施的消防工作,由其主管单位监督管理,消防救援机构协助;矿井地下部分、核电厂、海上石油天然气设施的消防工作,由其主管单位监督管理。

县级以上人民政府其他有关部门在各自的职责范围内,依照本法和其他相关法律、法规的规定做好消防工作。

法律、行政法规对森林、草原的消防工作另有规定的,从其规定。

第五条　任何单位和个人都有维护消防安全、保护消防设施、预防火灾、报告火警的义务。任何单位和成年人都有参加有组织的灭火工作的义务。

第六条　各级人民政府应当组织开展经常性的消防宣传教育,提高公民的消防安全意识。

机关、团体、企业、事业等单位,应当加强对本单位人员的消防宣传教育。

应急管理部门及消防救援机构应当加强消防法律、法规的宣传,并督促、指导、协助有关单位做好消防宣传教育工作。

教育、人力资源行政主管部门和学校、有关职业培训机构应当将消防知识纳入教育、教学、培训的内容。

新闻、广播、电视等有关单位,应当有针对性地面向社会进行消防宣传教育。

工会、共产主义青年团、妇女联合会等团体应当结合各自工作对象的特点,组织开展消防宣传教育。

村民委员会、居民委员会应当协助人民政府以及公安机关、应急管理等部门,加强消防宣传教育。

第七条 国家鼓励、支持消防科学研究和技术创新,推广使用先进的消防和应急救援技术、设备;鼓励、支持社会力量开展消防公益活动。

对在消防工作中有突出贡献的单位和个人,应当按照国家有关规定给予表彰和奖励。

第二章 火灾预防

第八条 地方各级人民政府应当将包括消防安全布局、消防站、消防供水、消防通信、消防车通道、消防装备等内容的消防规划纳入城乡规划,并负责组织实施。

城乡消防安全布局不符合消防安全要求的,应当调整、完善;公共消防设施、消防装备不足或者不适应实际需要的,应当增建、改建、配置或者进行技术改造。

第九条 建设工程的消防设计、施工必须符合国家工程建设消防技术标准。建设、设计、施工、工程监理等单位依法对建设工程的消防设计、施工质量负责。

第十条 对按照国家工程建设消防技术标准需要进行消防设计的建设工程,实行建设工程消防设计审查验收制度。

第十一条 国务院住房和城乡建设主管部门规定的特殊建设工程,建设单位应当将消防设计文件报送住房和城乡建设主管部门审查,住房和城乡建设主管部门依法对审查的结果负责。

前款规定以外的其他建设工程,建设单位申请领取施工许可证或者申请批准开工报告时应当提供满足施工需要的消防设计图纸及技术资料。

第十二条 特殊建设工程未经消防设计审查或者审查不合格的,建设单位、施工单位不得施工;其他建设工程,建设单位未提供满足施工需要的消防设计图纸及技术资料的,有关部门不得发放施工许可证或者批准开工报告。

第十三条 国务院住房和城乡建设主管部门规定应当申请消防验收的建设工程竣工,建设单位应当向住房和城乡建设主管部门申请消防验收。

前款规定以外的其他建设工程,建设单位在验收后应当报住房和城乡建设主管部门备案,住房和城乡建设主管部门应当进行抽查。

依法应当进行消防验收的建设工程,未经消防验收或者消防验收不合格的,禁止投入使用;其他建设工程经依法抽查不合格的,应当停止使用。

第十四条 建设工程消防设计审查、消防验收、备案和抽查的具体办法,由国务院住房和城乡建设主管部门规定。

第十五条 公众聚集场所投入使用、营业前消防安全检查实行告知承诺管理。公众聚集场所在投入使用、营业前,建设单位或者使用单位应当向场所所在地的县级以上地方人民政府消防救援机构申请消防安全检查,作出场所符合消防技术标准和管理规定的承诺,提交规定的材料,并对其承诺和材料的真实性负责。

消防救援机构对申请人提交的材料进行审查;申请材料齐全、符合法定形式的,应当予以许可。消防救援机构应当根据消防技术标准和管理规定,及时对作出承诺的公众聚集场所进行核查。

申请人选择不采用告知承诺方式办理的,消防救援机构应当自受理申请之日起十个工作日内,根据消防技术标准和管理规定,对该场所进行检查。经检查符合消防安全要求的,应当予以许可。

公众聚集场所未经消防救援机构许可的,不得投入使用、营业。消防安全检查的具体办法,由国务院应急管理部门制定。

第十六条 机关、团体、企业、事业等单位应当履行下列消防安全职责：

（一）落实消防安全责任制，制定本单位的消防安全制度、消防安全操作规程，制定灭火和应急疏散预案；

（二）按照国家标准、行业标准配置消防设施、器材，设置消防安全标志，并定期组织检验、维修，确保完好有效；

（三）对建筑消防设施每年至少进行一次全面检测，确保完好有效，检测记录应当完整准确，存档备查；

（四）保障疏散通道、安全出口、消防车通道畅通，保证防火防烟分区、防火间距符合消防技术标准；

（五）组织防火检查，及时消除火灾隐患；

（六）组织进行有针对性的消防演练；

（七）法律、法规规定的其他消防安全职责。

单位的主要负责人是本单位的消防安全责任人。

第十七条 县级以上地方人民政府消防救援机构应当将发生火灾可能性较大以及发生火灾可能造成重大的人身伤亡或者财产损失的单位，确定为本行政区域内的消防安全重点单位，并由应急管理部门报本级人民政府备案。

消防安全重点单位除应当履行本法第十六条规定的职责外，还应当履行下列消防安全职责：

（一）确定消防安全管理人，组织实施本单位的消防安全管理工作；

（二）建立消防档案，确定消防安全重点部位，设置防火标志，实行严格管理；

（三）实行每日防火巡查，并建立巡查记录；

（四）对职工进行岗前消防安全培训，定期组织消防安全培训和消防演练。

第十八条 同一建筑物由两个以上单位管理或者使用的，应当明确各方的消防安全责任，并确定责任人对共用的疏散通道、安全出口、建筑消防设施和消防车通道进行统一管理。

住宅区的物业服务企业应当对管理区域内的共用消防设施进行维护管理，提供消防安全防范服务。

第十九条 生产、储存、经营易燃易爆危险品的场所不得与居住场所设置在同一建筑物内,并应当与居住场所保持安全距离。

生产、储存、经营其他物品的场所与居住场所设置在同一建筑物内的,应当符合国家工程建设消防技术标准。

第二十条 举办大型群众性活动,承办人应当依法向公安机关申请安全许可,制定灭火和应急疏散预案并组织演练,明确消防安全责任分工,确定消防安全管理人员,保持消防设施和消防器材配置齐全、完好有效,保证疏散通道、安全出口、疏散指示标志、应急照明和消防车通道符合消防技术标准和管理规定。

第二十一条 禁止在具有火灾、爆炸危险的场所吸烟、使用明火。因施工等特殊情况需要使用明火作业的,应当按照规定事先办理审批手续,采取相应的消防安全措施;作业人员应当遵守消防安全规定。

进行电焊、气焊等具有火灾危险作业的人员和自动消防系统的操作人员,必须持证上岗,并遵守消防安全操作规程。

第二十二条 生产、储存、装卸易燃易爆危险品的工厂、仓库和专用车站、码头的设置,应当符合消防技术标准。易燃易爆气体和液体的充装站、供应站、调压站,应当设置在符合消防安全要求的位置,并符合防火防爆要求。

已经设置的生产、储存、装卸易燃易爆危险品的工厂、仓库和专用车站、码头,易燃易爆气体和液体的充装站、供应站、调压站,不再符合前款规定的,地方人民政府应当组织、协调有关部门、单位限期解决,消除安全隐患。

第二十三条 生产、储存、运输、销售、使用、销毁易燃易爆危险品,必须执行消防技术标准和管理规定。

进入生产、储存易燃易爆危险品的场所,必须执行消防安全规定。禁止非法携带易燃易爆危险品进入公共场所或者乘坐公共交通工具。

储存可燃物资仓库的管理,必须执行消防技术标准和管理规定。

第二十四条 消防产品必须符合国家标准;没有国家标准的,必须符合行业标准。禁止生产、销售或者使用不合格的消防产品以及国家明令淘汰的消防产品。

依法实行强制性产品认证的消防产品,由具有法定资质的认证机构按照国家标准、行业标准的强制性要求认证合格后,方可生产、销售、使用。实行强制性产品认证的消防产品目录,由国务院产品质量监督部门会同国务院应急管理部门制定并公布。

新研制的尚未制定国家标准、行业标准的消防产品,应当按照国务院产品质量监督部门会同国务院应急管理部门规定的办法,经技术鉴定符合消防安全要求的,方可生产、销售、使用。

依照本条规定经强制性产品认证合格或者技术鉴定合格的消防产品,国务院应急管理部门应当予以公布。

第二十五条 产品质量监督部门、工商行政管理部门、消防救援机构应当按照各自职责加强对消防产品质量的监督检查。

第二十六条 建筑构件、建筑材料和室内装修、装饰材料的防火性能必须符合国家标准;没有国家标准的,必须符合行业标准。

人员密集场所室内装修、装饰,应当按照消防技术标准的要求,使用不燃、难燃材料。

第二十七条 电器产品、燃气用具的产品标准,应当符合消防安全的要求。

电器产品、燃气用具的安装、使用及其线路、管路的设计、敷设、维护保养、检测,必须符合消防技术标准和管理规定。

第二十八条 任何单位、个人不得损坏、挪用或者擅自拆除、停用消防设施、器材,不得埋压、圈占、遮挡消火栓或者占用防火间距,不得占用、堵塞、封闭疏散通道、安全出口、消防车通道。人员密集场所的门窗不得设置影响逃生和灭火救援的障碍物。

第二十九条 负责公共消防设施维护管理的单位,应当保持消防供水、消防通信、消防车通道等公共消防设施的完好有效。在修建道路以及停电、停水、截断通信线路时有可能影响消防队灭火救援的,有关单位必须事先通知当地消防救援机构。

第三十条 地方各级人民政府应当加强对农村消防工作的领导,采取措施加强公共消防设施建设,组织建立和督促落实消防安全责任制。

第三十一条 在农业收获季节、森林和草原防火期间、重大节假日期间以及火灾多发季节,地方各级人民政府应当组织开展有针对性的消防宣传教育,采取防火措施,进行消防安全检查。

第三十二条 乡镇人民政府、城市街道办事处应当指导、支持和帮助村民委员会、居民委员会开展群众性的消防工作。村民委员会、居民委员会应当确定消防安全管理人,组织制定防火安全公约,进行防火安全检查。

第三十三条 国家鼓励、引导公众聚集场所和生产、储存、运输、销售易燃易爆危险品的企业投保火灾公众责任保险;鼓励保险公司承保火灾公众责任保险。

第三十四条 消防设施维护保养检测、消防安全评估等消防技术服务机构应当符合从业条件,执业人员应当依法获得相应的资格;依照法律、行政法规、国家标准、行业标准和执业准则,接受委托提供消防技术服务,并对服务质量负责。

第三章 消防组织

第三十五条 各级人民政府应当加强消防组织建设,根据经济社会发展的需要,建立多种形式的消防组织,加强消防技术人才培养,增强火灾预防、扑救和应急救援的能力。

第三十六条 县级以上地方人民政府应当按照国家规定建立国家综合性消防救援队、专职消防队,并按照国家标准配备消防装备,承担火灾扑救工作。

乡镇人民政府应当根据当地经济发展和消防工作的需要,建立专职消防队、志愿消防队,承担火灾扑救工作。

第三十七条 国家综合性消防救援队、专职消防队按照国家规定承担重大灾害事故和其他以抢救人员生命为主的应急救援工作。

第三十八条 国家综合性消防救援队、专职消防队应当充分发挥火灾扑救和应急救援专业力量的骨干作用;按照国家规定,组织实施专业技能训练,配备并维护保养装备器材,提高火灾扑救和应急救援的能力。

第三十九条 下列单位应当建立单位专职消防队,承担本单位的火灾扑救工作：

（一）大型核设施单位、大型发电厂、民用机场、主要港口；

（二）生产、储存易燃易爆危险品的大型企业；

（三）储备可燃的重要物资的大型仓库、基地；

（四）第一项、第二项、第三项规定以外的火灾危险性较大、距离国家综合性消防救援队较远的其他大型企业；

（五）距离国家综合性消防救援队较远、被列为全国重点文物保护单位的古建筑群的管理单位。

第四十条 专职消防队的建立，应当符合国家有关规定，并报当地消防救援机构验收。

专职消防队的队员依法享受社会保险和福利待遇。

第四十一条 机关、团体、企业、事业等单位以及村民委员会、居民委员会根据需要，建立志愿消防队等多种形式的消防组织，开展群众性自防自救工作。

第四十二条 消防救援机构应当对专职消防队、志愿消防队等消防组织进行业务指导；根据扑救火灾的需要，可以调动指挥专职消防队参加火灾扑救工作。

第四章 灭火救援

第四十三条 县级以上地方人民政府应当组织有关部门针对本行政区域内的火灾特点制定应急预案，建立应急反应和处置机制，为火灾扑救和应急救援工作提供人员、装备等保障。

第四十四条 任何人发现火灾都应当立即报警。任何单位、个人都应当无偿为报警提供便利，不得阻拦报警。严禁谎报火警。

人员密集场所发生火灾，该场所的现场工作人员应当立即组织、引导在场人员疏散。

任何单位发生火灾，必须立即组织力量扑救。邻近单位应当给予支援。

消防队接到火警，必须立即赶赴火灾现场，救助遇险人员，排除险情，扑灭火灾。

第四十五条 消防救援机构统一组织和指挥火灾现场扑救,应当优先保障遇险人员的生命安全。

火灾现场总指挥根据扑救火灾的需要,有权决定下列事项:

(一)使用各种水源;

(二)截断电力、可燃气体和可燃液体的输送,限制用火用电;

(三)划定警戒区,实行局部交通管制;

(四)利用临近建筑物和有关设施;

(五)为了抢救人员和重要物资,防止火势蔓延,拆除或者破损毗邻火灾现场的建筑物、构筑物或者设施等;

(六)调动供水、供电、供气、通信、医疗救护、交通运输、环境保护等有关单位协助灭火救援。

根据扑救火灾的紧急需要,有关地方人民政府应当组织人员、调集所需物资支援灭火。

第四十六条 国家综合性消防救援队、专职消防队参加火灾以外的其他重大灾害事故的应急救援工作,由县级以上人民政府统一领导。

第四十七条 消防车、消防艇前往执行火灾扑救或者应急救援任务,在确保安全的前提下,不受行驶速度、行驶路线、行驶方向和指挥信号的限制,其他车辆、船舶以及行人应当让行,不得穿插超越;收费公路、桥梁免收车辆通行费。交通管理指挥人员应当保证消防车、消防艇迅速通行。

赶赴火灾现场或者应急救援现场的消防人员和调集的消防装备、物资,需要铁路、水路或者航空运输的,有关单位应当优先运输。

第四十八条 消防车、消防艇以及消防器材、装备和设施,不得用于与消防和应急救援工作无关的事项。

第四十九条 国家综合性消防救援队、专职消防队扑救火灾、应急救援,不得收取任何费用。

单位专职消防队、志愿消防队参加扑救外单位火灾所损耗的燃料、灭火剂和器材、装备等,由火灾发生地的人民政府给予补偿。

第五十条 对因参加扑救火灾或者应急救援受伤、致残或者死亡的人员,按照国家有关规定给予医疗、抚恤。

第五十一条 消防救援机构有权根据需要封闭火灾现场,负责调查火灾原因,统计火灾损失。

火灾扑灭后,发生火灾的单位和相关人员应当按照消防救援机构的要求保护现场,接受事故调查,如实提供与火灾有关的情况。

消防救援机构根据火灾现场勘验、调查情况和有关的检验、鉴定意见,及时制作火灾事故认定书,作为处理火灾事故的证据。

第五章 监督检查

第五十二条 地方各级人民政府应当落实消防工作责任制,对本级人民政府有关部门履行消防安全职责的情况进行监督检查。

县级以上地方人民政府有关部门应当根据本系统的特点,有针对性地开展消防安全检查,及时督促整改火灾隐患。

第五十三条 消防救援机构应当对机关、团体、企业、事业等单位遵守消防法律、法规的情况依法进行监督检查。公安派出所可以负责日常消防监督检查、开展消防宣传教育,具体办法由国务院公安部门规定。

消防救援机构、公安派出所的工作人员进行消防监督检查,应当出示证件。

第五十四条 消防救援机构在消防监督检查中发现火灾隐患的,应当通知有关单位或者个人立即采取措施消除隐患;不及时消除隐患可能严重威胁公共安全的,消防救援机构应当依照规定对危险部位或者场所采取临时查封措施。

第五十五条 消防救援机构在消防监督检查中发现城乡消防安全布局、公共消防设施不符合消防安全要求,或者发现本地区存在影响公共安全的重大火灾隐患的,应当由应急管理部门书面报告本级人民政府。

接到报告的人民政府应当及时核实情况,组织或者责成有关部门、单位采取措施,予以整改。

第五十六条 住房和城乡建设主管部门、消防救援机构及其工作人员应当按照法定的职权和程序进行消防设计审查、消防验收、备案抽查和消防安全检查,做到公正、严格、文明、高效。

住房和城乡建设主管部门、消防救援机构及其工作人员进行消防设计审查、消防验收、备案抽查和消防安全检查等,不得收取费用,不得利用职务谋取利益;不得利用职务为用户、建设单位指定或者变相指定消防产品的品牌、销售单位或者消防技术服务机构、消防设施施工单位。

第五十七条　住房和城乡建设主管部门、消防救援机构及其工作人员执行职务,应当自觉接受社会和公民的监督。

任何单位和个人都有权对住房和城乡建设主管部门、消防救援机构及其工作人员在执法中的违法行为进行检举、控告。收到检举、控告的机关,应当按照职责及时查处。

第六章　法律责任

第五十八条　违反本法规定,有下列行为之一的,由住房和城乡建设主管部门、消防救援机构按照各自职权责令停止施工、停止使用或者停产停业,并处三万元以上三十万元以下罚款:

(一)依法应当进行消防设计审查的建设工程,未经依法审查或者审查不合格,擅自施工的;

(二)依法应当进行消防验收的建设工程,未经消防验收或者消防验收不合格,擅自投入使用的;

(三)本法第十三条规定的其他建设工程验收后经依法抽查不合格,不停止使用的;

(四)公众聚集场所未经消防救援机构许可,擅自投入使用、营业的,或者经核查发现场所使用、营业情况与承诺内容不符的。

核查发现公众聚集场所使用、营业情况与承诺内容不符,经责令限期改正,逾期不整改或者整改后仍达不到要求的,依法撤销相应许可。

建设单位未依照本法规定在验收后报住房和城乡建设主管部门备案的,由住房和城乡建设主管部门责令改正,处五千元以下罚款。

第五十九条 违反本法规定,有下列行为之一的,由住房和城乡建设主管部门责令改正或者停止施工,并处一万元以上十万元以下罚款:

(一)建设单位要求建筑设计单位或者建筑施工企业降低消防技术标准设计、施工的;

(二)建筑设计单位不按照消防技术标准强制性要求进行消防设计的;

(三)建筑施工企业不按照消防设计文件和消防技术标准施工,降低消防施工质量的;

(四)工程监理单位与建设单位或者建筑施工企业串通,弄虚作假,降低消防施工质量的。

第六十条 单位违反本法规定,有下列行为之一的,责令改正,处五千元以上五万元以下罚款:

(一)消防设施、器材或者消防安全标志的配置、设置不符合国家标准、行业标准,或者未保持完好有效的;

(二)损坏、挪用或者擅自拆除、停用消防设施、器材的;

(三)占用、堵塞、封闭疏散通道、安全出口或者有其他妨碍安全疏散行为的;

(四)埋压、圈占、遮挡消火栓或者占用防火间距的;

(五)占用、堵塞、封闭消防车通道,妨碍消防车通行的;

(六)人员密集场所在门窗上设置影响逃生和灭火救援的障碍物的;

(七)对火灾隐患经消防救援机构通知后不及时采取措施消除的。

个人有前款第二项、第三项、第四项、第五项行为之一的,处警告或者五百元以下罚款。

有本条第一款第三项、第四项、第五项、第六项行为,经责令改正拒不改正的,强制执行,所需费用由违法行为人承担。

第六十一条 生产、储存、经营易燃易爆危险品的场所与居住场所设置在同一建筑物内,或者未与居住场所保持安全距离的,责令停产停业,并处五千元以上五万元以下罚款。

生产、储存、经营其他物品的场所与居住场所设置在同一建筑物内,不符合消防技术标准的,依照前款规定处罚。

第六十二条 有下列行为之一的,依照《中华人民共和国治安管理处罚法》的规定处罚：

(一)违反有关消防技术标准和管理规定生产、储存、运输、销售、使用、销毁易燃易爆危险品的；

(二)非法携带易燃易爆危险品进入公共场所或者乘坐公共交通工具的；

(三)谎报火警的；

(四)阻碍消防车、消防艇执行任务的；

(五)阻碍消防救援机构的工作人员依法执行职务的。

第六十三条 违反本法规定,有下列行为之一的,处警告或者五百元以下罚款；情节严重的,处五日以下拘留：

(一)违反消防安全规定进入生产、储存易燃易爆危险品场所的；

(二)违反规定使用明火作业或者在具有火灾、爆炸危险的场所吸烟、使用明火的。

第六十四条 违反本法规定,有下列行为之一,尚不构成犯罪的,处十日以上十五日以下拘留,可以并处五百元以下罚款；情节较轻的,处警告或者五百元以下罚款：

(一)指使或者强令他人违反消防安全规定,冒险作业的；

(二)过失引起火灾的；

(三)在火灾发生后阻拦报警,或者负有报告职责的人员不及时报警的；

(四)扰乱火灾现场秩序,或者拒不执行火灾现场指挥员指挥,影响灭火救援的；

(五)故意破坏或者伪造火灾现场的；

(六)擅自拆封或者使用被消防救援机构查封的场所、部位的。

第六十五条 违反本法规定,生产、销售不合格的消防产品或者国家明令淘汰的消防产品的,由产品质量监督部门或者工商行政管理部门依照《中华人民共和国产品质量法》的规定从重处罚。

人员密集场所使用不合格的消防产品或者国家明令淘汰的消防产品的,责令限期改正;逾期不改正的,处五千元以上五万元以下罚款,并对其直接负责的主管人员和其他直接责任人员处五百元以上二千元以下罚款;情节严重的,责令停产停业。

消防救援机构对于本条第二款规定的情形,除依法对使用者予以处罚外,应当将发现不合格的消防产品和国家明令淘汰的消防产品的情况通报产品质量监督部门、工商行政管理部门。产品质量监督部门、工商行政管理部门应当对生产者、销售者依法及时查处。

第六十六条 电器产品、燃气用具的安装、使用及其线路、管路的设计、敷设、维护保养、检测不符合消防技术标准和管理规定的,责令限期改正;逾期不改正的,责令停止使用,可以并处一千元以上五千元以下罚款。

第六十七条 机关、团体、企业、事业等单位违反本法第十六条、第十七条、第十八条、第二十一条第二款规定的,责令限期改正;逾期不改正的,对其直接负责的主管人员和其他直接责任人员依法给予处分或者给予警告处罚。

第六十八条 人员密集场所发生火灾,该场所的现场工作人员不履行组织、引导在场人员疏散的义务,情节严重,尚不构成犯罪的,处五日以上十日以下拘留。

第六十九条 消防设施维护保养检测、消防安全评估等消防技术服务机构,不具备从业条件从事消防技术服务活动或者出具虚假文件的,由消防救援机构责令改正,处五万元以上十万元以下罚款,并对直接负责的主管人员和其他直接责任人员处一万元以上五万元以下罚款;不按照国家标准、行业标准开展消防技术服务活动的,责令改正,处五万元以下罚款,并对直接负责的主管人员和其它直接责任人员处一万元以下罚款;有违法所得的,并处没收违法所得;给他人造成损失的,依法承担赔偿责任;情节严重的,依法责令停止执业或者吊销相应资格;造成重大损失的,由相关部门吊销营业执照,并对有关责任人员采取终身市场禁入措施。

前款规定的机构出具失实文件,给他人造成损失的,依法承担赔偿责任;造成重大损失的,由消防救援机构依法责令停止执业或者吊销相应资格,由相关部门吊销营业执照,并对有关责任人员采取终身市场禁入措施。

第七十条 本法规定的行政处罚,除应当由公安机关依照《中华人民共和国治安管理处罚法》的有关规定决定的外,由住房和城乡建设主管部门、消防救援机构按照各自职权决定。

被责令停止施工、停止使用、停产停业的,应当在整改后向作出决定的部门或者机构报告,经检查合格,方可恢复施工、使用、生产、经营。

当事人逾期不执行停产停业、停止使用、停止施工决定的,由作出决定的部门或者机构强制执行。

责令停产停业,对经济和社会生活影响较大的,由住房和城乡建设主管部门或者应急管理部门报请本级人民政府依法决定。

第七十一条 住房和城乡建设主管部门、消防救援机构的工作人员滥用职权、玩忽职守、徇私舞弊,有下列行为之一,尚不构成犯罪的,依法给予处分:

(一)对不符合消防安全要求的消防设计文件、建设工程、场所准予审查合格、消防验收合格、消防安全检查合格的;

(二)无故拖延消防设计审查、消防验收、消防安全检查,不在法定期限内履行职责的;

(三)发现火灾隐患不及时通知有关单位或者个人整改的;

(四)利用职务为用户、建设单位指定或者变相指定消防产品的品牌、销售单位或者消防技术服务机构、消防设施施工单位的;

(五)将消防车、消防艇以及消防器材、装备和设施用于与消防和应急救援无关的事项的;

(六)其他滥用职权、玩忽职守、徇私舞弊的行为。

产品质量监督、工商行政管理等其他有关行政主管部门的工作人员在消防工作中滥用职权、玩忽职守、徇私舞弊,尚不构成犯罪的,依法给予处分。

第七十二条 违反本法规定,构成犯罪的,依法追究刑事责任。

第七章　附　　则

第七十三条　本法下列用语的含义：

（一）消防设施，是指火灾自动报警系统、自动灭火系统、消火栓系统、防烟排烟系统以及应急广播和应急照明、安全疏散设施等。

（二）消防产品，是指专门用于火灾预防、灭火救援和火灾防护、避难、逃生的产品。

（三）公众聚集场所，是指宾馆、饭店、商场、集贸市场、客运车站候车室、客运码头候船厅、民用机场航站楼、体育场馆、会堂以及公共娱乐场所等。

（四）人员密集场所，是指公众聚集场所，医院的门诊楼、病房楼，学校的教学楼、图书馆、食堂和集体宿舍，养老院，福利院，托儿所，幼儿园，公共图书馆的阅览室，公共展览馆、博物馆的展示厅，劳动密集型企业的生产加工车间和员工集体宿舍，旅游、宗教活动场所等。

第七十四条　本法自 2009 年 5 月 1 日起施行。

中华人民共和国公司法

（1993 年 12 月 29 日第八届全国人民代表大会常务委员会第五次会议通过　根据 1999 年 12 月 25 日第九届全国人民代表大会常务委员会第十三次会议《关于修改〈中华人民共和国公司法〉的决定》第一次修正　根据 2004 年 8 月 28 日第十届全国人民代表大会常务委员会第十一次会议《关于修改〈中华人民共和国公司法〉的决定》第二次修正　2005 年 10 月 27 日第十届全国人民代表大会常务委员会第十八次会议第一次修订　根据 2013 年 12 月 28 日第十二届全国人民代表大会常务委员会第六次会议《关于修改〈中华人民共和国海洋环境保护法〉等七部法律的决定》第三次修正　根据 2018 年 10 月 26 日第十三届全国人民代表大会常务委员会第六次会议《关于修改〈中华人民共和国公司法〉的决定》第四次修正　2023 年 12 月 29 日第十四届全国人民代表大会常务委员会第七次会议第二次修订）

目 录

第一章 总 则

第二章 公司登记

第三章 有限责任公司的设立和组织机构

 第一节 设 立

 第二节 组织机构

第四章 有限责任公司的股权转让

第五章 股份有限公司的设立和组织机构

 第一节 设 立

 第二节 股东会

 第三节 董事会、经理

 第四节 监事会

 第五节 上市公司组织机构的特别规定

第六章 股份有限公司的股份发行和转让

 第一节 股份发行

 第二节 股份转让

第七章 国家出资公司组织机构的特别规定

第八章 公司董事、监事、高级管理人员的资格和义务

第九章 公司债券

第十章 公司财务、会计

第十一章 公司合并、分立、增资、减资

第十二章 公司解散和清算

第十三章 外国公司的分支机构

第十四章 法律责任

第十五章 附 则

第一章 总　　则

第一条　为了规范公司的组织和行为,保护公司、股东、职工和债权人的合法权益,完善中国特色现代企业制度,弘扬企业家精神,维护社会经济秩序,促进社会主义市场经济的发展,根据宪法,制定本法。

第二条　本法所称公司,是指依照本法在中华人民共和国境内设立的有限责任公司和股份有限公司。

第三条　公司是企业法人,有独立的法人财产,享有法人财产权。公司以其全部财产对公司的债务承担责任。

公司的合法权益受法律保护,不受侵犯。

第四条　有限责任公司的股东以其认缴的出资额为限对公司承担责任;股份有限公司的股东以其认购的股份为限对公司承担责任。

公司股东对公司依法享有资产收益、参与重大决策和选择管理者等权利。

第五条　设立公司应当依法制定公司章程。公司章程对公司、股东、董事、监事、高级管理人员具有约束力。

第六条　公司应当有自己的名称。公司名称应当符合国家有关规定。

公司的名称权受法律保护。

第七条　依照本法设立的有限责任公司,应当在公司名称中标明有限责任公司或者有限公司字样。

依照本法设立的股份有限公司,应当在公司名称中标明股份有限公司或者股份公司字样。

第八条　公司以其主要办事机构所在地为住所。

第九条　公司的经营范围由公司章程规定。公司可以修改公司章程,变更经营范围。

公司的经营范围中属于法律、行政法规规定须经批准的项目,应当依法经过批准。

第十条　公司的法定代表人按照公司章程的规定,由代表公司执行公司事务的董事或者经理担任。

担任法定代表人的董事或者经理辞任的,视为同时辞去法定代表人。

法定代表人辞任的,公司应当在法定代表人辞任之日起三十日内确定新的法定代表人。

第十一条 法定代表人以公司名义从事的民事活动,其法律后果由公司承受。

公司章程或者股东会对法定代表人职权的限制,不得对抗善意相对人。

法定代表人因执行职务造成他人损害的,由公司承担民事责任。公司承担民事责任后,依照法律或者公司章程的规定,可以向有过错的法定代表人追偿。

第十二条 有限责任公司变更为股份有限公司,应当符合本法规定的股份有限公司的条件。股份有限公司变更为有限责任公司,应当符合本法规定的有限责任公司的条件。

有限责任公司变更为股份有限公司的,或者股份有限公司变更为有限责任公司的,公司变更前的债权、债务由变更后的公司承继。

第十三条 公司可以设立子公司。子公司具有法人资格,依法独立承担民事责任。

公司可以设立分公司。分公司不具有法人资格,其民事责任由公司承担。

第十四条 公司可以向其他企业投资。

法律规定公司不得成为对所投资企业的债务承担连带责任的出资人的,从其规定。

第十五条 公司向其他企业投资或者为他人提供担保,按照公司章程的规定,由董事会或者股东会决议;公司章程对投资或者担保的总额及单项投资或者担保的数额有限额规定的,不得超过规定的限额。

公司为公司股东或者实际控制人提供担保的,应当经股东会决议。

前款规定的股东或者受前款规定的实际控制人支配的股东,不得参加前款规定事项的表决。该项表决由出席会议的其他股东所持表决权的过半数通过。

第十六条 公司应当保护职工的合法权益,依法与职工签订劳动合同,参加社会保险,加强劳动保护,实现安全生产。

公司应当采用多种形式,加强公司职工的职业教育和岗位培训,提高职工素质。

第十七条 公司职工依照《中华人民共和国工会法》组织工会,开展工会活动,维护职工合法权益。公司应当为本公司工会提供必要的活动条件。公司工会代表职工就职工的劳动报酬、工作时间、休息休假、劳动安全卫生和保险福利等事项依法与公司签订集体合同。

公司依照宪法和有关法律的规定,建立健全以职工代表大会为基本形式的民主管理制度,通过职工代表大会或者其他形式,实行民主管理。

公司研究决定改制、解散、申请破产以及经营方面的重大问题、制定重要的规章制度时,应当听取公司工会的意见,并通过职工代表大会或者其他形式听取职工的意见和建议。

第十八条 在公司中,根据中国共产党章程的规定,设立中国共产党的组织,开展党的活动。公司应当为党组织的活动提供必要条件。

第十九条 公司从事经营活动,应当遵守法律法规,遵守社会公德、商业道德,诚实守信,接受政府和社会公众的监督。

第二十条 公司从事经营活动,应当充分考虑公司职工、消费者等利益相关者的利益以及生态环境保护等社会公共利益,承担社会责任。

国家鼓励公司参与社会公益活动,公布社会责任报告。

第二十一条 公司股东应当遵守法律、行政法规和公司章程,依法行使股东权利,不得滥用股东权利损害公司或者其他股东的利益。

公司股东滥用股东权利给公司或者其他股东造成损失的,应当承担赔偿责任。

第二十二条 公司的控股股东、实际控制人、董事、监事、高级管理人员不得利用关联关系损害公司利益。

违反前款规定,给公司造成损失的,应当承担赔偿责任。

第二十三条 公司股东滥用公司法人独立地位和股东有限责任,逃避债务,严重损害公司债权人利益的,应当对公司债务承担连带责任。

股东利用其控制的两个以上公司实施前款规定行为的,各公司应当对任一公司的债务承担连带责任。

只有一个股东的公司,股东不能证明公司财产独立于股东自己的财产的,应当对公司债务承担连带责任。

第二十四条 公司股东会、董事会、监事会召开会议和表决可以采用电子通信方式,公司章程另有规定的除外。

第二十五条 公司股东会、董事会的决议内容违反法律、行政法规的无效。

第二十六条 公司股东会、董事会的会议召集程序、表决方式违反法律、行政法规或者公司章程,或者决议内容违反公司章程的,股东自决议作出之日起六十日内,可以请求人民法院撤销。但是,股东会、董事会的会议召集程序或者表决方式仅有轻微瑕疵,对决议未产生实质影响的除外。

未被通知参加股东会会议的股东自知道或者应当知道股东会决议作出之日起六十日内,可以请求人民法院撤销;自决议作出之日起一年内没有行使撤销权的,撤销权消灭。

第二十七条 有下列情形之一的,公司股东会、董事会的决议不成立:

(一)未召开股东会、董事会会议作出决议;

(二)股东会、董事会会议未对决议事项进行表决;

(三)出席会议的人数或者所持表决权数未达到本法或者公司章程规定的人数或者所持表决权数;

(四)同意决议事项的人数或者所持表决权数未达到本法或者公司章程规定的人数或者所持表决权数。

第二十八条 公司股东会、董事会决议被人民法院宣告无效、撤销或者确认不成立的,公司应当向公司登记机关申请撤销根据该决议已办理的登记。

股东会、董事会决议被人民法院宣告无效、撤销或者确认不成立的,公司根据该决议与善意相对人形成的民事法律关系不受影响。

第二章 公司登记

第二十九条 设立公司,应当依法向公司登记机关申请设立登记。

法律、行政法规规定设立公司必须报经批准的,应当在公司登记前依法办理批准手续。

第三十条 申请设立公司,应当提交设立登记申请书、公司章程等文件,提交的相关材料应当真实、合法和有效。

申请材料不齐全或者不符合法定形式的,公司登记机关应当一次性告知需要补正的材料。

第三十一条 申请设立公司,符合本法规定的设立条件的,由公司登记机关分别登记为有限责任公司或者股份有限公司;不符合本法规定的设立条件的,不得登记为有限责任公司或者股份有限公司。

第三十二条 公司登记事项包括:

(一)名称;

(二)住所;

(三)注册资本;

(四)经营范围;

(五)法定代表人的姓名;

(六)有限责任公司股东、股份有限公司发起人的姓名或者名称。

公司登记机关应当将前款规定的公司登记事项通过国家企业信用信息公示系统向社会公示。

第三十三条 依法设立的公司,由公司登记机关发给公司营业执照。公司营业执照签发日期为公司成立日期。

公司营业执照应当载明公司的名称、住所、注册资本、经营范围、法定代表人姓名等事项。

公司登记机关可以发给电子营业执照。电子营业执照与纸质营业执照具有同等法律效力。

第三十四条 公司登记事项发生变更的,应当依法办理变更登记。

公司登记事项未经登记或者未经变更登记,不得对抗善意相对人。

第三十五条 公司申请变更登记,应当向公司登记机关提交公司法定代表人签署的变更登记申请书、依法作出的变更决议或者决定等文件。

公司变更登记事项涉及修改公司章程的,应当提交修改后的公司章程。

公司变更法定代表人的,变更登记申请书由变更后的法定代表人签署。

第三十六条 公司营业执照记载的事项发生变更的,公司办理变更登记后,由公司登记机关换发营业执照。

第三十七条 公司因解散、被宣告破产或者其他法定事由需要终止的,应当依法向公司登记机关申请注销登记,由公司登记机关公告公司终止。

第三十八条 公司设立分公司,应当向公司登记机关申请登记,领取营业执照。

第三十九条 虚报注册资本、提交虚假材料或者采取其他欺诈手段隐瞒重要事实取得公司设立登记的,公司登记机关应当依照法律、行政法规的规定予以撤销。

第四十条 公司应当按照规定通过国家企业信用信息公示系统公示下列事项:

(一)有限责任公司股东认缴和实缴的出资额、出资方式和出资日期,股份有限公司发起人认购的股份数;

(二)有限责任公司股东、股份有限公司发起人的股权、股份变更信息;

(三)行政许可取得、变更、注销等信息;

(四)法律、行政法规规定的其他信息。

公司应当确保前款公示信息真实、准确、完整。

第四十一条 公司登记机关应当优化公司登记办理流程,提高公司登记效率,加强信息化建设,推行网上办理等便捷方式,提升公司登记便利化水平。

国务院市场监督管理部门根据本法和有关法律、行政法规的规定,制定公司登记注册的具体办法。

第三章　有限责任公司的设立和组织机构

第一节　设　　立

第四十二条　有限责任公司由一个以上五十个以下股东出资设立。

第四十三条　有限责任公司设立时的股东可以签订设立协议,明确各自在公司设立过程中的权利和义务。

第四十四条　有限责任公司设立时的股东为设立公司从事的民事活动,其法律后果由公司承受。

公司未成立的,其法律后果由公司设立时的股东承受;设立时的股东为二人以上的,享有连带债权,承担连带债务。

设立时的股东为设立公司以自己的名义从事民事活动产生的民事责任,第三人有权选择请求公司或者公司设立时的股东承担。

设立时的股东因履行公司设立职责造成他人损害的,公司或者无过错的股东承担赔偿责任后,可以向有过错的股东追偿。

第四十五条　设立有限责任公司,应当由股东共同制定公司章程。

第四十六条　有限责任公司章程应当载明下列事项:

(一)公司名称和住所;

(二)公司经营范围;

(三)公司注册资本;

(四)股东的姓名或者名称;

(五)股东的出资额、出资方式和出资日期;

(六)公司的机构及其产生办法、职权、议事规则;

(七)公司法定代表人的产生、变更办法;

(八)股东会认为需要规定的其他事项。

股东应当在公司章程上签名或者盖章。

第四十七条　有限责任公司的注册资本为在公司登记机关登记的全体股东认缴的出资额。全体股东认缴的出资额由股东按照公司章程的规定自公司成立之日起五年内缴足。

法律、行政法规以及国务院决定对有限责任公司注册资本实缴、注册资本最低限额、股东出资期限另有规定的，从其规定。

第四十八条 股东可以用货币出资，也可以用实物、知识产权、土地使用权、股权、债权等可以用货币估价并可以依法转让的非货币财产作价出资；但是，法律、行政法规规定不得作为出资的财产除外。

对作为出资的非货币财产应当评估作价，核实财产，不得高估或者低估作价。法律、行政法规对评估作价有规定的，从其规定。

第四十九条 股东应当按期足额缴纳公司章程规定的各自所认缴的出资额。

股东以货币出资的，应当将货币出资足额存入有限责任公司在银行开设的账户；以非货币财产出资的，应当依法办理其财产权的转移手续。

股东未按期足额缴纳出资的，除应当向公司足额缴纳外，还应当对给公司造成的损失承担赔偿责任。

第五十条 有限责任公司设立时，股东未按照公司章程规定实际缴纳出资，或者实际出资的非货币财产的实际价额显著低于所认缴的出资额的，设立时的其他股东与该股东在出资不足的范围内承担连带责任。

第五十一条 有限责任公司成立后，董事会应当对股东的出资情况进行核查，发现股东未按期足额缴纳公司章程规定的出资的，应当由公司向该股东发出书面催缴书，催缴出资。

未及时履行前款规定的义务，给公司造成损失的，负有责任的董事应当承担赔偿责任。

第五十二条 股东未按照公司章程规定的出资日期缴纳出资，公司依照前条第一款规定发出书面催缴书催缴出资的，可以载明缴纳出资的宽限期；宽限期自公司发出催缴书之日起，不得少于六十日。宽限期届满，股东仍未履行出资义务的，公司经董事会决议可以向该股东发出失权通知，通知应当以书面形式发出。自通知发出之日起，该股东丧失其未缴纳出资的股权。

依照前款规定丧失的股权应当依法转让,或者相应减少注册资本并注销该股权;六个月内未转让或者注销的,由公司其他股东按照其出资比例足额缴纳相应出资。

股东对失权有异议的,应当自接到失权通知之日起三十日内,向人民法院提起诉讼。

第五十三条 公司成立后,股东不得抽逃出资。

违反前款规定的,股东应当返还抽逃的出资;给公司造成损失的,负有责任的董事、监事、高级管理人员应当与该股东承担连带赔偿责任。

第五十四条 公司不能清偿到期债务的,公司或者已到期债权的债权人有权要求已认缴出资但未届出资期限的股东提前缴纳出资。

第五十五条 有限责任公司成立后,应当向股东签发出资证明书,记载下列事项:

(一)公司名称;

(二)公司成立日期;

(三)公司注册资本;

(四)股东的姓名或者名称、认缴和实缴的出资额、出资方式和出资日期;

(五)出资证明书的编号和核发日期。

出资证明书由法定代表人签名,并由公司盖章。

第五十六条 有限责任公司应当置备股东名册,记载下列事项:

(一)股东的姓名或者名称及住所;

(二)股东认缴和实缴的出资额、出资方式和出资日期;

(三)出资证明书编号;

(四)取得和丧失股东资格的日期。

记载于股东名册的股东,可以依股东名册主张行使股东权利。

第五十七条 股东有权查阅、复制公司章程、股东名册、股东会会议记录、董事会会议决议、监事会会议决议和财务会计报告。

股东可以要求查阅公司会计账簿、会计凭证。股东要求查阅公司会计账簿、会计凭证的,应当向公司提出书面请求,说明目的。公司有合理根据认为股东查阅会计账簿、会计凭证有不正当目的,可能损害公司合法利益的,可以拒绝提供查阅,并应当自股东提出书面请求之日起十五日内书面答复股东并说明理由。公司拒绝提供查阅的,股东可以向人民法院提起诉讼。

股东查阅前款规定的材料,可以委托会计师事务所、律师事务所等中介机构进行。

股东及其委托的会计师事务所、律师事务所等中介机构查阅、复制有关材料,应当遵守有关保护国家秘密、商业秘密、个人隐私、个人信息等法律、行政法规的规定。

股东要求查阅、复制公司全资子公司相关材料的,适用前四款的规定。

第二节 组织机构

第五十八条 有限责任公司股东会由全体股东组成。股东会是公司的权力机构,依照本法行使职权。

第五十九条 股东会行使下列职权:

(一)选举和更换董事、监事,决定有关董事、监事的报酬事项;

(二)审议批准董事会的报告;

(三)审议批准监事会的报告;

(四)审议批准公司的利润分配方案和弥补亏损方案;

(五)对公司增加或者减少注册资本作出决议;

(六)对发行公司债券作出决议;

(七)对公司合并、分立、解散、清算或者变更公司形式作出决议;

(八)修改公司章程;

(九)公司章程规定的其他职权。

股东会可以授权董事会对发行公司债券作出决议。

对本条第一款所列事项股东以书面形式一致表示同意的,可以不召开股东会会议,直接作出决定,并由全体股东在决定文件上签名或者盖章。

第六十条 只有一个股东的有限责任公司不设股东会。股东作出前条第一款所列事项的决定时,应当采用书面形式,并由股东签名或者盖章后置备于公司。

第六十一条 首次股东会会议由出资最多的股东召集和主持,依照本法规定行使职权。

第六十二条 股东会会议分为定期会议和临时会议。

定期会议应当按照公司章程的规定按时召开。代表十分之一以上表决权的股东、三分之一以上的董事或者监事会提议召开临时会议的,应当召开临时会议。

第六十三条 股东会会议由董事会召集,董事长主持;董事长不能履行职务或者不履行职务的,由副董事长主持;副董事长不能履行职务或者不履行职务的,由过半数的董事共同推举一名董事主持。

董事会不能履行或者不履行召集股东会会议职责的,由监事会召集和主持;监事会不召集和主持的,代表十分之一以上表决权的股东可以自行召集和主持。

第六十四条 召开股东会会议,应当于会议召开十五日前通知全体股东;但是,公司章程另有规定或者全体股东另有约定的除外。

股东会应当对所议事项的决定作成会议记录,出席会议的股东应当在会议记录上签名或者盖章。

第六十五条 股东会会议由股东按照出资比例行使表决权;但是,公司章程另有规定的除外。

第六十六条 股东会的议事方式和表决程序,除本法有规定的外,由公司章程规定。

股东会作出决议,应当经代表过半数表决权的股东通过。

股东会作出修改公司章程、增加或者减少注册资本的决议,以及公司合并、分立、解散或者变更公司形式的决议,应当经代表三分之二以上表决权的股东通过。

第六十七条 有限责任公司设董事会,本法第七十五条另有规定的除外。

董事会行使下列职权:

(一)召集股东会会议,并向股东会报告工作;

(二)执行股东会的决议;

(三)决定公司的经营计划和投资方案;

(四)制订公司的利润分配方案和弥补亏损方案;

(五)制订公司增加或者减少注册资本以及发行公司债券的方案;

(六)制订公司合并、分立、解散或者变更公司形式的方案;

(七)决定公司内部管理机构的设置;

(八)决定聘任或者解聘公司经理及其报酬事项,并根据经理的提名决定聘任或者解聘公司副经理、财务负责人及其报酬事项;

(九)制定公司的基本管理制度;

(十)公司章程规定或者股东会授予的其他职权。

公司章程对董事会职权的限制不得对抗善意相对人。

第六十八条 有限责任公司董事会成员为三人以上,其成员中可以有公司职工代表。职工人数三百人以上的有限责任公司,除依法设监事会并有公司职工代表的外,其董事会成员中应当有公司职工代表。董事会中的职工代表由公司职工通过职工代表大会、职工大会或者其他形式民主选举产生。

董事会设董事长一人,可以设副董事长。董事长、副董事长的产生办法由公司章程规定。

第六十九条 有限责任公司可以按照公司章程的规定在董事会中设置由董事组成的审计委员会,行使本法规定的监事会的职权,不设监事会或者监事。公司董事会成员中的职工代表可以成为审计委员会成员。

第七十条 董事任期由公司章程规定,但每届任期不得超过三年。董事任期届满,连选可以连任。

董事任期届满未及时改选,或者董事在任期内辞任导致董事会成员低于法定人数的,在改选出的董事就任前,原董事仍应当依照法律、行政法规和公司章程的规定,履行董事职务。

董事辞任的,应当以书面形式通知公司,公司收到通知之日辞任生效,但存在前款规定情形的,董事应当继续履行职务。

第七十一条 股东会可以决议解任董事,决议作出之日解任生效。

无正当理由,在任期届满前解任董事的,该董事可以要求公司予以赔偿。

第七十二条 董事会会议由董事长召集和主持;董事长不能履行职务或者不履行职务的,由副董事长召集和主持;副董事长不能履行职务或者不履行职务的,由过半数的董事共同推举一名董事召集和主持。

第七十三条 董事会的议事方式和表决程序,除本法有规定的外,由公司章程规定。

董事会会议应当有过半数的董事出席方可举行。董事会作出决议,应当经全体董事的过半数通过。

董事会决议的表决,应当一人一票。

董事会应当对所议事项的决定作成会议记录,出席会议的董事应当在会议记录上签名。

第七十四条 有限责任公司可以设经理,由董事会决定聘任或者解聘。

经理对董事会负责,根据公司章程的规定或者董事会的授权行使职权。经理列席董事会会议。

第七十五条 规模较小或者股东人数较少的有限责任公司,可以不设董事会,设一名董事,行使本法规定的董事会的职权。该董事可以兼任公司经理。

第七十六条 有限责任公司设监事会,本法第六十九条、第八十三条另有规定的除外。

监事会成员为三人以上。监事会成员应当包括股东代表和适当比例的公司职工代表,其中职工代表的比例不得低于三分之一,具体比例由公司章程规定。监事会中的职工代表由公司职工通过职工代表大会、职工大会或者其他形式民主选举产生。

监事会设主席一人,由全体监事过半数选举产生。监事会主席召集和主持监事会会议;监事会主席不能履行职务或者不履行职务的,由过半数的监事共同推举一名监事召集和主持监事会会议。

董事、高级管理人员不得兼任监事。

第七十七条 监事的任期每届为三年。监事任期届满,连选可以连任。

监事任期届满未及时改选，或者监事在任期内辞任导致监事会成员低于法定人数的，在改选出的监事就任前，原监事仍应当依照法律、行政法规和公司章程的规定，履行监事职务。

第七十八条 监事会行使下列职权：

（一）检查公司财务；

（二）对董事、高级管理人员执行职务的行为进行监督，对违反法律、行政法规、公司章程或者股东会决议的董事、高级管理人员提出解任的建议；

（三）当董事、高级管理人员的行为损害公司的利益时，要求董事、高级管理人员予以纠正；

（四）提议召开临时股东会会议，在董事会不履行本法规定的召集和主持股东会会议职责时召集和主持股东会会议；

（五）向股东会会议提出提案；

（六）依照本法第一百八十九条的规定，对董事、高级管理人员提起诉讼；

（七）公司章程规定的其他职权。

第七十九条 监事可以列席董事会会议，并对董事会决议事项提出质询或者建议。

监事会发现公司经营情况异常，可以进行调查；必要时，可以聘请会计师事务所等协助其工作，费用由公司承担。

第八十条 监事会可以要求董事、高级管理人员提交执行职务的报告。

董事、高级管理人员应当如实向监事会提供有关情况和资料，不得妨碍监事会或者监事行使职权。

第八十一条 监事会每年度至少召开一次会议，监事可以提议召开临时监事会会议。

监事会的议事方式和表决程序，除本法有规定的外，由公司章程规定。

监事会决议应当经全体监事的过半数通过。

监事会决议的表决，应当一人一票。

监事会应当对所议事项的决定作成会议记录，出席会议的监事应当在会议记录上签名。

第八十二条 监事会行使职权所必需的费用,由公司承担。

第八十三条 规模较小或者股东人数较少的有限责任公司,可以不设监事会,设一名监事,行使本法规定的监事会的职权;经全体股东一致同意,也可以不设监事。

第四章 有限责任公司的股权转让

第八十四条 有限责任公司的股东之间可以相互转让其全部或者部分股权。

股东向股东以外的人转让股权的,应当将股权转让的数量、价格、支付方式和期限等事项书面通知其他股东,其他股东在同等条件下有优先购买权。股东自接到书面通知之日起三十日内未答复的,视为放弃优先购买权。两个以上股东行使优先购买权的,协商确定各自的购买比例;协商不成的,按照转让时各自的出资比例行使优先购买权。

公司章程对股权转让另有规定的,从其规定。

第八十五条 人民法院依照法律规定的强制执行程序转让股东的股权时,应当通知公司及全体股东,其他股东在同等条件下有优先购买权。其他股东自人民法院通知之日起满二十日不行使优先购买权的,视为放弃优先购买权。

第八十六条 股东转让股权的,应当书面通知公司,请求变更股东名册;需要办理变更登记的,并请求公司向公司登记机关办理变更登记。公司拒绝或者在合理期限内不予答复的,转让人、受让人可以依法向人民法院提起诉讼。

股权转让的,受让人自记载于股东名册时起可以向公司主张行使股东权利。

第八十七条 依照本法转让股权后,公司应当及时注销原股东的出资证明书,向新股东签发出资证明书,并相应修改公司章程和股东名册中有关股东及其出资额的记载。对公司章程的该项修改不需再由股东会表决。

第八十八条 股东转让已认缴出资但未届出资期限的股权的,由受让人承担缴纳该出资的义务;受让人未按期足额缴纳出资的,转让人对受让人未按期缴纳的出资承担补充责任。

未按照公司章程规定的出资日期缴纳出资或者作为出资的非货币财产的实际价额显著低于所认缴的出资额的股东转让股权的,转让人与受让人在出资不足的范围内承担连带责任;受让人不知道且不应当知道存在上述情形的,由转让人承担责任。

第八十九条 有下列情形之一的,对股东会该项决议投反对票的股东可以请求公司按照合理的价格收购其股权:

(一)公司连续五年不向股东分配利润,而公司该五年连续盈利,并且符合本法规定的分配利润条件;

(二)公司合并、分立、转让主要财产;

(三)公司章程规定的营业期限届满或者章程规定的其他解散事由出现,股东会通过决议修改章程使公司存续。

自股东会决议作出之日起六十日内,股东与公司不能达成股权收购协议的,股东可以自股东会决议作出之日起九十日内向人民法院提起诉讼。

公司的控股股东滥用股东权利,严重损害公司或者其他股东利益的,其他股东有权请求公司按照合理的价格收购其股权。

公司因本条第一款、第三款规定的情形收购的本公司股权,应当在六个月内依法转让或者注销。

第九十条 自然人股东死亡后,其合法继承人可以继承股东资格;但是,公司章程另有规定的除外。

第五章 股份有限公司的设立和组织机构

第一节 设 立

第九十一条 设立股份有限公司,可以采取发起设立或者募集设立的方式。

发起设立,是指由发起人认购设立公司时应发行的全部股份而设立公司。

募集设立,是指由发起人认购设立公司时应发行股份的一部分,其余股份向特定对象募集或者向社会公开募集而设立公司。

第九十二条 设立股份有限公司,应当有一人以上二百人以下为发起人,其中应当有半数以上的发起人在中华人民共和国境内有住所。

第九十三条 股份有限公司发起人承担公司筹办事务。

发起人应当签订发起人协议,明确各自在公司设立过程中的权利和义务。

第九十四条 设立股份有限公司,应当由发起人共同制订公司章程。

第九十五条 股份有限公司章程应当载明下列事项:

(一)公司名称和住所;

(二)公司经营范围;

(三)公司设立方式;

(四)公司注册资本、已发行的股份数和设立时发行的股份数,面额股的每股金额;

(五)发行类别股的,每一类别股的股份数及其权利和义务;

(六)发起人的姓名或者名称、认购的股份数、出资方式;

(七)董事会的组成、职权和议事规则;

(八)公司法定代表人的产生、变更办法;

(九)监事会的组成、职权和议事规则;

(十)公司利润分配办法;

(十一)公司的解散事由与清算办法;

(十二)公司的通知和公告办法;

(十三)股东会认为需要规定的其他事项。

第九十六条 股份有限公司的注册资本为在公司登记机关登记的已发行股份的股本总额。在发起人认购的股份缴足前,不得向他人募集股份。

法律、行政法规以及国务院决定对股份有限公司注册资本最低限额另有规定的,从其规定。

第九十七条 以发起设立方式设立股份有限公司的,发起人应当认足公司章程规定的公司设立时应发行的股份。

以募集设立方式设立股份有限公司的,发起人认购的股份不得少于公司章程规定的公司设立时应发行股份总数的百分之三十五;但是,法律、行政法规另有规定的,从其规定。

第九十八条 发起人应当在公司成立前按照其认购的股份全额缴纳股款。

发起人的出资,适用本法第四十八条、第四十九条第二款关于有限责任公司股东出资的规定。

第九十九条 发起人不按照其认购的股份缴纳股款,或者作为出资的非货币财产的实际价额显著低于所认购的股份的,其他发起人与该发起人在出资不足的范围内承担连带责任。

第一百条 发起人向社会公开募集股份,应当公告招股说明书,并制作认股书。认股书应当载明本法第一百五十四条第二款、第三款所列事项,由认股人填写认购的股份数、金额、住所,并签名或者盖章。认股人应当按照所认购股份足额缴纳股款。

第一百零一条 向社会公开募集股份的股款缴足后,应当经依法设立的验资机构验资并出具证明。

第一百零二条 股份有限公司应当制作股东名册并置备于公司。股东名册应当记载下列事项:

(一)股东的姓名或者名称及住所;

(二)各股东所认购的股份种类及股份数;

(三)发行纸面形式的股票的,股票的编号;

(四)各股东取得股份的日期。

第一百零三条 募集设立股份有限公司的发起人应当自公司设立时应发行股份的股款缴足之日起三十日内召开公司成立大会。发起人应当在成立大会召开十五日前将会议日期通知各认股人或者予以公告。成立大会应当有持有表决权过半数的认股人出席,方可举行。

以发起设立方式设立股份有限公司成立大会的召开和表决程序由公司章程或者发起人协议规定。

第一百零四条 公司成立大会行使下列职权:

(一)审议发起人关于公司筹办情况的报告;

(二)通过公司章程;

(三)选举董事、监事;

(四)对公司的设立费用进行审核;

(五)对发起人非货币财产出资的作价进行审核;

(六)发生不可抗力或者经营条件发生重大变化直接影响公司设立的,可以作出不设立公司的决议。

成立大会对前款所列事项作出决议,应当经出席会议的认股人所持表决权过半数通过。

第一百零五条 公司设立时应发行的股份未募足,或者发行股份的股款缴足后,发起人在三十日内未召开成立大会的,认股人可以按照所缴股款并加算银行同期存款利息,要求发起人返还。

发起人、认股人缴纳股款或者交付非货币财产出资后,除未按期募足股份、发起人未按期召开成立大会或者成立大会决议不设立公司的情形外,不得抽回其股本。

第一百零六条 董事会应当授权代表,于公司成立大会结束后三十日内向公司登记机关申请设立登记。

第一百零七条 本法第四十四条、第四十九条第三款、第五十一条、第五十二条、第五十三条的规定,适用于股份有限公司。

第一百零八条 有限责任公司变更为股份有限公司时,折合的实收股本总额不得高于公司净资产额。有限责任公司变更为股份有限公司,为增加注册资本公开发行股份时,应当依法办理。

第一百零九条 股份有限公司应当将公司章程、股东名册、股东会会议记录、董事会会议记录、监事会会议记录、财务会计报告、债券持有人名册置备于本公司。

第一百一十条 股东有权查阅、复制公司章程、股东名册、股东会会议记录、董事会会议决议、监事会会议决议、财务会计报告,对公司的经营提出建议或者质询。

连续一百八十日以上单独或者合计持有公司百分之三以上股份的股东要求查阅公司的会计账簿、会计凭证的,适用本法第五十七条第二款、第三款、第四款的规定。公司章程对持股比例有较低规定的,从其规定。

股东要求查阅、复制公司全资子公司相关材料的,适用前两款的规定。

上市公司股东查阅、复制相关材料的,应当遵守《中华人民共和国证券法》等法律、行政法规的规定。

第二节 股东会

第一百一十一条 股份有限公司股东会由全体股东组成。股东会是公司的权力机构,依照本法行使职权。

第一百一十二条 本法第五十九条第一款、第二款关于有限责任公司股东会职权的规定,适用于股份有限公司股东会。

本法第六十条关于只有一个股东的有限责任公司不设股东会的规定,适用于只有一个股东的股份有限公司。

第一百一十三条 股东会应当每年召开一次年会。有下列情形之一的,应当在两个月内召开临时股东会会议:

(一)董事人数不足本法规定人数或者公司章程所定人数的三分之二时;

(二)公司未弥补的亏损达股本总额三分之一时;

(三)单独或者合计持有公司百分之十以上股份的股东请求时;

(四)董事会认为必要时;

(五)监事会提议召开时;

(六)公司章程规定的其他情形。

第一百一十四条 股东会会议由董事会召集,董事长主持;董事长不能履行职务或者不履行职务的,由副董事长主持;副董事长不能履行职务或者不履行职务的,由过半数的董事共同推举一名董事主持。

董事会不能履行或者不履行召集股东会会议职责的,监事会应当及时召集和主持;监事会不召集和主持的,连续九十日以上单独或者合计持有公司百分之十以上股份的股东可以自行召集和主持。

单独或者合计持有公司百分之十以上股份的股东请求召开临时股东会会议的,董事会、监事会应当在收到请求之日起十日内作出是否召开临时股东会会议的决定,并书面答复股东。

第一百一十五条 召开股东会会议,应当将会议召开的时间、地点和审议的事项于会议召开二十日前通知各股东;临时股东会会议应当于会议召开十五日前通知各股东。

单独或者合计持有公司百分之一以上股份的股东,可以在股东会会议召开十日前提出临时提案并书面提交董事会。临时提案应当有明确议题和具体决议事项。董事会应当在收到提案后二日内通知其他股东,并将该临时提案提交股东会审议;但临时提案违反法律、行政法规或者公司章程的规定,或者不属于股东会职权范围的除外。公司不得提高提出临时提案股东的持股比例。

公开发行股份的公司,应当以公告方式作出前两款规定的通知。

股东会不得对通知中未列明的事项作出决议。

第一百一十六条 股东出席股东会会议,所持每一股份有一表决权,类别股股东除外。公司持有的本公司股份没有表决权。

股东会作出决议,应当经出席会议的股东所持表决权过半数通过。

股东会作出修改公司章程、增加或者减少注册资本的决议,以及公司合并、分立、解散或者变更公司形式的决议,应当经出席会议的股东所持表决权的三分之二以上通过。

第一百一十七条 股东会选举董事、监事,可以按照公司章程的规定或者股东会的决议,实行累积投票制。

本法所称累积投票制,是指股东会选举董事或者监事时,每一股份拥有与应选董事或者监事人数相同的表决权,股东拥有的表决权可以集中使用。

第一百一十八条 股东委托代理人出席股东会会议的,应当明确代理人代理的事项、权限和期限;代理人应当向公司提交股东授权委托书,并在授权范围内行使表决权。

第一百一十九条 股东会应当对所议事项的决定作成会议记录,主持人、出席会议的董事应当在会议记录上签名。会议记录应当与出席股东的签名册及代理出席的委托书一并保存。

第三节 董事会、经理

第一百二十条 股份有限公司设董事会,本法第一百二十八条另有规定的除外。

本法第六十七条、第六十八条第一款、第七十条、第七十一条的规定,适用于股份有限公司。

第一百二十一条 股份有限公司可以按照公司章程的规定在董事会中设置由董事组成的审计委员会,行使本法规定的监事会的职权,不设监事会或者监事。

审计委员会成员为三名以上,过半数成员不得在公司担任除董事以外的其他职务,且不得与公司存在任何可能影响其独立客观判断的关系。公司董事会成员中的职工代表可以成为审计委员会成员。

审计委员会作出决议,应当经审计委员会成员的过半数通过。

审计委员会决议的表决,应当一人一票。

审计委员会的议事方式和表决程序,除本法有规定的外,由公司章程规定。

公司可以按照公司章程的规定在董事会中设置其他委员会。

第一百二十二条 董事会设董事长一人,可以设副董事长。董事长和副董事长由董事会以全体董事的过半数选举产生。

董事长召集和主持董事会会议,检查董事会决议的实施情况。副董事长协助董事长工作,董事长不能履行职务或者不履行职务的,由副董事长履行职务;副董事长不能履行职务或者不履行职务的,由过半数的董事共同推举一名董事履行职务。

第一百二十三条 董事会每年度至少召开两次会议,每次会议应当于会议召开十日前通知全体董事和监事。

代表十分之一以上表决权的股东、三分之一以上董事或者监事会,可以提议召开临时董事会会议。董事长应当自接到提议后十日内,召集和主持董事会会议。

董事会召开临时会议,可以另定召集董事会的通知方式和通知时限。

第一百二十四条 董事会会议应当有过半数的董事出席方可举行。董事会作出决议,应当经全体董事的过半数通过。

董事会决议的表决,应当一人一票。

董事会应当对所议事项的决定作成会议记录,出席会议的董事应当在会议记录上签名。

第一百二十五条 董事会会议,应当由董事本人出席;董事因故不能出席,可以书面委托其他董事代为出席,委托书应当载明授权范围。

董事应当对董事会的决议承担责任。董事会的决议违反法律、行政法规或者公司章程、股东会决议,给公司造成严重损失的,参与决议的董事对公司负赔偿责任;经证明在表决时曾表明异议并记载于会议记录的,该董事可以免除责任。

第一百二十六条 股份有限公司设经理,由董事会决定聘任或者解聘。

经理对董事会负责,根据公司章程的规定或者董事会的授权行使职权。经理列席董事会会议。

第一百二十七条 公司董事会可以决定由董事会成员兼任经理。

第一百二十八条 规模较小或者股东人数较少的股份有限公司,可以不设董事会,设一名董事,行使本法规定的董事会的职权。该董事可以兼任公司经理。

第一百二十九条 公司应当定期向股东披露董事、监事、高级管理人员从公司获得报酬的情况。

第四节 监 事 会

第一百三十条 股份有限公司设监事会,本法第一百二十一条第一款、第一百三十三条另有规定的除外。

监事会成员为三人以上。监事会成员应当包括股东代表和适当比例的公司职工代表,其中职工代表的比例不得低于三分之一,具体比例由公司章程规定。

监事会中的职工代表由公司职工通过职工代表大会、职工大会或者其他形式民主选举产生。

监事会设主席一人,可以设副主席。监事会主席和副主席由全体监事过半数选举产生。监事会主席召集和主持监事会会议;监事会主席不能履行职务或者不履行职务的,由监事会副主席召集和主持监事会会议;监事会副主席不能履行职务或者不履行职务的,由过半数的监事共同推举一名监事召集和主持监事会会议。

董事、高级管理人员不得兼任监事。

本法第七十七条关于有限责任公司监事任期的规定,适用于股份有限公司监事。

第一百三十一条　本法第七十八条至第八十条的规定,适用于股份有限公司监事会。

监事会行使职权所必需的费用,由公司承担。

第一百三十二条　监事会每六个月至少召开一次会议。监事可以提议召开临时监事会会议。

监事会的议事方式和表决程序,除本法有规定的外,由公司章程规定。

监事会决议应当经全体监事的过半数通过。

监事会决议的表决,应当一人一票。

监事会应当对所议事项的决定作成会议记录,出席会议的监事应当在会议记录上签名。

第一百三十三条　规模较小或者股东人数较少的股份有限公司,可以不设监事会,设一名监事,行使本法规定的监事会的职权。

第五节　上市公司组织机构的特别规定

第一百三十四条　本法所称上市公司,是指其股票在证券交易所上市交易的股份有限公司。

第一百三十五条　上市公司在一年内购买、出售重大资产或者向他人提供担保的金额超过公司资产总额百分之三十的,应当由股东会作出决议,并经出席会议的股东所持表决权的三分之二以上通过。

第一百三十六条 上市公司设独立董事,具体管理办法由国务院证券监督管理机构规定。

上市公司的公司章程除载明本法第九十五条规定的事项外,还应当依照法律、行政法规的规定载明董事会专门委员会的组成、职权以及董事、监事、高级管理人员薪酬考核机制等事项。

第一百三十七条 上市公司在董事会中设置审计委员会的,董事会对下列事项作出决议前应当经审计委员会全体成员过半数通过：

(一)聘用、解聘承办公司审计业务的会计师事务所；

(二)聘任、解聘财务负责人；

(三)披露财务会计报告；

(四)国务院证券监督管理机构规定的其他事项。

第一百三十八条 上市公司设董事会秘书,负责公司股东会和董事会会议的筹备、文件保管以及公司股东资料的管理,办理信息披露事务等事宜。

第一百三十九条 上市公司董事与董事会会议决议事项所涉及的企业或者个人有关联关系的,该董事应当及时向董事会书面报告。有关联关系的董事不得对该项决议行使表决权,也不得代理其他董事行使表决权。该董事会会议由过半数的无关联关系董事出席即可举行,董事会会议所作决议须经无关联关系董事过半数通过。出席董事会会议的无关联关系董事人数不足三人的,应当将该事项提交上市公司股东会审议。

第一百四十条 上市公司应当依法披露股东、实际控制人的信息,相关信息应当真实、准确、完整。

禁止违反法律、行政法规的规定代持上市公司股票。

第一百四十一条 上市公司控股子公司不得取得该上市公司的股份。

上市公司控股子公司因公司合并、质权行使等原因持有上市公司股份的,不得行使所持股份对应的表决权,并应当及时处分相关上市公司股份。

第六章　股份有限公司的股份发行和转让

第一节　股份发行

第一百四十二条　公司的资本划分为股份。公司的全部股份,根据公司章程的规定择一采用面额股或者无面额股。采用面额股的,每一股的金额相等。

公司可以根据公司章程的规定将已发行的面额股全部转换为无面额股或者将无面额股全部转换为面额股。

采用无面额股的,应当将发行股份所得股款的二分之一以上计入注册资本。

第一百四十三条　股份的发行,实行公平、公正的原则,同类别的每一股份应当具有同等权利。

同次发行的同类别股份,每股的发行条件和价格应当相同;认购人所认购的股份,每股应当支付相同价额。

第一百四十四条　公司可以按照公司章程的规定发行下列与普通股权利不同的类别股:

(一)优先或者劣后分配利润或者剩余财产的股份;

(二)每一股的表决权数多于或者少于普通股的股份;

(三)转让须经公司同意等转让受限的股份;

(四)国务院规定的其他类别股。

公开发行股份的公司不得发行前款第二项、第三项规定的类别股;公开发行前已发行的除外。

公司发行本条第一款第二项规定的类别股的,对于监事或者审计委员会成员的选举和更换,类别股与普通股每一股的表决权数相同。

第一百四十五条　发行类别股的公司,应当在公司章程中载明以下事项:

(一)类别股分配利润或者剩余财产的顺序;

(二)类别股的表决权数;

(三)类别股的转让限制;

(四)保护中小股东权益的措施;

(五)股东会认为需要规定的其他事项。

第一百四十六条 发行类别股的公司,有本法第一百一十六条第三款规定的事项等可能影响类别股股东权利的,除应当依照第一百一十六条第三款的规定经股东会决议外,还应当经出席类别股股东会议的股东所持表决权的三分之二以上通过。

公司章程可以对需经类别股股东会议决议的其他事项作出规定。

第一百四十七条 公司的股份采取股票的形式。股票是公司签发的证明股东所持股份的凭证。

公司发行的股票,应当为记名股票。

第一百四十八条 面额股股票的发行价格可以按票面金额,也可以超过票面金额,但不得低于票面金额。

第一百四十九条 股票采用纸面形式或者国务院证券监督管理机构规定的其他形式。

股票采用纸面形式的,应当载明下列主要事项:

(一)公司名称;

(二)公司成立日期或者股票发行的时间;

(三)股票种类、票面金额及代表的股份数,发行无面额股的,股票代表的股份数。

股票采用纸面形式的,还应当载明股票的编号,由法定代表人签名,公司盖章。

发起人股票采用纸面形式的,应当标明发起人股票字样。

第一百五十条 股份有限公司成立后,即向股东正式交付股票。公司成立前不得向股东交付股票。

第一百五十一条 公司发行新股,股东会应当对下列事项作出决议:

(一)新股种类及数额;

(二)新股发行价格;

(三)新股发行的起止日期；

(四)向原有股东发行新股的种类及数额；

(五)发行无面额股的,新股发行所得股款计入注册资本的金额。

公司发行新股,可以根据公司经营情况和财务状况,确定其作价方案。

第一百五十二条 公司章程或者股东会可以授权董事会在三年内决定发行不超过已发行股份百分之五十的股份。但以非货币财产作价出资的应当经股东会决议。

董事会依照前款规定决定发行股份导致公司注册资本、已发行股份数发生变化的,对公司章程该项记载事项的修改不需再由股东会表决。

第一百五十三条 公司章程或者股东会授权董事会决定发行新股的,董事会决议应当经全体董事三分之二以上通过。

第一百五十四条 公司向社会公开募集股份,应当经国务院证券监督管理机构注册,公告招股说明书。

招股说明书应当附有公司章程,并载明下列事项：

(一)发行的股份总数；

(二)面额股的票面金额和发行价格或者无面额股的发行价格；

(三)募集资金的用途；

(四)认股人的权利和义务；

(五)股份种类及其权利和义务；

(六)本次募股的起止日期及逾期未募足时认股人可以撤回所认股份的说明。

公司设立时发行股份的,还应当载明发起人认购的股份数。

第一百五十五条 公司向社会公开募集股份,应当由依法设立的证券公司承销,签订承销协议。

第一百五十六条 公司向社会公开募集股份,应当同银行签订代收股款协议。

代收股款的银行应当按照协议代收和保存股款,向缴纳股款的认股人出具收款单据,并负有向有关部门出具收款证明的义务。

公司发行股份募足股款后,应予公告。

第二节 股份转让

第一百五十七条 股份有限公司的股东持有的股份可以向其他股东转让,也可以向股东以外的人转让;公司章程对股份转让有限制的,其转让按照公司章程的规定进行。

第一百五十八条 股东转让其股份,应当在依法设立的证券交易场所进行或者按照国务院规定的其他方式进行。

第一百五十九条 股票的转让,由股东以背书方式或者法律、行政法规规定的其他方式进行;转让后由公司将受让人的姓名或者名称及住所记载于股东名册。

股东会会议召开前二十日内或者公司决定分配股利的基准日前五日内,不得变更股东名册。法律、行政法规或者国务院证券监督管理机构对上市公司股东名册变更另有规定的,从其规定。

第一百六十条 公司公开发行股份前已发行的股份,自公司股票在证券交易所上市交易之日起一年内不得转让。法律、行政法规或者国务院证券监督管理机构对上市公司的股东、实际控制人转让其所持有的本公司股份另有规定的,从其规定。

公司董事、监事、高级管理人员应当向公司申报所持有的本公司的股份及其变动情况,在就任时确定的任职期间每年转让的股份不得超过其所持有本公司股份总数的百分之二十五;所持本公司股份自公司股票上市交易之日起一年内不得转让。上述人员离职后半年内,不得转让其所持有的本公司股份。公司章程可以对公司董事、监事、高级管理人员转让其所持有的本公司股份作出其他限制性规定。

股份在法律、行政法规规定的限制转让期限内出质的,质权人不得在限制转让期限内行使质权。

第一百六十一条 有下列情形之一的,对股东会该项决议投反对票的股东可以请求公司按照合理的价格收购其股份,公开发行股份的公司除外：

（一）公司连续五年不向股东分配利润,而公司该五年连续盈利,并且符合本法规定的分配利润条件；

（二）公司转让主要财产；

（三）公司章程规定的营业期限届满或者章程规定的其他解散事由出现,股东会通过决议修改章程使公司存续。

自股东会决议作出之日起六十日内,股东与公司不能达成股份收购协议的,股东可以自股东会决议作出之日起九十日内向人民法院提起诉讼。

公司因本条第一款规定的情形收购的本公司股份,应当在六个月内依法转让或者注销。

第一百六十二条 公司不得收购本公司股份。但是,有下列情形之一的除外：

（一）减少公司注册资本；

（二）与持有本公司股份的其他公司合并；

（三）将股份用于员工持股计划或者股权激励；

（四）股东因对股东会作出的公司合并、分立决议持异议,要求公司收购其股份；

（五）将股份用于转换公司发行的可转换为股票的公司债券；

（六）上市公司为维护公司价值及股东权益所必需。

公司因前款第一项、第二项规定的情形收购本公司股份的,应当经股东会决议；公司因前款第三项、第五项、第六项规定的情形收购本公司股份的,可以按照公司章程或者股东会的授权,经三分之二以上董事出席的董事会会议决议。

公司依照本条第一款规定收购本公司股份后,属于第一项情形的,应当自收购之日起十日内注销；属于第二项、第四项情形的,应当在六个月内转让或者注销；属于第三项、第五项、第六项情形的,公司合计持有的本公司股份数不得超过本公司已发行股份总数的百分之十,并应当在三年内转让或者注销。

上市公司收购本公司股份的,应当依照《中华人民共和国证券法》的规定履行信息披露义务。上市公司因本条第一款第三项、第五项、第六项规定的情形收购本公司股份的,应当通过公开的集中交易方式进行。

公司不得接受本公司的股份作为质权的标的。

第一百六十三条 公司不得为他人取得本公司或者其母公司的股份提供赠与、借款、担保以及其他财务资助,公司实施员工持股计划的除外。

为公司利益,经股东会决议,或者董事会按照公司章程或者股东会的授权作出决议,公司可以为他人取得本公司或者其母公司的股份提供财务资助,但财务资助的累计总额不得超过已发行股本总额的百分之十。董事会作出决议应当经全体董事的三分之二以上通过。

违反前两款规定,给公司造成损失的,负有责任的董事、监事、高级管理人员应当承担赔偿责任。

第一百六十四条 股票被盗、遗失或者灭失,股东可以依照《中华人民共和国民事诉讼法》规定的公示催告程序,请求人民法院宣告该股票失效。人民法院宣告该股票失效后,股东可以向公司申请补发股票。

第一百六十五条 上市公司的股票,依照有关法律、行政法规及证券交易所交易规则上市交易。

第一百六十六条 上市公司应当依照法律、行政法规的规定披露相关信息。

第一百六十七条 自然人股东死亡后,其合法继承人可以继承股东资格;但是,股份转让受限的股份有限公司的章程另有规定的除外。

第七章 国家出资公司组织机构的特别规定

第一百六十八条 国家出资公司的组织机构,适用本章规定;本章没有规定的,适用本法其他规定。

本法所称国家出资公司,是指国家出资的国有独资公司、国有资本控股公司,包括国家出资的有限责任公司、股份有限公司。

第一百六十九条 国家出资公司,由国务院或者地方人民政府分别代表国家依法履行出资人职责,享有出资人权益。国务院或者地方人民政府可以授权国有资产监督管理机构或者其他部门、机构代表本级人民政府对国家出资公司履行出资人职责。

代表本级人民政府履行出资人职责的机构、部门,以下统称为履行出资人职责的机构。

第一百七十条 国家出资公司中中国共产党的组织,按照中国共产党章程的规定发挥领导作用,研究讨论公司重大经营管理事项,支持公司的组织机构依法行使职权。

第一百七十一条 国有独资公司章程由履行出资人职责的机构制定。

第一百七十二条 国有独资公司不设股东会,由履行出资人职责的机构行使股东会职权。履行出资人职责的机构可以授权公司董事会行使股东会的部分职权,但公司章程的制定和修改,公司的合并、分立、解散、申请破产,增加或者减少注册资本,分配利润,应当由履行出资人职责的机构决定。

第一百七十三条 国有独资公司的董事会依照本法规定行使职权。

国有独资公司的董事会成员中,应当过半数为外部董事,并应当有公司职工代表。

董事会成员由履行出资人职责的机构委派;但是,董事会成员中的职工代表由公司职工代表大会选举产生。

董事会设董事长一人,可以设副董事长。董事长、副董事长由履行出资人职责的机构从董事会成员中指定。

第一百七十四条 国有独资公司的经理由董事会聘任或者解聘。

经履行出资人职责的机构同意,董事会成员可以兼任经理。

第一百七十五条 国有独资公司的董事、高级管理人员,未经履行出资人职责的机构同意,不得在其他有限责任公司、股份有限公司或者其他经济组织兼职。

第一百七十六条 国有独资公司在董事会中设置由董事组成的审计委员会行使本法规定的监事会职权的,不设监事会或者监事。

第一百七十七条 国家出资公司应当依法建立健全内部监督管理和风险控制制度,加强内部合规管理。

第八章　公司董事、监事、高级管理人员的资格和义务

第一百七十八条　有下列情形之一的,不得担任公司的董事、监事、高级管理人员:

(一)无民事行为能力或者限制民事行为能力;

(二)因贪污、贿赂、侵占财产、挪用财产或者破坏社会主义市场经济秩序,被判处刑罚,或者因犯罪被剥夺政治权利,执行期满未逾五年,被宣告缓刑的,自缓刑考验期满之日起未逾二年;

(三)担任破产清算的公司、企业的董事或者厂长、经理,对该公司、企业的破产负有个人责任的,自该公司、企业破产清算完结之日起未逾三年;

(四)担任因违法被吊销营业执照、责令关闭的公司、企业的法定代表人,并负有个人责任的,自该公司、企业被吊销营业执照、责令关闭之日起未逾三年;

(五)个人因所负数额较大债务到期未清偿被人民法院列为失信被执行人。

违反前款规定选举、委派董事、监事或者聘任高级管理人员的,该选举、委派或者聘任无效。

董事、监事、高级管理人员在任职期间出现本条第一款所列情形的,公司应当解除其职务。

第一百七十九条　董事、监事、高级管理人员应当遵守法律、行政法规和公司章程。

第一百八十条　董事、监事、高级管理人员对公司负有忠实义务,应当采取措施避免自身利益与公司利益冲突,不得利用职权牟取不正当利益。

董事、监事、高级管理人员对公司负有勤勉义务,执行职务应当为公司的最大利益尽到管理者通常应有的合理注意。

公司的控股股东、实际控制人不担任公司董事但实际执行公司事务的,适用前两款规定。

第一百八十一条　董事、监事、高级管理人员不得有下列行为:

(一)侵占公司财产、挪用公司资金;

(二)将公司资金以其个人名义或者以其他个人名义开立账户存储;

(三)利用职权贿赂或者收受其他非法收入;

(四)接受他人与公司交易的佣金归为己有;

(五)擅自披露公司秘密;

(六)违反对公司忠实义务的其他行为。

第一百八十二条 董事、监事、高级管理人员,直接或者间接与本公司订立合同或者进行交易,应当就与订立合同或者进行交易有关的事项向董事会或者股东会报告,并按照公司章程的规定经董事会或者股东会决议通过。

董事、监事、高级管理人员的近亲属,董事、监事、高级管理人员或者其近亲属直接或者间接控制的企业,以及与董事、监事、高级管理人员有其他关联关系的关联人,与公司订立合同或者进行交易,适用前款规定。

第一百八十三条 董事、监事、高级管理人员,不得利用职务便利为自己或者他人谋取属于公司的商业机会。但是,有下列情形之一的除外:

(一)向董事会或者股东会报告,并按照公司章程的规定经董事会或者股东会决议通过;

(二)根据法律、行政法规或者公司章程的规定,公司不能利用该商业机会。

第一百八十四条 董事、监事、高级管理人员未向董事会或者股东会报告,并按照公司章程的规定经董事会或者股东会决议通过,不得自营或者为他人经营与其任职公司同类的业务。

第一百八十五条 董事会对本法第一百八十二条至第一百八十四条规定的事项决议时,关联董事不得参与表决,其表决权不计入表决权总数。出席董事会会议的无关联关系董事人数不足三人的,应当将该事项提交股东会审议。

第一百八十六条 董事、监事、高级管理人员违反本法第一百八十一条至第一百八十四条规定所得的收入应当归公司所有。

第一百八十七条 股东会要求董事、监事、高级管理人员列席会议的,董事、监事、高级管理人员应当列席并接受股东的质询。

第一百八十八条 董事、监事、高级管理人员执行职务违反法律、行政法规或者公司章程的规定,给公司造成损失的,应当承担赔偿责任。

第一百八十九条　董事、高级管理人员有前条规定的情形的,有限责任公司的股东、股份有限公司连续一百八十日以上单独或者合计持有公司百分之一以上股份的股东,可以书面请求监事会向人民法院提起诉讼;监事有前条规定的情形的,前述股东可以书面请求董事会向人民法院提起诉讼。

监事会或者董事会收到前款规定的股东书面请求后拒绝提起诉讼,或者自收到请求之日起三十日内未提起诉讼,或者情况紧急、不立即提起诉讼将会使公司利益受到难以弥补的损害的,前款规定的股东有权为公司利益以自己的名义直接向人民法院提起诉讼。

他人侵犯公司合法权益,给公司造成损失的,本条第一款规定的股东可以依照前两款的规定向人民法院提起诉讼。

公司全资子公司的董事、监事、高级管理人员有前条规定情形,或者他人侵犯公司全资子公司合法权益造成损失的,有限责任公司的股东、股份有限公司连续一百八十日以上单独或者合计持有公司百分之一以上股份的股东,可以依照前三款规定书面请求全资子公司的监事会、董事会向人民法院提起诉讼或者以自己的名义直接向人民法院提起诉讼。

第一百九十条　董事、高级管理人员违反法律、行政法规或者公司章程的规定,损害股东利益的,股东可以向人民法院提起诉讼。

第一百九十一条　董事、高级管理人员执行职务,给他人造成损害的,公司应当承担赔偿责任;董事、高级管理人员存在故意或者重大过失的,也应当承担赔偿责任。

第一百九十二条　公司的控股股东、实际控制人指示董事、高级管理人员从事损害公司或者股东利益的行为的,与该董事、高级管理人员承担连带责任。

第一百九十三条　公司可以在董事任职期间为董事因执行公司职务承担的赔偿责任投保责任保险。

公司为董事投保责任保险或者续保后,董事会应当向股东会报告责任保险的投保金额、承保范围及保险费率等内容。

第九章 公司债券

第一百九十四条 本法所称公司债券,是指公司发行的约定按期还本付息的有价证券。

公司债券可以公开发行,也可以非公开发行。

公司债券的发行和交易应当符合《中华人民共和国证券法》等法律、行政法规的规定。

第一百九十五条 公开发行公司债券,应当经国务院证券监督管理机构注册,公告公司债券募集办法。

公司债券募集办法应当载明下列主要事项:

(一)公司名称;

(二)债券募集资金的用途;

(三)债券总额和债券的票面金额;

(四)债券利率的确定方式;

(五)还本付息的期限和方式;

(六)债券担保情况;

(七)债券的发行价格、发行的起止日期;

(八)公司净资产额;

(九)已发行的尚未到期的公司债券总额;

(十)公司债券的承销机构。

第一百九十六条 公司以纸面形式发行公司债券的,应当在债券上载明公司名称、债券票面金额、利率、偿还期限等事项,并由法定代表人签名,公司盖章。

第一百九十七条 公司债券应当为记名债券。

第一百九十八条 公司发行公司债券应当置备公司债券持有人名册。

发行公司债券的,应当在公司债券持有人名册上载明下列事项:

(一)债券持有人的姓名或者名称及住所;

(二)债券持有人取得债券的日期及债券的编号;

(三)债券总额,债券的票面金额、利率、还本付息的期限和方式;

(四)债券的发行日期。

第一百九十九条 公司债券的登记结算机构应当建立债券登记、存管、付息、兑付等相关制度。

第二百条 公司债券可以转让,转让价格由转让人与受让人约定。

公司债券的转让应当符合法律、行政法规的规定。

第二百零一条 公司债券由债券持有人以背书方式或者法律、行政法规规定的其他方式转让;转让后由公司将受让人的姓名或者名称及住所记载于公司债券持有人名册。

第二百零二条 股份有限公司经股东会决议,或者经公司章程、股东会授权由董事会决议,可以发行可转换为股票的公司债券,并规定具体的转换办法。上市公司发行可转换为股票的公司债券,应当经国务院证券监督管理机构注册。

发行可转换为股票的公司债券,应当在债券上标明可转换公司债券字样,并在公司债券持有人名册上载明可转换公司债券的数额。

第二百零三条 发行可转换为股票的公司债券的,公司应当按照其转换办法向债券持有人换发股票,但债券持有人对转换股票或者不转换股票有选择权。法律、行政法规另有规定的除外。

第二百零四条 公开发行公司债券的,应当为同期债券持有人设立债券持有人会议,并在债券募集办法中对债券持有人会议的召集程序、会议规则和其他重要事项作出规定。债券持有人会议可以对与债券持有人有利害关系的事项作出决议。

除公司债券募集办法另有约定外,债券持有人会议决议对同期全体债券持有人发生效力。

第二百零五条 公开发行公司债券的,发行人应当为债券持有人聘请债券受托管理人,由其为债券持有人办理受领清偿、债权保全、与债券相关的诉讼以及参与债务人破产程序等事项。

第二百零六条 债券受托管理人应当勤勉尽责,公正履行受托管理职责,不得损害债券持有人利益。

受托管理人与债券持有人存在利益冲突可能损害债券持有人利益的,债券持有人会议可以决议变更债券受托管理人。

债券受托管理人违反法律、行政法规或者债券持有人会议决议,损害债券持有人利益的,应当承担赔偿责任。

第十章　公司财务、会计

第二百零七条　公司应当依照法律、行政法规和国务院财政部门的规定建立本公司的财务、会计制度。

第二百零八条　公司应当在每一会计年度终了时编制财务会计报告,并依法经会计师事务所审计。

财务会计报告应当依照法律、行政法规和国务院财政部门的规定制作。

第二百零九条　有限责任公司应当按照公司章程规定的期限将财务会计报告送交各股东。

股份有限公司的财务会计报告应当在召开股东会年会的二十日前置备于本公司,供股东查阅;公开发行股份的股份有限公司应当公告其财务会计报告。

第二百一十条　公司分配当年税后利润时,应当提取利润的百分之十列入公司法定公积金。公司法定公积金累计额为公司注册资本的百分之五十以上的,可以不再提取。

公司的法定公积金不足以弥补以前年度亏损的,在依照前款规定提取法定公积金之前,应当先用当年利润弥补亏损。

公司从税后利润中提取法定公积金后,经股东会决议,还可以从税后利润中提取任意公积金。

公司弥补亏损和提取公积金后所余税后利润,有限责任公司按照股东实缴的出资比例分配利润,全体股东约定不按照出资比例分配利润的除外;股份有限公司按照股东所持有的股份比例分配利润,公司章程另有规定的除外。

公司持有的本公司股份不得分配利润。

第二百一十一条 公司违反本法规定向股东分配利润的,股东应当将违反规定分配的利润退还公司;给公司造成损失的,股东及负有责任的董事、监事、高级管理人员应当承担赔偿责任。

第二百一十二条 股东会作出分配利润的决议的,董事会应当在股东会决议作出之日起六个月内进行分配。

第二百一十三条 公司以超过股票票面金额的发行价格发行股份所得的溢价款、发行无面额股所得股款未计入注册资本的金额以及国务院财政部门规定列入资本公积金的其他项目,应当列为公司资本公积金。

第二百一十四条 公司的公积金用于弥补公司的亏损、扩大公司生产经营或者转为增加公司注册资本。

公积金弥补公司亏损,应当先使用任意公积金和法定公积金;仍不能弥补的,可以按照规定使用资本公积金。

法定公积金转为增加注册资本时,所留存的该项公积金不得少于转增前公司注册资本的百分之二十五。

第二百一十五条 公司聘用、解聘承办公司审计业务的会计师事务所,按照公司章程的规定,由股东会、董事会或者监事会决定。

公司股东会、董事会或者监事会就解聘会计师事务所进行表决时,应当允许会计师事务所陈述意见。

第二百一十六条 公司应当向聘用的会计师事务所提供真实、完整的会计凭证、会计账簿、财务会计报告及其他会计资料,不得拒绝、隐匿、谎报。

第二百一十七条 公司除法定的会计账簿外,不得另立会计账簿。

对公司资金,不得以任何个人名义开立账户存储。

第十一章 公司合并、分立、增资、减资

第二百一十八条 公司合并可以采取吸收合并或者新设合并。

一个公司吸收其他公司为吸收合并,被吸收的公司解散。两个以上公司合并设立一个新的公司为新设合并,合并各方解散。

第二百一十九条 公司与其持股百分之九十以上的公司合并,被合并的公司不需经股东会决议,但应当通知其他股东,其他股东有权请求公司按照合理的价格收购其股权或者股份。

公司合并支付的价款不超过本公司净资产百分之十的,可以不经股东会决议;但是,公司章程另有规定的除外。

公司依照前两款规定合并不经股东会决议的,应当经董事会决议。

第二百二十条 公司合并,应当由合并各方签订合并协议,并编制资产负债表及财产清单。公司应当自作出合并决议之日起十日内通知债权人,并于三十日内在报纸上或者国家企业信用信息公示系统公告。债权人自接到通知之日起三十日内,未接到通知的自公告之日起四十五日内,可以要求公司清偿债务或者提供相应的担保。

第二百二十一条 公司合并时,合并各方的债权、债务,应当由合并后存续的公司或者新设的公司承继。

第二百二十二条 公司分立,其财产作相应的分割。

公司分立,应当编制资产负债表及财产清单。公司应当自作出分立决议之日起十日内通知债权人,并于三十日内在报纸上或者国家企业信用信息公示系统公告。

第二百二十三条 公司分立前的债务由分立后的公司承担连带责任。但是,公司在分立前与债权人就债务清偿达成的书面协议另有约定的除外。

第二百二十四条 公司减少注册资本,应当编制资产负债表及财产清单。

公司应当自股东会作出减少注册资本决议之日起十日内通知债权人,并于三十日内在报纸上或者国家企业信用信息公示系统公告。债权人自接到通知之日起三十日内,未接到通知的自公告之日起四十五日内,有权要求公司清偿债务或者提供相应的担保。

公司减少注册资本,应当按照股东出资或者持有股份的比例相应减少出资额或者股份,法律另有规定、有限责任公司全体股东另有约定或者股份有限公司章程另有规定的除外。

第二百二十五条 公司依照本法第二百一十四条第二款的规定弥补亏损后,仍有亏损的,可以减少注册资本弥补亏损。减少注册资本弥补亏损的,公司不得向股东分配,也不得免除股东缴纳出资或者股款的义务。

依照前款规定减少注册资本的,不适用前条第二款的规定,但应当自股东会作出减少注册资本决议之日起三十日内在报纸上或者国家企业信用信息公示系统公告。

公司依照前两款的规定减少注册资本后,在法定公积金和任意公积金累计额达到公司注册资本百分之五十前,不得分配利润。

第二百二十六条 违反本法规定减少注册资本的,股东应当退还其收到的资金,减免股东出资的应当恢复原状;给公司造成损失的,股东及负有责任的董事、监事、高级管理人员应当承担赔偿责任。

第二百二十七条 有限责任公司增加注册资本时,股东在同等条件下有权优先按照实缴的出资比例认缴出资。但是,全体股东约定不按照出资比例优先认缴出资的除外。

股份有限公司为增加注册资本发行新股时,股东不享有优先认购权,公司章程另有规定或者股东会决议决定股东享有优先认购权的除外。

第二百二十八条 有限责任公司增加注册资本时,股东认缴新增资本的出资,依照本法设立有限责任公司缴纳出资的有关规定执行。

股份有限公司为增加注册资本发行新股时,股东认购新股,依照本法设立股份有限公司缴纳股款的有关规定执行。

第十二章 公司解散和清算

第二百二十九条 公司因下列原因解散:

(一)公司章程规定的营业期限届满或者公司章程规定的其他解散事由出现;

(二)股东会决议解散;

(三)因公司合并或者分立需要解散;

(四)依法被吊销营业执照、责令关闭或者被撤销;

(五)人民法院依照本法第二百三十一条的规定予以解散。

公司出现前款规定的解散事由,应当在十日内将解散事由通过国家企业信用信息公示系统予以公示。

第二百三十条 公司有前条第一款第一项、第二项情形,且尚未向股东分配财产的,可以通过修改公司章程或者经股东会决议而存续。

依照前款规定修改公司章程或者经股东会决议,有限责任公司须经持有三分之二以上表决权的股东通过,股份有限公司须经出席股东会会议的股东所持表决权的三分之二以上通过。

第二百三十一条 公司经营管理发生严重困难,继续存续会使股东利益受到重大损失,通过其他途径不能解决的,持有公司百分之十以上表决权的股东,可以请求人民法院解散公司。

第二百三十二条 公司因本法第二百二十九条第一款第一项、第二项、第四项、第五项规定而解散的,应当清算。董事为公司清算义务人,应当在解散事由出现之日起十五日内组成清算组进行清算。

清算组由董事组成,但是公司章程另有规定或者股东会决议另选他人的除外。

清算义务人未及时履行清算义务,给公司或者债权人造成损失的,应当承担赔偿责任。

第二百三十三条 公司依照前条第一款的规定应当清算,逾期不成立清算组进行清算或者成立清算组后不清算的,利害关系人可以申请人民法院指定有关人员组成清算组进行清算。人民法院应当受理该申请,并及时组织清算组进行清算。

公司因本法第二百二十九条第一款第四项的规定而解散的,作出吊销营业执照、责令关闭或者撤销决定的部门或者公司登记机关,可以申请人民法院指定有关人员组成清算组进行清算。

第二百三十四条 清算组在清算期间行使下列职权:

(一)清理公司财产,分别编制资产负债表和财产清单;

（二）通知、公告债权人；

（三）处理与清算有关的公司未了结的业务；

（四）清缴所欠税款以及清算过程中产生的税款；

（五）清理债权、债务；

（六）分配公司清偿债务后的剩余财产；

（七）代表公司参与民事诉讼活动。

第二百三十五条 清算组应当自成立之日起十日内通知债权人，并于六十日内在报纸上或者国家企业信用信息公示系统公告。债权人应当自接到通知之日起三十日内，未接到通知的自公告之日起四十五日内，向清算组申报其债权。

债权人申报债权，应当说明债权的有关事项，并提供证明材料。清算组应当对债权进行登记。

在申报债权期间，清算组不得对债权人进行清偿。

第二百三十六条 清算组在清理公司财产、编制资产负债表和财产清单后，应当制订清算方案，并报股东会或者人民法院确认。

公司财产在分别支付清算费用、职工的工资、社会保险费用和法定补偿金，缴纳所欠税款，清偿公司债务后的剩余财产，有限责任公司按照股东的出资比例分配，股份有限公司按照股东持有的股份比例分配。

清算期间，公司存续，但不得开展与清算无关的经营活动。公司财产在未依照前款规定清偿前，不得分配给股东。

第二百三十七条 清算组在清理公司财产、编制资产负债表和财产清单后，发现公司财产不足清偿债务的，应当依法向人民法院申请破产清算。

人民法院受理破产申请后，清算组应当将清算事务移交给人民法院指定的破产管理人。

第二百三十八条 清算组成员履行清算职责，负有忠实义务和勤勉义务。

清算组成员怠于履行清算职责，给公司造成损失的，应当承担赔偿责任；因故意或者重大过失给债权人造成损失的，应当承担赔偿责任。

第二百三十九条 公司清算结束后，清算组应当制作清算报告，报股东会或者人民法院确认,并报送公司登记机关,申请注销公司登记。

第二百四十条 公司在存续期间未产生债务,或者已清偿全部债务的,经全体股东承诺,可以按照规定通过简易程序注销公司登记。

通过简易程序注销公司登记,应当通过国家企业信用信息公示系统予以公告,公告期限不少于二十日。公告期限届满后,未有异议的,公司可以在二十日内向公司登记机关申请注销公司登记。

公司通过简易程序注销公司登记,股东对本条第一款规定的内容承诺不实的,应当对注销登记前的债务承担连带责任。

第二百四十一条 公司被吊销营业执照、责令关闭或者被撤销,满三年未向公司登记机关申请注销公司登记的,公司登记机关可以通过国家企业信用信息公示系统予以公告,公告期限不少于六十日。公告期限届满后,未有异议的,公司登记机关可以注销公司登记。

依照前款规定注销公司登记的,原公司股东、清算义务人的责任不受影响。

第二百四十二条 公司被依法宣告破产的,依照有关企业破产的法律实施破产清算。

第十三章 外国公司的分支机构

第二百四十三条 本法所称外国公司,是指依照外国法律在中华人民共和国境外设立的公司。

第二百四十四条 外国公司在中华人民共和国境内设立分支机构,应当向中国主管机关提出申请,并提交其公司章程、所属国的公司登记证书等有关文件,经批准后,向公司登记机关依法办理登记,领取营业执照。

外国公司分支机构的审批办法由国务院另行规定。

第二百四十五条 外国公司在中华人民共和国境内设立分支机构,应当在中华人民共和国境内指定负责该分支机构的代表人或者代理人,并向该分支机构拨付与其所从事的经营活动相适应的资金。

对外国公司分支机构的经营资金需要规定最低限额的,由国务院另行规定。

第二百四十六条 外国公司的分支机构应当在其名称中标明该外国公司的国籍及责任形式。

外国公司的分支机构应当在本机构中置备该外国公司章程。

第二百四十七条 外国公司在中华人民共和国境内设立的分支机构不具有中国法人资格。

外国公司对其分支机构在中华人民共和国境内进行经营活动承担民事责任。

第二百四十八条 经批准设立的外国公司分支机构,在中华人民共和国境内从事业务活动,应当遵守中国的法律,不得损害中国的社会公共利益,其合法权益受中国法律保护。

第二百四十九条 外国公司撤销其在中华人民共和国境内的分支机构时,应当依法清偿债务,依照本法有关公司清算程序的规定进行清算。未清偿债务之前,不得将其分支机构的财产转移至中华人民共和国境外。

第十四章 法 律 责 任

第二百五十条 违反本法规定,虚报注册资本、提交虚假材料或者采取其他欺诈手段隐瞒重要事实取得公司登记的,由公司登记机关责令改正,对虚报注册资本的公司,处以虚报注册资本金额百分之五以上百分之十五以下的罚款;对提交虚假材料或者采取其他欺诈手段隐瞒重要事实的公司,处以五万元以上二百万元以下的罚款;情节严重的,吊销营业执照;对直接负责的主管人员和其他直接责任人员处以三万元以上三十万元以下的罚款。

第二百五十一条 公司未依照本法第四十条规定公示有关信息或者不如实公示有关信息的,由公司登记机关责令改正,可以处以一万元以上五万元以下的罚款。情节严重的,处以五万元以上二十万元以下的罚款;对直接负责的主管人员和其他直接责任人员处以一万元以上十万元以下的罚款。

第二百五十二条 公司的发起人、股东虚假出资,未交付或者未按期交付作为出资的货币或者非货币财产的,由公司登记机关责令改正,可以处以五万元以上二十万元以下的罚款;情节严重的,处以虚假出资或者未出资金额百分之五以上百分之十五以下的罚款;对直接负责的主管人员和其他直接责任人员处以一万元以上十万元以下的罚款。

第二百五十三条 公司的发起人、股东在公司成立后,抽逃其出资的,由公司登记机关责令改正,处以所抽逃出资金额百分之五以上百分之十五以下的罚款;对直接负责的主管人员和其他直接责任人员处以三万元以上三十万元以下的罚款。

第二百五十四条 有下列行为之一的,由县级以上人民政府财政部门依照《中华人民共和国会计法》等法律、行政法规的规定处罚:

(一)在法定的会计账簿以外另立会计账簿;

(二)提供存在虚假记载或者隐瞒重要事实的财务会计报告。

第二百五十五条 公司在合并、分立、减少注册资本或者进行清算时,不依照本法规定通知或者公告债权人的,由公司登记机关责令改正,对公司处以一万元以上十万元以下的罚款。

第二百五十六条 公司在进行清算时,隐匿财产,对资产负债表或者财产清单作虚假记载,或者在未清偿债务前分配公司财产的,由公司登记机关责令改正,对公司处以隐匿财产或者未清偿债务前分配公司财产金额百分之五以上百分之十以下的罚款;对直接负责的主管人员和其他直接责任人员处以一万元以上十万元以下的罚款。

第二百五十七条 承担资产评估、验资或者验证的机构提供虚假材料或者提供有重大遗漏的报告的,由有关部门依照《中华人民共和国资产评估法》、《中华人民共和国注册会计师法》等法律、行政法规的规定处罚。

承担资产评估、验资或者验证的机构因其出具的评估结果、验资或者验证证明不实,给公司债权人造成损失的,除能够证明自己没有过错的外,在其评估或者证明不实的金额范围内承担赔偿责任。

第二百五十八条 公司登记机关违反法律、行政法规规定未履行职责或者履行职责不当的,对负有责任的领导人员和直接责任人员依法给予政务处分。

第二百五十九条 未依法登记为有限责任公司或者股份有限公司,而冒用有限责任公司或者股份有限公司名义的,或者未依法登记为有限责任公司或者股份有限公司的分公司,而冒用有限责任公司或者股份有限公司的分公司名义的,由公司登记机关责令改正或者予以取缔,可以并处十万元以下的罚款。

第二百六十条 公司成立后无正当理由超过六个月未开业的,或者开业后自行停业连续六个月以上的,公司登记机关可以吊销营业执照,但公司依法办理歇业的除外。

公司登记事项发生变更时,未依照本法规定办理有关变更登记的,由公司登记机关责令限期登记;逾期不登记的,处以一万元以上十万元以下的罚款。

第二百六十一条 外国公司违反本法规定,擅自在中华人民共和国境内设立分支机构的,由公司登记机关责令改正或者关闭,可以并处五万元以上二十万元以下的罚款。

第二百六十二条 利用公司名义从事危害国家安全、社会公共利益的严重违法行为的,吊销营业执照。

第二百六十三条 公司违反本法规定,应当承担民事赔偿责任和缴纳罚款、罚金的,其财产不足以支付时,先承担民事赔偿责任。

第二百六十四条 违反本法规定,构成犯罪的,依法追究刑事责任。

第十五章 附 则

第二百六十五条 本法下列用语的含义:

(一)高级管理人员,是指公司的经理、副经理、财务负责人,上市公司董事会秘书和公司章程规定的其他人员。

(二)控股股东,是指其出资额占有限责任公司资本总额超过百分之五十或者其持有的股份占股份有限公司股本总额超过百分之五十的股东;出资额或者持有股份的比例虽然低于百分之五十,但依其出资额或者持有的股份所享有的表决权已足以对股东会的决议产生重大影响的股东。

(三)实际控制人,是指通过投资关系、协议或者其他安排,能够实际支配公司行为的人。

（四）关联关系，是指公司控股股东、实际控制人、董事、监事、高级管理人员与其直接或者间接控制的企业之间的关系，以及可能导致公司利益转移的其他关系。但是，国家控股的企业之间不仅因为同受国家控股而具有关联关系。

第二百六十六条 本法自2024年7月1日起施行。

本法施行前已登记设立的公司，出资期限超过本法规定的期限的，除法律、行政法规或者国务院另有规定外，应当逐步调整至本法规定的期限以内；对于出资期限、出资额明显异常的，公司登记机关可以依法要求其及时调整。具体实施办法由国务院规定。

中华人民共和国刑法（节录）

（1979年7月1日第五届全国人民代表大会第二次会议通过　1997年3月14日第八届全国人民代表大会第五次会议修订　根据1998年12月29日第九届全国人民代表大会常务委员会第六次会议通过的《全国人民代表大会常务委员会关于惩治骗购外汇、逃汇和非法买卖外汇犯罪的决定》、1999年12月25日第九届全国人民代表大会常务委员会第十三次会议通过的《中华人民共和国刑法修正案》、2001年8月31日第九届全国人民代表大会常务委员会第二十三次会议通过的《中华人民共和国刑法修正案（二）》、2001年12月29日第九届全国人民代表大会常务委员会第二十五次会议通过的《中华人民共和国刑法修正案（三）》、2002年12月28日第九届全国人民代表大会常务委员会第三十一次会议通过的《中华人民共和国刑法修正案（四）》、2005年2月28日第十届全国人民代表大会常务委员会第十四次会议通过的《中华人民共和国刑法修正案（五）》、2006年6月29日第十届全国人民代表大会常务委员会第二十二次会议通过的《中华人民共和国刑法修正案（六）》、2009年2月28日第十一届全国人民代表大会常务委员会第七次会议通过的《中华人民共和国刑法修正案（七）》、2009年8月27日第十一届全国人民代表大会常务委员会第十次会议通过的《全国人民代表大会常务委员会关于修改部分法律的决定》、2011年2月25日第十一届全国人民代表大会常务委员会第十九次会议通过的《中华人民共和国刑法修正案（八）》、2015年8月29日第十二届全国人民代表大会常务委员会第十六次会议通过的《中华人民共和国刑法修正案（九）》、2017年11月4日第十二届全国人民代表大会常务委员会第三十次会议通过的《中华人民共和国刑法修正案（十）》、2020年12月26日第十三届全国人民代表大会常务委员会第二十四次会议通过的《中华人民共和国刑法修正案（十一）》和2023年12月29日第十四届全国人民代表大会常务委员会第七次会议通过的《中华人民共和国刑法修正案（十二）》修正)

第一百三十四条 在生产、作业中违反有关安全管理的规定，因而发生重大伤亡事故或者造成其他严重后果的，处三年以下有期徒刑或者拘役；情节特别恶劣的，处三年以上七年以下有期徒刑。

强令他人违章冒险作业，或者明知存在重大事故隐患而不排除，仍冒险组织作业，因而发生重大伤亡事故或者造成其他严重后果的，处五年以下有期徒刑或者拘役；情节特别恶劣的，处五年以上有期徒刑。

第一百三十四条之一 在生产、作业中违反有关安全管理的规定，有下列情形之一，具有发生重大伤亡事故或者其他严重后果的现实危险的，处一年以下有期徒刑、拘役或者管制：

（一）关闭、破坏直接关系生产安全的监控、报警、防护、救生设备、设施，或者篡改、隐瞒、销毁其相关数据、信息的；

（二）因存在重大事故隐患被依法责令停产停业、停止施工、停止使用有关设备、设施、场所或者立即采取排除危险的整改措施，而拒不执行的；

（三）涉及安全生产的事项未经依法批准或者许可，擅自从事矿山开采、金属冶炼、建筑施工，以及危险物品生产、经营、储存等高度危险的生产作业活动的。

第一百三十五条 安全生产设施或者安全生产条件不符合国家规定，因而发生重大伤亡事故或者造成其他严重后果的,对直接负责的主管人员和其他直接责任人员,处三年以下有期徒刑或者拘役;情节特别恶劣的,处三年以上七年以下有期徒刑。

第一百三十五条之一　举办大型群众性活动违反安全管理规定,因而发生重大伤亡事故或者造成其他严重后果的,对直接负责的主管人员和其他直接责任人员,处三年以下有期徒刑或者拘役;情节特别恶劣的,处三年以上七年以下有期徒刑。

第一百三十六条　违反爆炸性、易燃性、放射性、毒害性、腐蚀性物品的管理规定,在生产、储存、运输、使用中发生重大事故,造成严重后果的,处三年以下有期徒刑或者拘役;后果特别严重的,处三年以上七年以下有期徒刑。

第一百三十七条　建设单位、设计单位、施工单位、工程监理单位违反国家规定,降低工程质量标准,造成重大安全事故的,对直接责任人员,处五年以下有期徒刑或者拘役,并处罚金;后果特别严重的,处五年以上十年以下有期徒刑,并处罚金。

第一百三十八条　明知校舍或者教育教学设施有危险,而不采取措施或者不及时报告,致使发生重大伤亡事故的,对直接责任人员,处三年以下有期徒刑或者拘役;后果特别严重的,处三年以上七年以下有期徒刑。

第一百三十九条　违反消防管理法规,经消防监督机构通知采取改正措施而拒绝执行,造成严重后果的,对直接责任人员,处三年以下有期徒刑或者拘役;后果特别严重的,处三年以上七年以下有期徒刑。

第一百三十九条之一　在安全事故发生后,负有报告职责的人员不报或者谎报事故情况,贻误事故抢救,情节严重的,处三年以下有期徒刑或者拘役;情节特别严重的,处三年以上七年以下有期徒刑。

最高人民法院、最高人民检察院关于办理危害生产安全刑事案件适用法律若干问题的解释

(2015年11月9日最高人民法院审判委员会第1665次会议、2015年12月9日最高人民检察院第十二届检察委员会第44次会议通过)

为依法惩治危害生产安全犯罪,根据刑法有关规定,现就办理此类刑事案件适用法律的若干问题解释如下:

第一条 刑法第一百三十四条第一款规定的犯罪主体,包括对生产、作业负有组织、指挥或者管理职责的负责人、管理人员、实际控制人、投资人等人员,以及直接从事生产、作业的人员。

第二条 刑法第一百三十四条第二款规定的犯罪主体,包括对生产、作业负有组织、指挥或者管理职责的负责人、管理人员、实际控制人、投资人等人员。

第三条 刑法第一百三十五条规定的"直接负责的主管人员和其他直接责任人员",是指对安全生产设施或者安全生产条件不符合国家规定负有直接责任的生产经营单位负责人、管理人员、实际控制人、投资人,以及其他对安全生产设施或者安全生产条件负有管理、维护职责的人员。

第四条 刑法第一百三十九条之一规定的"负有报告职责的人员",是指负有组织、指挥或者管理职责的负责人、管理人员、实际控制人、投资人,以及其他负有报告职责的人员。

第五条 明知存在事故隐患、继续作业存在危险,仍然违反有关安全管理的规定,实施下列行为之一的,应当认定为刑法第一百三十四条第二款规定的"强令他人违章冒险作业":

(一)利用组织、指挥、管理职权,强制他人违章作业的;

(二)采取威逼、胁迫、恐吓等手段,强制他人违章作业的;

(三)故意掩盖事故隐患,组织他人违章作业的;

(四)其他强令他人违章作业的行为。

第六条 实施刑法第一百三十二条、第一百三十四条第一款、第一百三十五条、第一百三十五条之一、第一百三十六条、第一百三十九条规定的行为,因而发生安全事故,具有下列情形之一的,应当认定为"造成严重后果"或者"发生重大伤亡事故或者造成其他严重后果",对相关责任人员,处三年以下有期徒刑或者拘役:

(一)造成死亡一人以上,或者重伤三人以上的;

(二)造成直接经济损失一百万元以上的;

(三)其他造成严重后果或者重大安全事故的情形。

实施刑法第一百三十四条第二款规定的行为,因而发生安全事故,具有本条第一款规定情形的,应当认定为"发生重大伤亡事故或者造成其他严重后果",对相关责任人员,处五年以下有期徒刑或者拘役。

实施刑法第一百三十七条规定的行为,因而发生安全事故,具有本条第一款规定情形的,应当认定为"造成重大安全事故",对直接责任人员,处五年以下有期徒刑或者拘役,并处罚金。

实施刑法第一百三十八条规定的行为,因而发生安全事故,具有本条第一款第一项规定情形的,应当认定为"发生重大伤亡事故",对直接责任人员,处三年以下有期徒刑或者拘役。

第七条 实施刑法第一百三十二条、第一百三十四条第一款、第一百三十五条、第一百三十五条之一、第一百三十六条、第一百三十九条规定的行为,因而发生安全事故,具有下列情形之一的,对相关责任人员,处三年以上七年以下有期徒刑:

(一)造成死亡三人以上或者重伤十人以上,负事故主要责任的;

(二)造成直接经济损失五百万元以上,负事故主要责任的;

(三)其他造成特别严重后果、情节特别恶劣或者后果特别严重的情形。

实施刑法第一百三十四条第二款规定的行为,因而发生安全事故,具有本条第一款规定情形的,对相关责任人员,处五年以上有期徒刑。

实施刑法第一百三十七条规定的行为,因而发生安全事故,具有本条第一款规定情形的,对直接责任人员,处五年以上十年以下有期徒刑,并处罚金。

实施刑法第一百三十八条规定的行为,因而发生安全事故,具有下列情形之一的,对直接责任人员,处三年以上七年以下有期徒刑:

(一)造成死亡三人以上或者重伤十人以上,负事故主要责任的;

(二)具有本解释第六条第一款第一项规定情形,同时造成直接经济损失五百万元以上并负事故主要责任的,或者同时造成恶劣社会影响的。

第八条 在安全事故发生后,负有报告职责的人员不报或者谎报事故情况,贻误事故抢救,具有下列情形之一的,应当认定为刑法第一百三十九条之一规定的"情节严重":

(一)导致事故后果扩大,增加死亡一人以上,或者增加重伤三人以上,或者增加直接经济损失一百万元以上的;

(二)实施下列行为之一,致使不能及时有效开展事故抢救的:

1. 决定不报、迟报、谎报事故情况或者指使、串通有关人员不报、迟报、谎报事故情况的;

2. 在事故抢救期间擅离职守或者逃匿的;

3. 伪造、破坏事故现场,或者转移、藏匿、毁灭遇难人员尸体,或者转移、藏匿受伤人员的;

4. 毁灭、伪造、隐匿与事故有关的图纸、记录、计算机数据等资料以及其他证据的;

(三)其他情节严重的情形。

具有下列情形之一的,应当认定为刑法第一百三十九条之一规定的"情节特别严重":

(一)导致事故后果扩大,增加死亡三人以上,或者增加重伤十人以上,或者增加直接经济损失五百万元以上的;

(二)采用暴力、胁迫、命令等方式阻止他人报告事故情况,导致事故后果扩大的;

(三)其他情节特别严重的情形。

第九条 在安全事故发生后,与负有报告职责的人员串通,不报或者谎报事故情况,贻误事故抢救,情节严重的,依照刑法第一百三十九条之一的规定,以共犯论处。

第十条 在安全事故发生后,直接负责的主管人员和其他直接责任人员故意阻挠开展抢救,导致人员死亡或者重伤,或者为了逃避法律追究,对被害人进行隐藏、遗弃,致使被害人因无法得到救助而死亡或者重度残疾的,分别依照刑法第二百三十二条、第二百三十四条的规定,以故意杀人罪或者故意伤害罪定罪处罚。

第十一条 生产不符合保障人身、财产安全的国家标准、行业标准的安全设备,或者明知安全设备不符合保障人身、财产安全的国家标准、行业标准而进行销售,致使发生安全事故,造成严重后果的,依照刑法第一百四十六条的规定,以生产、销售不符合安全标准的产品罪定罪处罚。

第十二条 实施刑法第一百三十二条、第一百三十四条至第一百三十九条之一规定的犯罪行为,具有下列情形之一的,从重处罚:

(一)未依法取得安全许可证件或者安全许可证件过期、被暂扣、吊销、注销后从事生产经营活动的;

(二)关闭、破坏必要的安全监控和报警设备的;

(三)已经发现事故隐患,经有关部门或者个人提出后,仍不采取措施的;

(四)一年内曾因危害生产安全违法犯罪活动受过行政处罚或者刑事处罚的;

(五)采取弄虚作假、行贿等手段,故意逃避、阻挠负有安全监督管理职责的部门实施监督检查的;

(六)安全事故发生后转移财产意图逃避承担责任的;

(七)其他从重处罚的情形。

实施前款第五项规定的行为,同时构成刑法第三百八十九条规定的犯罪的,依照数罪并罚的规定处罚。

第十三条 实施刑法第一百三十二条、第一百三十四条至第一百三十九条之一规定的犯罪行为,在安全事故发生后积极组织、参与事故抢救,或者积极配合调查、主动赔偿损失的,可以酌情从轻处罚。

第十四条 国家工作人员违反规定投资入股生产经营,构成本解释规定的有关犯罪的,或者国家工作人员的贪污、受贿犯罪行为与安全事故发生存在关联性的,从重处罚;同时构成贪污、受贿犯罪和危害生产安全犯罪的,依照数罪并罚的规定处罚。

第十五条 国家机关工作人员在履行安全监督管理职责时滥用职权、玩忽职守,致使公共财产、国家和人民利益遭受重大损失的,或者徇私舞弊,对发现的刑事案件依法应当移交司法机关追究刑事责任而不移交,情节严重的,分别依照刑法第三百九十七条、第四百零二条的规定,以滥用职权罪、玩忽职守罪或者徇私舞弊不移交刑事案件罪定罪处罚。

公司、企业、事业单位的工作人员在依法或者受委托行使安全监督管理职责时滥用职权或者玩忽职守,构成犯罪的,应当依照《全国人民代表大会常务委员会关于〈中华人民共和国刑法〉第九章渎职罪主体适用问题的解释》的规定,适用渎职罪的规定追究刑事责任。

第十六条 对于实施危害生产安全犯罪适用缓刑的犯罪分子,可以根据犯罪情况,禁止其在缓刑考验期限内从事与安全生产相关联的特定活动;对于被判处刑罚的犯罪分子,可以根据犯罪情况和预防再犯罪的需要,禁止其自刑罚执行完毕之日或者假释之日起三年至五年内从事与安全生产相关的职业。

第十七条 本解释自2015年12月16日起施行。本解释施行后,《最高人民法院、最高人民检察院关于办理危害矿山生产安全刑事案件具体应用法律若干问题的解释》(法释〔2007〕5号)同时废止。最高人民法院、最高人民检察院此前发布的司法解释和规范性文件与本解释不一致的,以本解释为准。

中华人民共和国行政许可法(节录)

(2003年8月27日第十届全国人民代表大会常务委员会第四次会议通过 根据2019年4月23日第十三届全国人民代表大会常务委员会第十次会议《关于修改〈中华人民共和国建筑法〉第八部法律的决定》修正)

第一条 为了规范行政许可的设定和实施,保护公民、法人和其他组织的合法权益,维护公共利益和社会秩序,保障和监督行政机关有效实施行政管理,根据宪法,制定本法。

第二条 本法所称行政许可,是指行政机关根据公民、法人或者其他组织的申请,经依法审查,准予其从事特定活动的行为。

第三条 行政许可的设定和实施,适用本法。

有关行政机关对其他机关或者对其直接管理的事业单位的人事、财务、外事等事项的审批,不适用本法。

第四条 设定和实施行政许可,应当依照法定的权限、范围、条件和程序。

第五条 设定和实施行政许可,应当遵循公开、公平、公正、非歧视的原则。

有关行政许可的规定应当公布;未经公布的,不得作为实施行政许可的依据。行政许可的实施和结果,除涉及国家秘密、商业秘密或者个人隐私的外,应当公开。未经申请人同意,行政机关及其工作人员、参与专家评审等的人员不得披露申请人提交的商业秘密、未披露信息或者保密商务信息,法律另有规定或者涉及国家安全、重大社会公共利益的除外;行政机关依法公开申请人前述信息的,允许申请人在合理期限内提出异议。

符合法定条件、标准的,申请人有依法取得行政许可的平等权利,行政机关不得歧视任何人。

第六条 实施行政许可,应当遵循便民的原则,提高办事效率,提供优质服务。

第七条 公民、法人或者其他组织对行政机关实施行政许可,享有陈述权、申辩权;有权依法申请行政复议或者提起行政诉讼;其合法权益因行政机关违法实施行政许可受到损害的,有权依法要求赔偿。

第八条 公民、法人或者其他组织依法取得的行政许可受法律保护,行政机关不得擅自改变已经生效的行政许可。

行政许可所依据的法律、法规、规章修改或者废止,或者准予行政许可所依据的客观情况发生重大变化的,为了公共利益的需要,行政机关可以依法变更或者撤回已经生效的行政许可。由此给公民、法人或者其他组织造成财产损失的,行政机关应当依法给予补偿。

第九条 依法取得的行政许可,除法律、法规规定依照法定条件和程序可以转让的外,不得转让。

第十条 县级以上人民政府应当建立健全对行政机关实施行政许可的监督制度,加强对行政机关实施行政许可的监督检查。

行政机关应当对公民、法人或者其他组织从事行政许可事项的活动实施有效监督。

第十二条 下列事项可以设定行政许可:

(一)直接涉及国家安全、公共安全、经济宏观调控、生态环境保护以及直接关系人身健康、生命财产安全等特定活动,需要按照法定条件予以批准的事项;

(二)有限自然资源开发利用、公共资源配置以及直接关系公共利益的特定行业的市场准入等,需要赋予特定权利的事项;

(三)提供公众服务并且直接关系公共利益的职业、行业,需要确定具备特殊信誉、特殊条件或者特殊技能等资格、资质的事项;

(四)直接关系公共安全、人身健康、生命财产安全的重要设备、设施、产品、物品,需要按照技术标准、技术规范,通过检验、检测、检疫等方式进行审定的事项;

(五)企业或者其他组织的设立等,需要确定主体资格的事项;

(六)法律、行政法规规定可以设定行政许可的其他事项。

第六十一条 行政机关应当建立健全监督制度,通过核查反映被许可人从事行政许可事项活动情况的有关材料,履行监督责任。

行政机关依法对被许可人从事行政许可事项的活动进行监督检查时,应当将监督检查的情况和处理结果予以记录,由监督检查人员签字后归档。公众有权查阅行政机关监督检查记录。

行政机关应当创造条件,实现与被许可人、其他有关行政机关的计算机档案系统互联,核查被许可人从事行政许可事项活动情况。

第六十二条 行政机关可以对被许可人生产经营的产品依法进行抽样检查、检验、检测,对其生产经营场所依法进行实地检查。检查时,行政机关可以依法查阅或者要求被许可人报送有关材料;被许可人应当如实提供有关情况和材料。

行政机关根据法律、行政法规的规定,对直接关系公共安全、人身健康、生命财产安全的重要设备、设施进行定期检验。对检验合格的,行政机关应当发给相应的证明文件。

第六十三条 行政机关实施监督检查,不得妨碍被许可人正常的生产经营活动,不得索取或者收受被许可人的财物,不得谋取其他利益。

第六十四条 被许可人在作出行政许可决定的行政机关管辖区域外违法从事行政许可事项活动的,违法行为发生地的行政机关应当依法将被许可人的违法事实、处理结果抄告作出行政许可决定的行政机关。

第六十五条 个人和组织发现违法从事行政许可事项的活动,有权向行政机关举报,行政机关应当及时核实、处理。

第六十七条 取得直接关系公共利益的特定行业的市场准入行政许可的被许可人,应当按照国家规定的服务标准、资费标准和行政机关依法规定的条件,向用户提供安全、方便、稳定和价格合理的服务,并履行普遍服务的义务;未经作出行政许可决定的行政机关批准,不得擅自停业、歇业。

被许可人不履行前款规定的义务的,行政机关应当责令限期改正,或者依法采取有效措施督促其履行义务。

第六十八条 对直接关系公共安全、人身健康、生命财产安全的重要设备、设施,行政机关应当督促设计、建造、安装和使用单位建立相应的自检制度。

行政机关在监督检查时,发现直接关系公共安全、人身健康、生命财产安全的重要设备、设施存在安全隐患的,应当责令停止建造、安装和使用,并责令设计、建造、安装和使用单位立即改正。

第六十九条第二款 被许可人以欺骗、贿赂等不正当手段取得行政许可的,应当予以撤销。

第七十八条 行政许可申请人隐瞒有关情况或者提供虚假材料申请行政许可的,行政机关不予受理或者不予行政许可,并给予警告;行政许可申请属于直接关系公共安全、人身健康、生命财产安全事项的,申请人在一年内不得再次申请该行政许可。

第七十九条 被许可人以欺骗、贿赂等不正当手段取得行政许可的,行政机关应当依法给予行政处罚;取得的行政许可属于直接关系公共安全、人身健康、生命财产安全事项的,申请人在三年内不得再次申请该行政许可;构成犯罪的,依法追究刑事责任。

第八十条 被许可人有下列行为之一的,行政机关应当依法给予行政处罚;构成犯罪的,依法追究刑事责任:

(一)涂改、倒卖、出租、出借行政许可证件,或者以其他形式非法转让行政许可的;

(二)超越行政许可范围进行活动的;

(三)向负责监督检查的行政机关隐瞒有关情况、提供虚假材料或者拒绝提供反映其活动情况的真实材料的;

(四)法律、法规、规章规定的其他违法行为。

第八十一条 公民、法人或者其他组织未经行政许可,擅自从事依法应当取得行政许可的活动的,行政机关应当依法采取措施予以制止,并依法给予行政处罚;构成犯罪的,依法追究刑事责任。

中华人民共和国行政处罚法

(1996年3月17日第八届全国人民代表大会第四次会议通过 根据2009年8月27日第十一届全国人民代表大会常务委员会第十次会议《关于修改部分法律的决定》第一次修正 根据2017年9月1日第十二届全国人民代表大会常务委员会第二十九次会议《关于修改〈中华人民共和国法官法〉等八部法律的决定》第二次修正 2021年1月22日第十三届全国人民代表大会常务委员会第二十五次会议修订)

目 录

第一章 总 则
第二章 行政处罚的种类和设定
第三章 行政处罚的实施机关

第四章 行政处罚的管辖和适用

第五章 行政处罚的决定

 第一节 一般规定

 第二节 简易程序

 第三节 普通程序

 第四节 听证程序

第六章 行政处罚的执行

第七章 法律责任

第八章 附　　则

第一章 总　　则

第一条 为了规范行政处罚的设定和实施,保障和监督行政机关有效实施行政管理,维护公共利益和社会秩序,保护公民、法人或者其他组织的合法权益,根据宪法,制定本法。

第二条 行政处罚是指行政机关依法对违反行政管理秩序的公民、法人或其他组织,以减损权益或者增加义务的方式予以惩戒的行为。

第三条 行政处罚的设定和实施,适用本法。

第四条 公民、法人或者其他组织违反行政管理秩序的行为,应当给予行政处罚的,依照本法由法律、法规、规章规定,并由行政机关依照本法规定的程序实施。

第五条 行政处罚遵循公正、公开的原则。

设定和实施行政处罚必须以事实为依据,与违法行为的事实、性质、情节以及社会危害程度相当。

对违法行为给予行政处罚的规定必须公布;未经公布的,不得作为行政处罚的依据。

第六条 实施行政处罚,纠正违法行为,应当坚持处罚与教育相结合,教育公民、法人或者其他组织自觉守法。

第七条 公民、法人或者其他组织对行政机关所给予的行政处罚,享有陈述权、申辩权;对行政处罚不服的,有权依法申请行政复议或者提起行政诉讼。

公民、法人或者其他组织因行政机关违法给予行政处罚受到损害的,有权依法提出赔偿要求。

第八条 公民、法人或者其他组织因违法行为受到行政处罚,其违法行为对他人造成损害的,应当依法承担民事责任。

违法行为构成犯罪,应当依法追究刑事责任的,不得以行政处罚代替刑事处罚。

第二章 行政处罚的种类和设定

第九条 行政处罚的种类:

(一)警告、通报批评;

(二)罚款、没收违法所得、没收非法财物;

(三)暂扣许可证件、降低资质等级、吊销许可证件;

(四)限制开展生产经营活动、责令停产停业、责令关闭、限制从业;

(五)行政拘留;

(六)法律、行政法规规定的其他行政处罚。

第十条 法律可以设定各种行政处罚。

限制人身自由的行政处罚,只能由法律设定。

第十一条 行政法规可以设定除限制人身自由以外的行政处罚。

法律对违法行为已经作出行政处罚规定,行政法规需要作出具体规定的,必须在法律规定的给予行政处罚的行为、种类和幅度的范围内规定。

法律对违法行为未作出行政处罚规定,行政法规为实施法律,可以补充设定行政处罚。拟补充设定行政处罚的,应当通过听证会、论证会等形式广泛听取意见,并向制定机关作出书面说明。行政法规报送备案时,应当说明补充设定行政处罚的情况。

第十二条 地方性法规可以设定除限制人身自由、吊销营业执照以外的行政处罚。

法律、行政法规对违法行为已经作出行政处罚规定,地方性法规需要作出具体规定的,必须在法律、行政法规规定的给予行政处罚的行为、种类和幅度的范围内规定。

法律、行政法规对违法行为未作出行政处罚规定,地方性法规为实施法律、行政法规,可以补充设定行政处罚。拟补充设定行政处罚的,应当通过听证会、论证会等形式广泛听取意见,并向制定机关作出书面说明。地方性法规报送备案时,应当说明补充设定行政处罚的情况。

第十三条　国务院部门规章可以在法律、行政法规规定的给予行政处罚的行为、种类和幅度的范围内作出具体规定。

尚未制定法律、行政法规的,国务院部门规章对违反行政管理秩序的行为,可以设定警告、通报批评或者一定数额罚款的行政处罚。罚款的限额由国务院规定。

第十四条　地方政府规章可以在法律、法规规定的给予行政处罚的行为、种类和幅度的范围内作出具体规定。

尚未制定法律、法规的,地方政府规章对违反行政管理秩序的行为,可以设定警告、通报批评或者一定数额罚款的行政处罚。罚款的限额由省、自治区、直辖市人民代表大会常务委员会规定。

第十五条　国务院部门和省、自治区、直辖市人民政府及其有关部门应当定期组织评估行政处罚的实施情况和必要性,对不适当的行政处罚事项及种类、罚款数额等,应当提出修改或者废止的建议。

第十六条　除法律、法规、规章外,其他规范性文件不得设定行政处罚。

第三章　行政处罚的实施机关

第十七条　行政处罚由具有行政处罚权的行政机关在法定职权范围内实施。

第十八条　国家在城市管理、市场监管、生态环境、文化市场、交通运输、应急管理、农业等领域推行建立综合行政执法制度,相对集中行政处罚权。

国务院或者省、自治区、直辖市人民政府可以决定一个行政机关行使有关行政机关的行政处罚权。

限制人身自由的行政处罚权只能由公安机关和法律规定的其他机关行使。

第十九条　法律、法规授权的具有管理公共事务职能的组织可以在法定授权范围内实施行政处罚。

第二十条　行政机关依照法律、法规、规章的规定，可以在其法定权限内书面委托符合本法第二十一条规定条件的组织实施行政处罚。行政机关不得委托其他组织或者个人实施行政处罚。

委托书应当载明委托的具体事项、权限、期限等内容。委托行政机关和受委托组织应当将委托书向社会公布。

委托行政机关对受委托组织实施行政处罚的行为应当负责监督，并对该行为的后果承担法律责任。

受委托组织在委托范围内，以委托行政机关名义实施行政处罚；不得再委托其他组织或者个人实施行政处罚。

第二十一条　受委托组织必须符合以下条件：

（一）依法成立并具有管理公共事务职能；

（二）有熟悉有关法律、法规、规章和业务并取得行政执法资格的工作人员；

（三）需要进行技术检查或者技术鉴定的，应当有条件组织进行相应的技术检查或者技术鉴定。

第四章　行政处罚的管辖和适用

第二十二条　行政处罚由违法行为发生地的行政机关管辖。法律、行政法规、部门规章另有规定的，从其规定。

第二十三条　行政处罚由县级以上地方人民政府具有行政处罚权的行政机关管辖。法律、行政法规另有规定的，从其规定。

第二十四条　省、自治区、直辖市根据当地实际情况，可以决定将基层管理迫切需要的县级人民政府部门的行政处罚权交由能够有效承接的乡镇人民政府、街道办事处行使，并定期组织评估。决定应当公布。

承接行政处罚权的乡镇人民政府、街道办事处应当加强执法能力建设,按照规定范围、依照法定程序实施行政处罚。

有关地方人民政府及其部门应当加强组织协调、业务指导、执法监督,建立健全行政处罚协调配合机制,完善评议、考核制度。

第二十五条 两个以上行政机关都有管辖权的,由最先立案的行政机关管辖。

对管辖发生争议的,应当协商解决,协商不成的,报请共同的上一级行政机关指定管辖;也可以直接由共同的上一级行政机关指定管辖。

第二十六条 行政机关因实施行政处罚的需要,可以向有关机关提出协助请求。协助事项属于被请求机关职权范围内的,应当依法予以协助。

第二十七条 违法行为涉嫌犯罪的,行政机关应当及时将案件移送司法机关,依法追究刑事责任。对依法不需要追究刑事责任或者免予刑事处罚,但应当给予行政处罚的,司法机关应当及时将案件移送有关行政机关。

行政处罚实施机关与司法机关之间应当加强协调配合,建立健全案件移送制度,加强证据材料移交、接收衔接,完善案件处理信息通报机制。

第二十八条 行政机关实施行政处罚时,应当责令当事人改正或者限期改正违法行为。

当事人有违法所得,除依法应当退赔的外,应当予以没收。违法所得是指实施违法行为所取得的款项。法律、行政法规、部门规章对违法所得的计算另有规定的,从其规定。

第二十九条 对当事人的同一个违法行为,不得给予两次以上罚款的行政处罚。同一个违法行为违反多个法律规范应当给予罚款处罚的,按照罚款数额高的规定处罚。

第三十条 不满十四周岁的未成年人有违法行为的,不予行政处罚,责令监护人加以管教;已满十四周岁不满十八周岁的未成年人有违法行为的,应当从轻或者减轻行政处罚。

第三十一条 精神病人、智力残疾人在不能辨认或者不能控制自己行为时有违法行为的,不予行政处罚,但应当责令其监护人严加看管和治疗。间歇性精神病人在精神正常时有违法行为的,应当给予行政处罚。尚未完全丧失辨认或者控制自己行为能力的精神病人、智力残疾人有违法行为的,可以从轻或者减轻行政处罚。

第三十二条　当事人有下列情形之一,应当从轻或者减轻行政处罚:

(一)主动消除或者减轻违法行为危害后果的;

(二)受他人胁迫或者诱骗实施违法行为的;

(三)主动供述行政机关尚未掌握的违法行为的;

(四)配合行政机关查处违法行为有立功表现的;

(五)法律、法规、规章规定其他应当从轻或者减轻行政处罚的。

第三十三条　违法行为轻微并及时改正,没有造成危害后果的,不予行政处罚。初次违法且危害后果轻微并及时改正的,可以不予行政处罚。

当事人有证据足以证明没有主观过错的,不予行政处罚。法律、行政法规另有规定的,从其规定。

对当事人的违法行为依法不予行政处罚的,行政机关应当对当事人进行教育。

第三十四条　行政机关可以依法制定行政处罚裁量基准,规范行使行政处罚裁量权。行政处罚裁量基准应当向社会公布。

第三十五条　违法行为构成犯罪,人民法院判处拘役或者有期徒刑时,行政机关已经给予当事人行政拘留的,应当依法折抵相应刑期。

违法行为构成犯罪,人民法院判处罚金时,行政机关已经给予当事人罚款的,应当折抵相应罚金;行政机关尚未给予当事人罚款的,不再给予罚款。

第三十六条　违法行为在二年内未被发现的,不再给予行政处罚;涉及公民生命健康安全、金融安全且有危害后果的,上述期限延长至五年。法律另有规定的除外。

前款规定的期限,从违法行为发生之日起计算;违法行为有连续或者继续状态的,从行为终了之日起计算。

第三十七条　实施行政处罚,适用违法行为发生时的法律、法规、规章的规定。但是,作出行政处罚决定时,法律、法规、规章已被修改或者废止,且新的规定处罚较轻或者不认为是违法的,适用新的规定。

第三十八条　行政处罚没有依据或者实施主体不具有行政主体资格的,行政处罚无效。

违反法定程序构成重大且明显违法的,行政处罚无效。

第五章　行政处罚的决定

第一节　一般规定

第三十九条　行政处罚的实施机关、立案依据、实施程序和救济渠道等信息应当公示。

第四十条　公民、法人或者其他组织违反行政管理秩序的行为,依法应当给予行政处罚的,行政机关必须查明事实;违法事实不清、证据不足的,不得给予行政处罚。

第四十一条　行政机关依照法律、行政法规规定利用电子技术监控设备收集、固定违法事实的,应当经过法制和技术审核,确保电子技术监控设备符合标准、设置合理、标志明显,设置地点应当向社会公布。

电子技术监控设备记录违法事实应当真实、清晰、完整、准确。行政机关应当审核记录内容是否符合要求;未经审核或者经审核不符合要求的,不得作为行政处罚的证据。

行政机关应当及时告知当事人违法事实,并采取信息化手段或者其他措施,为当事人查询、陈述和申辩提供便利。不得限制或者变相限制当事人享有的陈述权、申辩权。

第四十二条　行政处罚应当由具有行政执法资格的执法人员实施。执法人员不得少于两人,法律另有规定的除外。

执法人员应当文明执法,尊重和保护当事人合法权益。

第四十三条　执法人员与案件有直接利害关系或者有其他关系可能影响公

正执法的,应当回避。

当事人认为执法人员与案件有直接利害关系或者有其他关系可能影响公正执法的,有权申请回避。

当事人提出回避申请的,行政机关应当依法审查,由行政机关负责人决定。决定作出之前,不停止调查。

第四十四条 行政机关在作出行政处罚决定之前,应当告知当事人拟作出的行政处罚内容及事实、理由、依据,并告知当事人依法享有的陈述、申辩、要求听证等权利。

第四十五条 当事人有权进行陈述和申辩。行政机关必须充分听取当事人的意见,对当事人提出的事实、理由和证据,应当进行复核;当事人提出的事实、理由或者证据成立的,行政机关应当采纳。

行政机关不得因当事人陈述、申辩而给予更重的处罚。

第四十六条 证据包括:

(一)书证;

(二)物证;

(三)视听资料;

(四)电子数据;

(五)证人证言;

(六)当事人的陈述;

(七)鉴定意见;

(八)勘验笔录、现场笔录。

证据必须经查证属实,方可作为认定案件事实的根据。

以非法手段取得的证据,不得作为认定案件事实的根据。

第四十七条 行政机关应当依法以文字、音像等形式,对行政处罚的启动、调查取证、审核、决定、送达、执行等进行全过程记录,归档保存。

第四十八条 具有一定社会影响的行政处罚决定应当依法公开。

公开的行政处罚决定被依法变更、撤销、确认违法或者确认无效的,行政机关应当在三日内撤回行政处罚决定信息并公开说明理由。

第四十九条 发生重大传染病疫情等突发事件,为了控制、减轻和消除突发事件引起的社会危害,行政机关对违反突发事件应对措施的行为,依法快速、从重处罚。

第五十条 行政机关及其工作人员对实施行政处罚过程中知悉的国家秘密、商业秘密或者个人隐私,应当依法予以保密。

第二节 简易程序

第五十一条 违法事实确凿并有法定依据,对公民处以二百元以下、对法人或者其他组织处以三千元以下罚款或者警告的行政处罚的,可以当场作出行政处罚决定。法律另有规定的,从其规定。

第五十二条 执法人员当场作出行政处罚决定的,应当向当事人出示执法证件,填写预定格式、编有号码的行政处罚决定书,并当场交付当事人。当事人拒绝签收的,应当在行政处罚决定书上注明。

前款规定的行政处罚决定书应当载明当事人的违法行为,行政处罚的种类和依据、罚款数额、时间、地点,申请行政复议、提起行政诉讼的途径和期限以及行政机关名称,并由执法人员签名或者盖章。

执法人员当场作出的行政处罚决定,应当报所属行政机关备案。

第五十三条 对当场作出的行政处罚决定,当事人应当依照本法第六十七条至第六十九条的规定履行。

第三节 普通程序

第五十四条 除本法第五十一条规定的可以当场作出的行政处罚外,行政机关发现公民、法人或者其他组织有依法应当给予行政处罚的行为的,必须全面、客观、公正地调查,收集有关证据;必要时,依照法律、法规的规定,可以进行检查。

符合立案标准的,行政机关应当及时立案。

第五十五条 执法人员在调查或者进行检查时,应当主动向当事人或者有关人员出示执法证件。当事人或者有关人员有权要求执法人员出示执法证件。执法人员不出示执法证件的,当事人或者有关人员有权拒绝接受调查或者检查。

当事人或者有关人员应当如实回答询问,并协助调查或者检查,不得拒绝或者阻挠。询问或者检查应当制作笔录。

第五十六条 行政机关在收集证据时,可以采取抽样取证的方法;在证据可能灭失或者以后难以取得的情况下,经行政机关负责人批准,可以先行登记保存,并应当在七日内及时作出处理决定,在此期间,当事人或者有关人员不得销毁或者转移证据。

第五十七条 调查终结,行政机关负责人应当对调查结果进行审查,根据不同情况,分别作出如下决定:

(一)确有应受行政处罚的违法行为的,根据情节轻重及具体情况,作出行政处罚决定;

(二)违法行为轻微,依法可以不予行政处罚的,不予行政处罚;

(三)违法事实不能成立的,不予行政处罚;

(四)违法行为涉嫌犯罪的,移送司法机关。

对情节复杂或者重大违法行为给予行政处罚,行政机关负责人应当集体讨论决定。

第五十八条 有下列情形之一,在行政机关负责人作出行政处罚的决定之前,应当由从事行政处罚决定法制审核的人员进行法制审核;未经法制审核或者审核未通过的,不得作出决定:

(一)涉及重大公共利益的;

(二)直接关系当事人或者第三人重大权益,经过听证程序的;

(三)案件情况疑难复杂、涉及多个法律关系的;

(四)法律、法规规定应当进行法制审核的其他情形。

行政机关中初次从事行政处罚决定法制审核的人员,应当通过国家统一法律职业资格考试取得法律职业资格。

第五十九条 行政机关依照本法第五十七条的规定给予行政处罚,应当制作行政处罚决定书。行政处罚决定书应当载明下列事项：

（一）当事人的姓名或者名称、地址；

（二）违反法律、法规、规章的事实和证据；

（三）行政处罚的种类和依据；

（四）行政处罚的履行方式和期限；

（五）申请行政复议、提起行政诉讼的途径和期限；

（六）作出行政处罚决定的行政机关名称和作出决定的日期。

行政处罚决定书必须盖有作出行政处罚决定的行政机关的印章。

第六十条 行政机关应当自行政处罚案件立案之日起九十日内作出行政处罚决定。法律、法规、规章另有规定的，从其规定。

第六十一条 行政处罚决定书应当在宣告后当场交付当事人；当事人不在场的，行政机关应当在七日内依照《中华人民共和国民事诉讼法》的有关规定，将行政处罚决定书送达当事人。

当事人同意并签订确认书的，行政机关可以采用传真、电子邮件等方式，将行政处罚决定书等送达当事人。

第六十二条 行政机关及其执法人员在作出行政处罚决定之前，未依照本法第四十四条、第四十五条的规定向当事人告知拟作出的行政处罚内容及事实、理由、依据，或者拒绝听取当事人的陈述、申辩，不得作出行政处罚决定；当事人明确放弃陈述或者申辩权利的除外。

第四节 听证程序

第六十三条 行政机关拟作出下列行政处罚决定，应当告知当事人有要求听证的权利，当事人要求听证的，行政机关应当组织听证：

（一）较大数额罚款；

（二）没收较大数额违法所得、没收较大价值非法财物；

（三）降低资质等级、吊销许可证件；

（四）责令停产停业、责令关闭、限制从业；

（五）其他较重的行政处罚；

（六）法律、法规、规章规定的其他情形。

当事人不承担行政机关组织听证的费用。

第六十四条　听证应当依照以下程序组织：

（一）当事人要求听证的，应当在行政机关告知后五日内提出；

（二）行政机关应当在举行听证的七日前，通知当事人及有关人员听证的时间、地点；

（三）除涉及国家秘密、商业秘密或者个人隐私依法予以保密外，听证公开举行；

（四）听证由行政机关指定的非本案调查人员主持；当事人认为主持人与本案有直接利害关系的，有权申请回避；

（五）当事人可以亲自参加听证，也可以委托一至二人代理；

（六）当事人及其代理人无正当理由拒不出席听证或者未经许可中途退出听证的，视为放弃听证权利，行政机关终止听证；

（七）举行听证时，调查人员提出当事人违法的事实、证据和行政处罚建议，当事人进行申辩和质证；

（八）听证应当制作笔录。笔录应当交当事人或者其代理人核对无误后签字或者盖章。当事人或者其代理人拒绝签字或者盖章的，由听证主持人在笔录中注明。

第六十五条　听证结束后，行政机关应当根据听证笔录，依照本法第五十七条的规定，作出决定。

第六章　行政处罚的执行

第六十六条　行政处罚决定依法作出后，当事人应当在行政处罚决定书载明的期限内，予以履行。

当事人确有经济困难，需要延期或者分期缴纳罚款的，经当事人申请和行政机关批准，可以暂缓或者分期缴纳。

第六十七条 作出罚款决定的行政机关应当与收缴罚款的机构分离。

除依照本法第六十八条、第六十九条的规定当场收缴的罚款外,作出行政处罚决定的行政机关及其执法人员不得自行收缴罚款。

当事人应当自收到行政处罚决定书之日起十五日内,到指定的银行或者通过电子支付系统缴纳罚款。银行应当收受罚款,并将罚款直接上缴国库。

第六十八条 依照本法第五十一条的规定当场作出行政处罚决定,有下列情形之一,执法人员可以当场收缴罚款:

(一)依法给予一百元以下罚款的;

(二)不当场收缴事后难以执行的。

第六十九条 在边远、水上、交通不便地区,行政机关及其执法人员依照本法第五十一条、第五十七条的规定作出罚款决定后,当事人到指定的银行或者通过电子支付系统缴纳罚款确有困难,经当事人提出,行政机关及其执法人员可以当场收缴罚款。

第七十条 行政机关及其执法人员当场收缴罚款的,必须向当事人出具国务院财政部门或者省、自治区、直辖市人民政府财政部门统一制发的专用票据;不出具财政部门统一制发的专用票据的,当事人有权拒绝缴纳罚款。

第七十一条 执法人员当场收缴的罚款,应当自收缴罚款之日起二日内,交至行政机关;在水上当场收缴的罚款,应当自抵岸之日起二日内交至行政机关;行政机关应当在二日内将罚款缴付指定的银行。

第七十二条 当事人逾期不履行行政处罚决定的,作出行政处罚决定的行政机关可以采取下列措施:

(一)到期不缴纳罚款的,每日按罚款数额的百分之三加处罚款,加处罚款的数额不得超出罚款的数额;

(二)根据法律规定,将查封、扣押的财物拍卖、依法处理或者将冻结的存款、汇款划拨抵缴罚款;

(三)根据法律规定,采取其他行政强制执行方式;

(四)依照《中华人民共和国行政强制法》的规定申请人民法院强制执行。

行政机关批准延期、分期缴纳罚款的，申请人民法院强制执行的期限，自暂缓或者分期缴纳罚款期限结束之日起计算。

第七十三条 当事人对行政处罚决定不服，申请行政复议或者提起行政诉讼的，行政处罚不停止执行，法律另有规定的除外。

当事人对限制人身自由的行政处罚决定不服，申请行政复议或者提起行政诉讼的，可以向作出决定的机关提出暂缓执行申请。符合法律规定情形的，应当暂缓执行。

当事人申请行政复议或者提起行政诉讼的，加处罚款的数额在行政复议或者行政诉讼期间不予计算。

第七十四条 除依法应当予以销毁的物品外，依法没收的非法财物必须按照国家规定公开拍卖或者按照国家有关规定处理。

罚款、没收的违法所得或者没收非法财物拍卖的款项，必须全部上缴国库，任何行政机关或者个人不得以任何形式截留、私分或者变相私分。

罚款、没收的违法所得或者没收非法财物拍卖的款项，不得同作出行政处罚决定的行政机关及其工作人员的考核、考评直接或者变相挂钩。除依法应当退还、退赔的外，财政部门不得以任何形式向作出行政处罚决定的行政机关返还罚款、没收的违法所得或者没收非法财物拍卖的款项。

第七十五条 行政机关应当建立健全对行政处罚的监督制度。县级以上人民政府应当定期组织开展行政执法评议、考核，加强对行政处罚的监督检查，规范和保障行政处罚的实施。

行政机关实施行政处罚应当接受社会监督。公民、法人或者其他组织对行政机关实施行政处罚的行为，有权申诉或者检举；行政机关应当认真审查，发现有错误的，应当主动改正。

第七章 法律责任

第七十六条 行政机关实施行政处罚，有下列情形之一，由上级行政机关或者有关机关责令改正，对直接负责的主管人员和其他直接责任人员依法给予处分：

（一）没有法定的行政处罚依据的；

（二）擅自改变行政处罚种类、幅度的；

（三）违反法定的行政处罚程序的；

（四）违反本法第二十条关于委托处罚的规定的；

（五）执法人员未取得执法证件的。

行政机关对符合立案标准的案件不及时立案的，依照前款规定予以处理。

第七十七条 行政机关对当事人进行处罚不使用罚款、没收财物单据或者使用非法定部门制发的罚款、没收财物单据的，当事人有权拒绝，并有权予以检举，由上级行政机关或者有关机关对使用的非法单据予以收缴销毁，对直接负责的主管人员和其他直接责任人员依法给予处分。

第七十八条 行政机关违反本法第六十七条的规定自行收缴罚款的，财政部门违反本法第七十四条的规定向行政机关返还罚款、没收的违法所得或者拍卖款项的，由上级行政机关或者有关机关责令改正，对直接负责的主管人员和其他直接责任人员依法给予处分。

第七十九条 行政机关截留、私分或者变相私分罚款、没收的违法所得或者财物的，由财政部门或者有关机关予以追缴，对直接负责的主管人员和其他直接责任人员依法给予处分；情节严重构成犯罪的，依法追究刑事责任。

执法人员利用职务上的便利，索取或者收受他人财物、将收缴罚款据为己有，构成犯罪的，依法追究刑事责任；情节轻微不构成犯罪的，依法给予处分。

第八十条 行政机关使用或者损毁查封、扣押的财物，对当事人造成损失的，应当依法予以赔偿，对直接负责的主管人员和其他直接责任人员依法给予处分。

第八十一条 行政机关违法实施检查措施或者执行措施，给公民人身或者财产造成损害、给法人或者其他组织造成损失的，应当依法予以赔偿，对直接负责的主管人员和其他直接责任人员依法给予处分；情节严重构成犯罪的，依法追究刑事责任。

第八十二条 行政机关对应当依法移交司法机关追究刑事责任的案件不移

交,以行政处罚代替刑事处罚,由上级行政机关或者有关机关责令改正,对直接负责的主管人员和其他直接责任人员依法给予处分;情节严重构成犯罪的,依法追究刑事责任。

第八十三条 行政机关对应当予以制止和处罚的违法行为不予制止、处罚,致使公民、法人或者其他组织的合法权益、公共利益和社会秩序遭受损害的,对直接负责的主管人员和其他直接责任人员依法给予处分;情节严重构成犯罪的,依法追究刑事责任。

第八章 附 则

第八十四条 外国人、无国籍人、外国组织在中华人民共和国领域内有违法行为,应当给予行政处罚的,适用本法,法律另有规定的除外。

第八十五条 本法中"二日""三日""五日""七日"的规定是指工作日,不含法定节假日。

第八十六条 本法自2021年7月15日起施行。

生产安全事故报告和调查处理条例

(2007年3月28日国务院第172次常务会议通过 2007年4月9日公布 自2007年6月1日起施行)

第一章 总 则

第一条 为了规范生产安全事故的报告和调查处理,落实生产安全事故责任追究制度,防止和减少生产安全事故,根据《中华人民共和国安全生产法》和有关法律,制定本条例。

第二条 生产经营活动中发生的造成人身伤亡或者直接经济损失的生产安全事故的报告和调查处理,适用本条例;环境污染事故、核设施事故、国防科研生产事故的报告和调查处理不适用本条例。

第三条　根据生产安全事故(以下简称事故)造成的人员伤亡或者直接经济损失,事故一般分为以下等级:

(一)特别重大事故,是指造成30人以上死亡,或者100人以上重伤(包括急性工业中毒,下同),或者1亿元以上直接经济损失的事故;

(二)重大事故,是指造成10人以上30人以下死亡,或者50人以上100人以下重伤,或者5000万元以上1亿元以下直接经济损失的事故;

(三)较大事故,是指造成3人以上10人以下死亡,或者10人以上50人以下重伤,或者1000万元以上5000万元以下直接经济损失的事故;

(四)一般事故,是指造成3人以下死亡,或者10人以下重伤,或者1000万元以下直接经济损失的事故。

国务院安全生产监督管理部门可以会同国务院有关部门,制定事故等级划分的补充性规定。

本条第一款所称的"以上"包括本数,所称的"以下"不包括本数。

第四条　事故报告应当及时、准确、完整,任何单位和个人对事故不得迟报、漏报、谎报或者瞒报。

事故调查处理应当坚持实事求是、尊重科学的原则,及时、准确地查清事故经过、事故原因和事故损失,查明事故性质,认定事故责任,总结事故教训,提出整改措施,并对事故责任者依法追究责任。

第五条　县级以上人民政府应当依照本条例的规定,严格履行职责,及时、准确地完成事故调查处理工作。

事故发生地有关地方人民政府应当支持、配合上级人民政府或者有关部门的事故调查处理工作,并提供必要的便利条件。

参加事故调查处理的部门和单位应当互相配合,提高事故调查处理工作的效率。

第六条　工会依法参加事故调查处理,有权向有关部门提出处理意见。

第七条　任何单位和个人不得阻挠和干涉对事故的报告和依法调查处理。

第八条　对事故报告和调查处理中的违法行为,任何单位和个人有权向安全生产监督管理部门、监察机关或者其他有关部门举报,接到举报的部门应当依法及时处理。

第二章 事故报告

第九条 事故发生后,事故现场有关人员应当立即向本单位负责人报告;单位负责人接到报告后,应当于 1 小时内向事故发生地县级以上人民政府安全生产监督管理部门和负有安全生产监督管理职责的有关部门报告。

情况紧急时,事故现场有关人员可以直接向事故发生地县级以上人民政府安全生产监督管理部门和负有安全生产监督管理职责的有关部门报告。

第十条 安全生产监督管理部门和负有安全生产监督管理职责的有关部门接到事故报告后,应当依照下列规定上报事故情况,并通知公安机关、劳动保障行政部门、工会和人民检察院:

(一)特别重大事故、重大事故逐级上报至国务院安全生产监督管理部门和负有安全生产监督管理职责的有关部门;

(二)较大事故逐级上报至省、自治区、直辖市人民政府安全生产监督管理部门和负有安全生产监督管理职责的有关部门;

(三)一般事故上报至设区的市级人民政府安全生产监督管理部门和负有安全生产监督管理职责的有关部门。

安全生产监督管理部门和负有安全生产监督管理职责的有关部门依照前款规定上报事故情况,应当同时报告本级人民政府。国务院安全生产监督管理部门和负有安全生产监督管理职责的有关部门以及省级人民政府接到发生特别重大事故、重大事故的报告后,应当立即报告国务院。

必要时,安全生产监督管理部门和负有安全生产监督管理职责的有关部门可以越级上报事故情况。

第十一条 安全生产监督管理部门和负有安全生产监督管理职责的有关部门逐级上报事故情况,每级上报的时间不得超过 2 小时。

第十二条 报告事故应当包括下列内容:

（一）事故发生单位概况；

（二）事故发生的时间、地点以及事故现场情况；

（三）事故的简要经过；

（四）事故已经造成或者可能造成的伤亡人数（包括下落不明的人数）和初步估计的直接经济损失；

（五）已经采取的措施；

（六）其他应当报告的情况。

第十三条 事故报告后出现新情况的，应当及时补报。

自事故发生之日起 30 日内，事故造成的伤亡人数发生变化的，应当及时补报。道路交通事故、火灾事故自发生之日起 7 日内，事故造成的伤亡人数发生变化的，应当及时补报。

第十四条 事故发生单位负责人接到事故报告后，应当立即启动事故相应应急预案，或者采取有效措施，组织抢救，防止事故扩大，减少人员伤亡和财产损失。

第十五条 事故发生地有关地方人民政府、安全生产监督管理部门和负有安全生产监督管理职责的有关部门接到事故报告后，其负责人应当立即赶赴事故现场，组织事故救援。

第十六条 事故发生后，有关单位和人员应当妥善保护事故现场以及相关证据，任何单位和个人不得破坏事故现场、毁灭相关证据。

因抢救人员、防止事故扩大以及疏通交通等原因，需要移动事故现场物件的，应当做出标志，绘制现场简图并做出书面记录，妥善保存现场重要痕迹、物证。

第十七条 事故发生地公安机关根据事故的情况，对涉嫌犯罪的，应当依法立案侦查，采取强制措施和侦查措施。犯罪嫌疑人逃匿的，公安机关应当迅速追捕归案。

第十八条 安全生产监督管理部门和负有安全生产监督管理职责的有关部门应当建立值班制度，并向社会公布值班电话，受理事故报告和举报。

第三章 事 故 调 查

第十九条 特别重大事故由国务院或者国务院授权有关部门组织事故调查

组进行调查。

重大事故、较大事故、一般事故分别由事故发生地省级人民政府、设区的市级人民政府、县级人民政府负责调查。省级人民政府、设区的市级人民政府、县级人民政府可以直接组织事故调查组进行调查，也可以授权或者委托有关部门组织事故调查组进行调查。

未造成人员伤亡的一般事故，县级人民政府也可以委托事故发生单位组织事故调查组进行调查。

第二十条　上级人民政府认为必要时，可以调查由下级人民政府负责调查的事故。

自事故发生之日起30日内（道路交通事故、火灾事故自发生之日起7日内），因事故伤亡人数变化导致事故等级发生变化，依照本条例规定应当由上级人民政府负责调查的，上级人民政府可以另行组织事故调查组进行调查。

第二十一条　特别重大事故以下等级事故，事故发生地与事故发生单位不在同一个县级以上行政区域的，由事故发生地人民政府负责调查，事故发生单位所在地人民政府应当派人参加。

第二十二条　事故调查组的组成应当遵循精简、效能的原则。

根据事故的具体情况，事故调查组由有关人民政府、安全生产监督管理部门、负有安全生产监督管理职责的有关部门、监察机关、公安机关以及工会派人组成，并应当邀请人民检察院派人参加。

事故调查组可以聘请有关专家参与调查。

第二十三条　事故调查组成员应当具有事故调查所需要的知识和专长，并与所调查的事故没有直接利害关系。

第二十四条　事故调查组组长由负责事故调查的人民政府指定。事故调查组组长主持事故调查组的工作。

第二十五条　事故调查组履行下列职责：

（一）查明事故发生的经过、原因、人员伤亡情况及直接经济损失；

（二）认定事故的性质和事故责任；

（三）提出对事故责任者的处理建议；

（四）总结事故教训，提出防范和整改措施；

（五）提交事故调查报告。

第二十六条 事故调查组有权向有关单位和个人了解与事故有关的情况，并要求其提供相关文件、资料，有关单位和个人不得拒绝。

事故发生单位的负责人和有关人员在事故调查期间不得擅离职守，并应当随时接受事故调查组的询问，如实提供有关情况。

事故调查中发现涉嫌犯罪的，事故调查组应当及时将有关材料或者其复印件移交司法机关处理。

第二十七条 事故调查中需要进行技术鉴定的，事故调查组应当委托具有国家规定资质的单位进行技术鉴定。必要时，事故调查组可以直接组织专家进行技术鉴定。技术鉴定所需时间不计入事故调查期限。

第二十八条 事故调查组成员在事故调查工作中应当诚信公正、恪尽职守，遵守事故调查组的纪律，保守事故调查的秘密。

未经事故调查组组长允许，事故调查组成员不得擅自发布有关事故的信息。

第二十九条 事故调查组应当自事故发生之日起60日内提交事故调查报告；特殊情况下，经负责事故调查的人民政府批准，提交事故调查报告的期限可以适当延长，但延长的期限最长不超过60日。

第三十条 事故调查报告应当包括下列内容：

（一）事故发生单位概况；

（二）事故发生经过和事故救援情况；

（三）事故造成的人员伤亡和直接经济损失；

（四）事故发生的原因和事故性质；

（五）事故责任的认定以及对事故责任者的处理建议；

（六）事故防范和整改措施。

事故调查报告应当附具有关证据材料。事故调查组成员应当在事故调查报告上签名。

第三十一条　事故调查报告报送负责事故调查的人民政府后,事故调查工作即告结束。事故调查的有关资料应当归档保存。

第四章　事　故　处　理

第三十二条　重大事故、较大事故、一般事故,负责事故调查的人民政府应当自收到事故调查报告之日起 15 日内做出批复;特别重大事故,30 日内做出批复,特殊情况下,批复时间可以适当延长,但延长的时间最长不超过 30 日。

有关机关应当按照人民政府的批复,依照法律、行政法规规定的权限和程序,对事故发生单位和有关人员进行行政处罚,对负有事故责任的国家工作人员进行处分。

事故发生单位应当按照负责事故调查的人民政府的批复,对本单位负有事故责任的人员进行处理。

负有事故责任的人员涉嫌犯罪的,依法追究刑事责任。

第三十三条　事故发生单位应当认真吸取事故教训,落实防范和整改措施,防止事故再次发生。防范和整改措施的落实情况应当接受工会和职工的监督。

安全生产监督管理部门和负有安全生产监督管理职责的有关部门应当对事故发生单位落实防范和整改措施的情况进行监督检查。

第三十四条　事故处理的情况由负责事故调查的人民政府或者其授权的有关部门、机构向社会公布,依法应当保密的除外。

第五章　法　律　责　任

第三十五条　事故发生单位主要负责人有下列行为之一的,处上一年年收入 40% 至 80% 的罚款;属于国家工作人员的,并依法给予处分;构成犯罪的,依法追究刑事责任:

(一)不立即组织事故抢救的;

(二)迟报或者漏报事故的;

(三)在事故调查处理期间擅离职守的。

第三十六条 事故发生单位及其有关人员有下列行为之一的,对事故发生单位处 100 万元以上 500 万元以下的罚款;对主要负责人、直接负责的主管人员和其他直接责任人员处上一年年收入 60% 至 100% 的罚款;属于国家工作人员的,并依法给予处分;构成违反治安管理行为的,由公安机关依法给予治安管理处罚;构成犯罪的,依法追究刑事责任:

(一)谎报或者瞒报事故的;

(二)伪造或者故意破坏事故现场的;

(三)转移、隐匿资金、财产,或者销毁有关证据、资料的;

(四)拒绝接受调查或者拒绝提供有关情况和资料的;

(五)在事故调查中作伪证或者指使他人作伪证的;

(六)事故发生后逃匿的。

第三十七条 事故发生单位对事故发生负有责任的,依照下列规定处以罚款:

(一)发生一般事故的,处 10 万元以上 20 万元以下的罚款;

(二)发生较大事故的,处 20 万元以上 50 万元以下的罚款;

(三)发生重大事故的,处 50 万元以上 200 万元以下的罚款;

(四)发生特别重大事故的,处 200 万元以上 500 万元以下的罚款。

第三十八条 事故发生单位主要负责人未依法履行安全生产管理职责,导致事故发生的,依照下列规定处以罚款;属于国家工作人员的,并依法给予处分;构成犯罪的,依法追究刑事责任:

(一)发生一般事故的,处上一年年收入 30% 的罚款;

(二)发生较大事故的,处上一年年收入 40% 的罚款;

(三)发生重大事故的,处上一年年收入 60% 的罚款;

(四)发生特别重大事故的,处上一年年收入 80% 的罚款。

第三十九条 有关地方人民政府、安全生产监督管理部门和负有安全生产监督管理职责的有关部门有下列行为之一的,对直接负责的主管人员和其他直接责任人员依法给予处分;构成犯罪的,依法追究刑事责任:

（一）不立即组织事故抢救的；

（二）迟报、漏报、谎报或者瞒报事故的；

（三）阻碍、干涉事故调查工作的；

（四）在事故调查中作伪证或者指使他人作伪证的。

第四十条 事故发生单位对事故发生负有责任的，由有关部门依法暂扣或者吊销其有关证照；对事故发生单位负有事故责任的有关人员，依法暂停或者撤销其与安全生产有关的执业资格、岗位证书；事故发生单位主要负责人受到刑事处罚或者撤职处分的，自刑罚执行完毕或者受处分之日起，5年内不得担任任何生产经营单位的主要负责人。

为发生事故的单位提供虚假证明的中介机构，由有关部门依法暂扣或者吊销其有关证照及其相关人员的执业资格；构成犯罪的，依法追究刑事责任。

第四十一条 参与事故调查的人员在事故调查中有下列行为之一的，依法给予处分；构成犯罪的，依法追究刑事责任：

（一）对事故调查工作不负责任，致使事故调查工作有重大疏漏的；

（二）包庇、袒护负有事故责任的人员或者借机打击报复的。

第四十二条 违反本条例规定，有关地方人民政府或者有关部门故意拖延或者拒绝落实经批复的对事故责任人的处理意见的，由监察机关对有关责任人员依法给予处分。

第四十三条 本条例规定的罚款的行政处罚，由安全生产监督管理部门决定。

法律、行政法规对行政处罚的种类、幅度和决定机关另有规定的，依照其规定。

第六章 附 则

第四十四条 没有造成人员伤亡，但是社会影响恶劣的事故，国务院或者有关地方人民政府认为需要调查处理的，依照本条例的有关规定执行。

国家机关、事业单位、人民团体发生的事故的报告和调查处理，参照本条例的规定执行。

第四十五条 特别重大事故以下等级事故的报告和调查处理,有关法律、行政法规或者国务院另有规定的,依照其规定。

第四十六条 本条例自2007年6月1日起施行。国务院1989年3月29日公布的《特别重大事故调查程序暂行规定》和1991年2月22日公布的《企业职工伤亡事故报告和处理规定》同时废止。

安全生产许可证条例

(2004年1月13日中华人民共和国国务院令第397号公布　根据2013年7月18日《国务院关于废止和修改部分行政法规的决定》第一次修订　根据2014年7月29日《国务院关于修改部分行政法规的决定》第二次修订)

第一条 为了严格规范安全生产条件,进一步加强安全生产监督管理,防止和减少生产安全事故,根据《中华人民共和国安全生产法》的有关规定,制定本条例。

第二条 国家对矿山企业、建筑施工企业和危险化学品、烟花爆竹、民用爆炸物品生产企业(以下统称企业)实行安全生产许可制度。

企业未取得安全生产许可证的,不得从事生产活动。

第三条 国务院安全生产监督管理部门负责中央管理的非煤矿矿山企业和危险化学品、烟花爆竹生产企业安全生产许可证的颁发和管理。

省、自治区、直辖市人民政府安全生产监督管理部门负责前款规定以外的非煤矿矿山企业和危险化学品、烟花爆竹生产企业安全生产许可证的颁发和管理,并接受国务院安全生产监督管理部门的指导和监督。

国家煤矿安全监察机构负责中央管理的煤矿企业安全生产许可证的颁发和管理。

在省、自治区、直辖市设立的煤矿安全监察机构负责前款规定以外的其他煤矿企业安全生产许可证的颁发和管理,并接受国家煤矿安全监察机构的指导和监督。

第四条 省、自治区、直辖市人民政府建设主管部门负责建筑施工企业安全生产许可证的颁发和管理,并接受国务院建设主管部门的指导和监督。

第五条 省、自治区、直辖市人民政府民用爆炸物品行业主管部门负责民用爆炸物品生产企业安全生产许可证的颁发和管理,并接受国务院民用爆炸物品行业主管部门的指导和监督。

第六条 企业取得安全生产许可证,应当具备下列安全生产条件:

(一)建立、健全安全生产责任制,制定完备的安全生产规章制度和操作规程;

(二)安全投入符合安全生产要求;

(三)设置安全生产管理机构,配备专职安全生产管理人员;

(四)主要负责人和安全生产管理人员经考核合格;

(五)特种作业人员经有关业务主管部门考核合格,取得特种作业操作资格证书;

(六)从业人员经安全生产教育和培训合格;

(七)依法参加工伤保险,为从业人员缴纳保险费;

(八)厂房、作业场所和安全设施、设备、工艺符合有关安全生产法律、法规、标准和规程的要求;

(九)有职业危害防治措施,并为从业人员配备符合国家标准或者行业标准的劳动防护用品;

(十)依法进行安全评价;

(十一)有重大危险源检测、评估、监控措施和应急预案;

(十二)有生产安全事故应急救援预案、应急救援组织或者应急救援人员,配备必要的应急救援器材、设备;

(十三)法律、法规规定的其他条件。

第七条 企业进行生产前,应当依照本条例的规定向安全生产许可证颁发管理机关申请领取安全生产许可证,并提供本条例第六条规定的相关文件、资料。

安全生产许可证颁发管理机关应当自收到申请之日起45日内审查完毕,经审查符合本条例规定的安全生产条件的,颁发安全生产许可证;不符合本条例规定的安全生产条件的,不予颁发安全生产许可证,书面通知企业并说明理由。

煤矿企业应当以矿(井)为单位,依照本条例的规定取得安全生产许可证。

第八条 安全生产许可证由国务院安全生产监督管理部门规定统一的式样。

第九条 安全生产许可证的有效期为3年。安全生产许可证有效期满需要延期的,企业应当于期满前3个月向原安全生产许可证颁发管理机关办理延期手续。

企业在安全生产许可证有效期内,严格遵守有关安全生产的法律法规,未发生死亡事故的,安全生产许可证有效期届满时,经原安全生产许可证颁发管理机关同意,不再审查,安全生产许可证有效期延期3年。

第十条 安全生产许可证颁发管理机关应当建立、健全安全生产许可证档案管理制度,并定期向社会公布企业取得安全生产许可证的情况。

第十一条 煤矿企业安全生产许可证颁发管理机关、建筑施工企业安全生产许可证颁发管理机关、民用爆炸物品生产企业安全生产许可证颁发管理机关,应当每年向同级安全生产监督管理部门通报其安全生产许可证颁发和管理情况。

第十二条 国务院安全生产监督管理部门和省、自治区、直辖市人民政府安全生产监督管理部门对建筑施工企业、民用爆炸物品生产企业、煤矿企业取得安全生产许可证的情况进行监督。

第十三条 企业不得转让、冒用安全生产许可证或者使用伪造的安全生产许可证。

第十四条 企业取得安全生产许可证后,不得降低安全生产条件,并应当加强日常安全生产管理,接受安全生产许可证颁发管理机关的监督检查。

安全生产许可证颁发管理机关应当加强对取得安全生产许可证的企业的监督检查,发现其不再具备本条例规定的安全生产条件的,应当暂扣或者吊销安全生产许可证。

第十五条 安全生产许可证颁发管理机关工作人员在安全生产许可证颁发、

管理和监督检查工作中,不得索取或者接受企业的财物,不得谋取其他利益。

第十六条　监察机关依照《中华人民共和国行政监察法》的规定,对安全生产许可证颁发管理机关及其工作人员履行本条例规定的职责实施监察。

第十七条　任何单位或者个人对违反本条例规定的行为,有权向安全生产许可证颁发管理机关或者监察机关等有关部门举报。

第十八条　安全生产许可证颁发管理机关工作人员有下列行为之一的,给予降级或者撤职的行政处分;构成犯罪的,依法追究刑事责任:

(一)向不符合本条例规定的安全生产条件的企业颁发安全生产许可证的;

(二)发现企业未依法取得安全生产许可证擅自从事生产活动,不依法处理的;

(三)发现取得安全生产许可证的企业不再具备本条例规定的安全生产条件,不依法处理的;

(四)接到对违反本条例规定行为的举报后,不及时处理的;

(五)在安全生产许可证颁发、管理和监督检查工作中,索取或者接受企业的财物,或者谋取其他利益的。

第十九条　违反本条例规定,未取得安全生产许可证擅自进行生产的,责令停止生产,没收违法所得,并处10万元以上50万元以下的罚款;造成重大事故或者其他严重后果,构成犯罪的,依法追究刑事责任。

第二十条　违反本条例规定,安全生产许可证有效期满未办理延期手续,继续进行生产的,责令停止生产,限期补办延期手续,没收违法所得,并处5万元以上10万元以下的罚款;逾期仍不办理延期手续,继续进行生产的,依照本条例第十九条的规定处罚。

第二十一条　违反本条例规定,转让安全生产许可证的,没收违法所得,处10万元以上50万元以下的罚款,并吊销其安全生产许可证;构成犯罪的,依法追究刑事责任;接受转让的,依照本条例第十九条的规定处罚。

冒用安全生产许可证或者使用伪造的安全生产许可证的,依照本条例第十九条的规定处罚。

第二十二条 本条例施行前已经进行生产的企业,应当自本条例施行之日起1年内,依照本条例的规定向安全生产许可证颁发管理机关申请办理安全生产许可证;逾期不办理安全生产许可证,或者经审查不符合本条例规定的安全生产条件,未取得安全生产许可证,继续进行生产的,依照本条例第十九条的规定处罚。

第二十三条 本条例规定的行政处罚,由安全生产许可证颁发管理机关决定。

第二十四条 本条例自公布之日起施行。

危险化学品安全管理条例

(2002年1月26日中华人民共和国国务院令第344号公布 2011年2月16日国务院第144次常务会议修订通过 根据2013年12月7日《国务院关于修改部分行政法规的决定》修订)

第一章 总 则

第一条 为了加强危险化学品的安全管理,预防和减少危险化学品事故,保障人民群众生命财产安全,保护环境,制定本条例。

第二条 危险化学品生产、储存、使用、经营和运输的安全管理,适用本条例。

废弃危险化学品的处置,依照有关环境保护的法律、行政法规和国家有关规定执行。

第三条 本条例所称危险化学品,是指具有毒害、腐蚀、爆炸、燃烧、助燃等性质,对人体、设施、环境具有危害的剧毒化学品和其他化学品。

危险化学品目录,由国务院安全生产监督管理部门会同国务院工业和信息化、公安、环境保护、卫生、质量监督检验检疫、交通运输、铁路、民用航空、农业主管部门,根据化学品危险特性的鉴别和分类标准确定、公布,并适时调整。

第四条 危险化学品安全管理,应当坚持安全第一、预防为主、综合治理的方针,强化和落实企业的主体责任。

生产、储存、使用、经营、运输危险化学品的单位(以下统称危险化学品单位)

的主要负责人对本单位的危险化学品安全管理工作全面负责。

危险化学品单位应当具备法律、行政法规规定和国家标准、行业标准要求的安全条件,建立、健全安全管理规章制度和岗位安全责任制度,对从业人员进行安全教育、法制教育和岗位技术培训。从业人员应当接受教育和培训,考核合格后上岗作业;对有资格要求的岗位,应当配备依法取得相应资格的人员。

第五条 任何单位和个人不得生产、经营、使用国家禁止生产、经营、使用的危险化学品。

国家对危险化学品的使用有限制性规定的,任何单位和个人不得违反限制性规定使用危险化学品。

第六条 对危险化学品的生产、储存、使用、经营、运输实施安全监督管理的有关部门(以下统称负有危险化学品安全监督管理职责的部门),依照下列规定履行职责:

(一)安全生产监督管理部门负责危险化学品安全监督管理综合工作,组织确定、公布、调整危险化学品目录,对新建、改建、扩建生产、储存危险化学品(包括使用长输管道输送危险化学品,下同)的建设项目进行安全条件审查,核发危险化学品安全生产许可证、危险化学品安全使用许可证和危险化学品经营许可证,并负责危险化学品登记工作。

(二)公安机关负责危险化学品的公共安全管理,核发剧毒化学品购买许可证、剧毒化学品道路运输通行证,并负责危险化学品运输车辆的道路交通安全管理。

(三)质量监督检验检疫部门负责核发危险化学品及其包装物、容器(不包括储存危险化学品的固定式大型储罐,下同)生产企业的工业产品生产许可证,并依法对其产品质量实施监督,负责对进出口危险化学品及其包装实施检验。

(四)环境保护主管部门负责废弃危险化学品处置的监督管理,组织危险化学品的环境危害性鉴定和环境风险程度评估,确定实施重点环境管理的危险化学品,负责危险化学品环境管理登记和新化学物质环境管理登记;依照职责分工调查相关危险化学品环境污染事故和生态破坏事件,负责危险化学品事故现场的应急环境监测。

（五）交通运输主管部门负责危险化学品道路运输、水路运输的许可以及运输工具的安全管理，对危险化学品水路运输安全实施监督，负责危险化学品道路运输企业、水路运输企业驾驶人员、船员、装卸管理人员、押运人员、申报人员、集装箱装箱现场检查员的资格认定。铁路监管部门负责危险化学品铁路运输及其运输工具的安全管理。民用航空主管部门负责危险化学品航空运输以及航空运输企业及其运输工具的安全管理。

（六）卫生主管部门负责危险化学品毒性鉴定的管理，负责组织、协调危险化学品事故受伤人员的医疗卫生救援工作。

（七）工商行政管理部门依据有关部门的许可证件，核发危险化学品生产、储存、经营、运输企业营业执照，查处危险化学品经营企业违法采购危险化学品的行为。

（八）邮政管理部门负责依法查处寄递危险化学品的行为。

第七条 负有危险化学品安全监督管理职责的部门依法进行监督检查，可以采取下列措施：

（一）进入危险化学品作业场所实施现场检查，向有关单位和人员了解情况，查阅、复制有关文件、资料；

（二）发现危险化学品事故隐患，责令立即消除或者限期消除；

（三）对不符合法律、行政法规、规章规定或者国家标准、行业标准要求的设施、设备、装置、器材、运输工具，责令立即停止使用；

（四）经本部门主要负责人批准，查封违法生产、储存、使用、经营危险化学品的场所，扣押违法生产、储存、使用、经营、运输的危险化学品以及用于违法生产、使用、运输危险化学品的原材料、设备、运输工具；

（五）发现影响危险化学品安全的违法行为，当场予以纠正或者责令限期改正。

负有危险化学品安全监督管理职责的部门依法进行监督检查，监督检查人员不得少于2人，并应当出示执法证件；有关单位和个人对依法进行的监督检查应当予以配合,不得拒绝、阻碍。

第八条 县级以上人民政府应当建立危险化学品安全监督管理工作协调机制,支持、督促负有危险化学品安全监督管理职责的部门依法履行职责,协调、解决危险化学品安全监督管理工作中的重大问题。

负有危险化学品安全监督管理职责的部门应当相互配合、密切协作,依法加强对危险化学品的安全监督管理。

第九条 任何单位和个人对违反本条例规定的行为,有权向负有危险化学品安全监督管理职责的部门举报。负有危险化学品安全监督管理职责的部门接到举报,应当及时依法处理;对不属于本部门职责的,应当及时移送有关部门处理。

第十条 国家鼓励危险化学品生产企业和使用危险化学品从事生产的企业采用有利于提高安全保障水平的先进技术、工艺、设备以及自动控制系统,鼓励对危险化学品实行专门储存、统一配送、集中销售。

第二章 生产、储存安全

第十一条 国家对危险化学品的生产、储存实行统筹规划、合理布局。

国务院工业和信息化主管部门以及国务院其他有关部门依据各自职责,负责危险化学品生产、储存的行业规划和布局。

地方人民政府组织编制城乡规划,应当根据本地区的实际情况,按照确保安全的原则,规划适当区域专门用于危险化学品的生产、储存。

第十二条 新建、改建、扩建生产、储存危险化学品的建设项目(以下简称建设项目),应当由安全生产监督管理部门进行安全条件审查。

建设单位应当对建设项目进行安全条件论证,委托具备国家规定的资质条件的机构对建设项目进行安全评价,并将安全条件论证和安全评价的情况报告报建设项目所在地设区的市级以上人民政府安全生产监督管理部门;安全生产监督管理部门应当自收到报告之日起 45 日内作出审查决定,并书面通知建设单位。具体办法由国务院安全生产监督管理部门制定。

新建、改建、扩建储存、装卸危险化学品的港口建设项目,由港口行政管理部门按照国务院交通运输主管部门的规定进行安全条件审查。

第十三条 生产、储存危险化学品的单位,应当对其铺设的危险化学品管道设置明显标志,并对危险化学品管道定期检查、检测。

进行可能危及危险化学品管道安全的施工作业,施工单位应当在开工的7日前书面通知管道所属单位,并与管道所属单位共同制定应急预案,采取相应的安全防护措施。管道所属单位应当指派专门人员到现场进行管道安全保护指导。

第十四条 危险化学品生产企业进行生产前,应当依照《安全生产许可证条例》的规定,取得危险化学品安全生产许可证。

生产列入国家实行生产许可证制度的工业产品目录的危险化学品的企业,应当依照《中华人民共和国工业产品生产许可证管理条例》的规定,取得工业产品生产许可证。

负责颁发危险化学品安全生产许可证、工业产品生产许可证的部门,应当将其颁发许可证的情况及时向同级工业和信息化主管部门、环境保护主管部门和公安机关通报。

第十五条 危险化学品生产企业应当提供与其生产的危险化学品相符的化学品安全技术说明书,并在危险化学品包装(包括外包装件)上粘贴或者拴挂与包装内危险化学品相符的化学品安全标签。化学品安全技术说明书和化学品安全标签所载明的内容应当符合国家标准的要求。

危险化学品生产企业发现其生产的危险化学品有新的危险特性的,应当立即公告,并及时修订其化学品安全技术说明书和化学品安全标签。

第十六条 生产实施重点环境管理的危险化学品的企业,应当按照国务院环境保护主管部门的规定,将该危险化学品向环境中释放等相关信息向环境保护主管部门报告。环境保护主管部门可以根据情况采取相应的环境风险控制措施。

第十七条 危险化学品的包装应当符合法律、行政法规、规章的规定以及国家标准、行业标准的要求。

危险化学品包装物、容器的材质以及危险化学品包装的型式、规格、方法和单件质量(重量),应当与所包装的危险化学品的性质和用途相适应。

第十八条 生产列入国家实行生产许可证制度的工业产品目录的危险化学品包装物、容器的企业,应当依照《中华人民共和国工业产品生产许可证管理条例》的规定,取得工业产品生产许可证;其生产的危险化学品包装物、容器经国务院质量监督检验检疫部门认定的检验机构检验合格,方可出厂销售。

运输危险化学品的船舶及其配载的容器,应当按照国家船舶检验规范进行生产,并经海事管理机构认定的船舶检验机构检验合格,方可投入使用。

对重复使用的危险化学品包装物、容器,使用单位在重复使用前应当进行检查;发现存在安全隐患的,应当维修或者更换。使用单位应当对检查情况作出记录,记录的保存期限不得少于 2 年。

第十九条 危险化学品生产装置或者储存数量构成重大危险源的危险化学品储存设施(运输工具加油站、加气站除外),与下列场所、设施、区域的距离应当符合国家有关规定:

(一)居住区以及商业中心、公园等人员密集场所;

(二)学校、医院、影剧院、体育场(馆)等公共设施;

(三)饮用水源、水厂以及水源保护区;

(四)车站、码头(依法经许可从事危险化学品装卸作业的除外)、机场以及通信干线、通信枢纽、铁路线路、道路交通干线、水路交通干线、地铁风亭以及地铁站出入口;

(五)基本农田保护区、基本草原、畜禽遗传资源保护区、畜禽规模化养殖场(养殖小区)、渔业水域以及种子、种畜禽、水产苗种生产基地;

(六)河流、湖泊、风景名胜区、自然保护区;

(七)军事禁区、军事管理区;

(八)法律、行政法规规定的其他场所、设施、区域。

已建的危险化学品生产装置或者储存数量构成重大危险源的危险化学品储存设施不符合前款规定的,由所在地设区的市级人民政府安全生产监督管理部门会同有关部门监督其所属单位在规定期限内进行整改;需要转产、停产、搬迁、关闭的,由本级人民政府决定并组织实施。

储存数量构成重大危险源的危险化学品储存设施的选址,应当避开地震活动断层和容易发生洪灾、地质灾害的区域。

本条例所称重大危险源,是指生产、储存、使用或者搬运危险化学品,且危险化学品的数量等于或者超过临界量的单元(包括场所和设施)。

第二十条 生产、储存危险化学品的单位,应当根据其生产、储存的危险化学品的种类和危险特性,在作业场所设置相应的监测、监控、通风、防晒、调温、防火、灭火、防爆、泄压、防毒、中和、防潮、防雷、防静电、防腐、防泄漏以及防护围堤或者隔离操作等安全设施、设备,并按照国家标准、行业标准或者国家有关规定对安全设施、设备进行经常性维护、保养,保证安全设施、设备的正常使用。

生产、储存危险化学品的单位,应当在其作业场所和安全设施、设备上设置明显的安全警示标志。

第二十一条 生产、储存危险化学品的单位,应当在其作业场所设置通信、报警装置,并保证处于适用状态。

第二十二条 生产、储存危险化学品的企业,应当委托具备国家规定的资质条件的机构,对本企业的安全生产条件每3年进行一次安全评价,提出安全评价报告。安全评价报告的内容应当包括对安全生产条件存在的问题进行整改的方案。

生产、储存危险化学品的企业,应当将安全评价报告以及整改方案的落实情况报所在地县级人民政府安全生产监督管理部门备案。在港区内储存危险化学品的企业,应当将安全评价报告以及整改方案的落实情况报港口行政管理部门备案。

第二十三条 生产、储存剧毒化学品或者国务院公安部门规定的可用于制造爆炸物品的危险化学品(以下简称易制爆危险化学品)的单位,应当如实记录其生产、储存的剧毒化学品、易制爆危险化学品的数量、流向,并采取必要的安全防范措施,防止剧毒化学品、易制爆危险化学品丢失或者被盗;发现剧毒化学品、易制爆危险化学品丢失或者被盗的,应当立即向当地公安机关报告。

生产、储存剧毒化学品、易制爆危险化学品的单位,应当设置治安保卫机构,配备专职治安保卫人员。

第二十四条　危险化学品应当储存在专用仓库、专用场地或者专用储存室(以下统称专用仓库)内,并由专人负责管理;剧毒化学品以及储存数量构成重大危险源的其他危险化学品,应当在专用仓库内单独存放,并实行双人收发、双人保管制度。

危险化学品的储存方式、方法以及储存数量应当符合国家标准或者国家有关规定。

第二十五条　储存危险化学品的单位应当建立危险化学品出入库核查、登记制度。

对剧毒化学品以及储存数量构成重大危险源的其他危险化学品,储存单位应当将其储存数量、储存地点以及管理人员的情况,报所在地县级人民政府安全生产监督管理部门(在港区内储存的,报港口行政管理部门)和公安机关备案。

第二十六条　危险化学品专用仓库应当符合国家标准、行业标准的要求,并设置明显的标志。储存剧毒化学品、易制爆危险化学品的专用仓库,应当按照国家有关规定设置相应的技术防范设施。

储存危险化学品的单位应当对其危险化学品专用仓库的安全设施、设备定期进行检测、检验。

第二十七条　生产、储存危险化学品的单位转产、停产、停业或者解散的,应当采取有效措施,及时、妥善处置其危险化学品生产装置、储存设施以及库存的危险化学品,不得丢弃危险化学品;处置方案应当报所在地县级人民政府安全生产监督管理部门、工业和信息化主管部门、环境保护主管部门和公安机关备案。安全生产监督管理部门应当会同环境保护主管部门和公安机关对处置情况进行监督检查,发现未依照规定处置的,应当责令其立即处置。

第三章　使用安全

第二十八条　使用危险化学品的单位,其使用条件(包括工艺)应当符合法律、行政法规的规定和国家标准、行业标准的要求,并根据所使用的危险化学品的种类、危险特性以及使用量和使用方式，建立、健全使用危险化学品的安全管理规章制度和安全操作规程，保证危险化学品的安全使用。

第二十九条 使用危险化学品从事生产并且使用量达到规定数量的化工企业(属于危险化学品生产企业的除外，下同)，应当依照本条例的规定取得危险化学品安全使用许可证。

前款规定的危险化学品使用量的数量标准，由国务院安全生产监督管理部门会同国务院公安部门、农业主管部门确定并公布。

第三十条 申请危险化学品安全使用许可证的化工企业，除应当符合本条例第二十八条的规定外，还应当具备下列条件：

(一)有与所使用的危险化学品相适应的专业技术人员；

(二)有安全管理机构和专职安全管理人员；

(三)有符合国家规定的危险化学品事故应急预案和必要的应急救援器材、设备；

(四)依法进行了安全评价。

第三十一条 申请危险化学品安全使用许可证的化工企业，应当向所在地设区的市级人民政府安全生产监督管理部门提出申请，并提交其符合本条例第三十条规定条件的证明材料。设区的市级人民政府安全生产监督管理部门应当依法进行审查，自收到证明材料之日起45日内作出批准或者不予批准的决定。予以批准的，颁发危险化学品安全使用许可证；不予批准的，书面通知申请人并说明理由。

安全生产监督管理部门应当将其颁发危险化学品安全使用许可证的情况及时向同级环境保护主管部门和公安机关通报。

第三十二条 本条例第十六条关于生产实施重点环境管理的危险化学品的企业的规定，适用于使用实施重点环境管理的危险化学品从事生产的企业；第二十条、第二十一条、第二十三条第一款、第二十七条关于生产、储存危险化学品的单位的规定，适用于使用危险化学品的单位；第二十二条关于生产、储存危险化学品的企业的规定，适用于使用危险化学品从事生产的企业。

第四章 经 营 安 全

第三十三条 国家对危险化学品经营(包括仓储经营,下同)实行许可制度。未经许可,任何单位和个人不得经营危险化学品。

依法设立的危险化学品生产企业在其厂区范围内销售本企业生产的危险化学品,不需要取得危险化学品经营许可。

依照《中华人民共和国港口法》的规定取得港口经营许可证的港口经营人,在港区内从事危险化学品仓储经营,不需要取得危险化学品经营许可。

第三十四条 从事危险化学品经营的企业应当具备下列条件:

(一)有符合国家标准、行业标准的经营场所,储存危险化学品的,还应当有符合国家标准、行业标准的储存设施;

(二)从业人员经过专业技术培训并经考核合格;

(三)有健全的安全管理规章制度;

(四)有专职安全管理人员;

(五)有符合国家规定的危险化学品事故应急预案和必要的应急救援器材、设备;

(六)法律、法规规定的其他条件。

第三十五条 从事剧毒化学品、易制爆危险化学品经营的企业,应当向所在地设区的市级人民政府安全生产监督管理部门提出申请,从事其他危险化学品经营的企业,应当向所在地县级人民政府安全生产监督管理部门提出申请(有储存设施的,应当向所在地设区的市级人民政府安全生产监督管理部门提出申请)。申请人应当提交其符合本条例第三十四条规定条件的证明材料。设区的市级人民政府安全生产监督管理部门或者县级人民政府安全生产监督管理部门应当依法进行审查,并对申请人的经营场所、储存设施进行现场核查,自收到证明材料之日起30日内作出批准或者不予批准的决定。予以批准的,颁发危险化学品经营许可证;不予批准的,书面通知申请人并说明理由。

设区的市级人民政府安全生产监督管理部门和县级人民政府安全生产监督

管理部门应当将其颁发危险化学品经营许可证的情况及时向同级环境保护主管部门和公安机关通报。

申请人持危险化学品经营许可证向工商行政管理部门办理登记手续后,方可从事危险化学品经营活动。法律、行政法规或者国务院规定经营危险化学品还需要经其他有关部门许可的,申请人向工商行政管理部门办理登记手续时还应当持相应的许可证件。

第三十六条　危险化学品经营企业储存危险化学品的,应当遵守本条例第二章关于储存危险化学品的规定。危险化学品商店内只能存放民用小包装的危险化学品。

第三十七条　危险化学品经营企业不得向未经许可从事危险化学品生产、经营活动的企业采购危险化学品,不得经营没有化学品安全技术说明书或者化学品安全标签的危险化学品。

第三十八条　依法取得危险化学品安全生产许可证、危险化学品安全使用许可证、危险化学品经营许可证的企业,凭相应的许可证件购买剧毒化学品、易制爆危险化学品。民用爆炸物品生产企业凭民用爆炸物品生产许可证购买易制爆危险化学品。

前款规定以外的单位购买剧毒化学品的,应当向所在地县级人民政府公安机关申请取得剧毒化学品购买许可证;购买易制爆危险化学品的,应当持本单位出具的合法用途说明。

个人不得购买剧毒化学品(属于剧毒化学品的农药除外)和易制爆危险化学品。

第三十九条　申请取得剧毒化学品购买许可证,申请人应当向所在地县级人民政府公安机关提交下列材料:

(一)营业执照或者法人证书(登记证书)的复印件;

(二)拟购买的剧毒化学品品种、数量的说明;

(三)购买剧毒化学品用途的说明;

(四)经办人的身份证明。

县级人民政府公安机关应当自收到前款规定的材料之日起3日内,作出批准或者不予批准的决定。予以批准的,颁发剧毒化学品购买许可证;不予批准的,书面通知申请人并说明理由。

剧毒化学品购买许可证管理办法由国务院公安部门制定。

第四十条 危险化学品生产企业、经营企业销售剧毒化学品、易制爆危险化学品,应当查验本条例第三十八条第一款、第二款规定的相关许可证件或者证明文件,不得向不具有相关许可证件或者证明文件的单位销售剧毒化学品、易制爆危险化学品。对持剧毒化学品购买许可证购买剧毒化学品的,应当按照许可证载明的品种、数量销售。

禁止向个人销售剧毒化学品(属于剧毒化学品的农药除外)和易制爆危险化学品。

第四十一条 危险化学品生产企业、经营企业销售剧毒化学品、易制爆危险化学品,应当如实记录购买单位的名称、地址、经办人的姓名、身份证号码以及所购买的剧毒化学品、易制爆危险化学品的品种、数量、用途。销售记录以及经办人的身份证明复印件、相关许可证件复印件或者证明文件的保存期限不得少于1年。

剧毒化学品、易制爆危险化学品的销售企业、购买单位应当在销售、购买后5日内,将所销售、购买的剧毒化学品、易制爆危险化学品的品种、数量以及流向信息报所在地县级人民政府公安机关备案,并输入计算机系统。

第四十二条 使用剧毒化学品、易制爆危险化学品的单位不得出借、转让其购买的剧毒化学品、易制爆危险化学品;因转产、停产、搬迁、关闭等确需转让的,应当向具有本条例第三十八条第一款、第二款规定的相关许可证件或者证明文件的单位转让,并在转让后将有关情况及时向所在地县级人民政府公安机关报告。

第五章 运 输 安 全

第四十三条 从事危险化学品道路运输、水路运输的,应当分别依照有关道路运输、水路运输的法律、行政法规的规定,取得危险货物道路运输许可、危险货物水路运输许可,并向工商行政管理部门办理登记手续。

危险化学品道路运输企业、水路运输企业应当配备专职安全管理人员。

第四十四条 危险化学品道路运输企业、水路运输企业的驾驶人员、船员、装卸管理人员、押运人员、申报人员、集装箱装箱现场检查员应当经交通运输主管部门考核合格,取得从业资格。具体办法由国务院交通运输主管部门制定。

危险化学品的装卸作业应当遵守安全作业标准、规程和制度,并在装卸管理人员的现场指挥或者监控下进行。水路运输危险化学品的集装箱装箱作业应当在集装箱装箱现场检查员的指挥或者监控下进行,并符合积载、隔离的规范和要求;装箱作业完毕后,集装箱装箱现场检查员应当签署装箱证明书。

第四十五条 运输危险化学品,应当根据危险化学品的危险特性采取相应的安全防护措施,并配备必要的防护用品和应急救援器材。

用于运输危险化学品的槽罐以及其他容器应当封口严密,能够防止危险化学品在运输过程中因温度、湿度或者压力的变化发生渗漏、洒漏;槽罐以及其他容器的溢流和泄压装置应当设置准确、起闭灵活。

运输危险化学品的驾驶人员、船员、装卸管理人员、押运人员、申报人员、集装箱装箱现场检查员,应当了解所运输的危险化学品的危险特性及其包装物、容器的使用要求和出现危险情况时的应急处置方法。

第四十六条 通过道路运输危险化学品的,托运人应当委托依法取得危险货物道路运输许可的企业承运。

第四十七条 通过道路运输危险化学品的,应当按照运输车辆的核定载质量装载危险化学品,不得超载。

危险化学品运输车辆应当符合国家标准要求的安全技术条件,并按照国家有关规定定期进行安全技术检验。

危险化学品运输车辆应当悬挂或者喷涂符合国家标准要求的警示标志。

第四十八条 通过道路运输危险化学品的,应当配备押运人员,并保证所运输的危险化学品处于押运人员的监控之下。

运输危险化学品途中因住宿或者发生影响正常运输的情况,需要较长时间停车的,驾驶人员、押运人员应当采取相应的安全防范措施;运输剧毒化学品或者易制爆危险化学品的,还应当向当地公安机关报告。

第四十九条 未经公安机关批准,运输危险化学品的车辆不得进入危险化学品运输车辆限制通行的区域。危险化学品运输车辆限制通行的区域由县级人民政府公安机关划定,并设置明显的标志。

第五十条 通过道路运输剧毒化学品的,托运人应当向运输始发地或者目的地县级人民政府公安机关申请剧毒化学品道路运输通行证。

申请剧毒化学品道路运输通行证,托运人应当向县级人民政府公安机关提交下列材料:

(一)拟运输的剧毒化学品品种、数量的说明;

(二)运输始发地、目的地、运输时间和运输路线的说明;

(三)承运人取得危险货物道路运输许可、运输车辆取得营运证以及驾驶人员、押运人员取得上岗资格的证明文件;

(四)本条例第三十八条第一款、第二款规定的购买剧毒化学品的相关许可证件,或者海关出具的进出口证明文件。

县级人民政府公安机关应当自收到前款规定的材料之日起7日内,作出批准或者不予批准的决定。予以批准的,颁发剧毒化学品道路运输通行证;不予批准的,书面通知申请人并说明理由。

剧毒化学品道路运输通行证管理办法由国务院公安部门制定。

第五十一条 剧毒化学品、易制爆危险化学品在道路运输途中丢失、被盗、被抢或者出现流散、泄漏等情况的,驾驶人员、押运人员应当立即采取相应的警示措施和安全措施,并向当地公安机关报告。公安机关接到报告后,应当根据实际情况立即向安全生产监督管理部门、环境保护主管部门、卫生主管部门通报。有关部门应当采取必要的应急处置措施。

第五十二条 通过水路运输危险化学品的,应当遵守法律、行政法规以及国务院交通运输主管部门关于危险货物水路运输安全的规定。

第五十三条 海事管理机构应当根据危险化学品的种类和危险特性,确定船舶运输危险化学品的相关安全运输条件。

拟交付船舶运输的化学品的相关安全运输条件不明确的,货物所有人或者代理人应当委托相关技术机构进行评估,明确相关安全运输条件并经海事管理机构确认后,方可交付船舶运输。

第五十四条 禁止通过内河封闭水域运输剧毒化学品以及国家规定禁止通过内河运输的其他危险化学品。

前款规定以外的内河水域,禁止运输国家规定禁止通过内河运输的剧毒化学品以及其他危险化学品。

禁止通过内河运输的剧毒化学品以及其他危险化学品的范围,由国务院交通运输主管部门会同国务院环境保护主管部门、工业和信息化主管部门、安全生产监督管理部门,根据危险化学品的危险特性、危险化学品对人体和水环境的危害程度以及消除危害后果的难易程度等因素规定并公布。

第五十五条 国务院交通运输主管部门应当根据危险化学品的危险特性,对通过内河运输本条例第五十四条规定以外的危险化学品(以下简称通过内河运输危险化学品)实行分类管理,对各类危险化学品的运输方式、包装规范和安全防护措施等分别作出规定并监督实施。

第五十六条 通过内河运输危险化学品,应当由依法取得危险货物水路运输许可的水路运输企业承运,其他单位和个人不得承运。托运人应当委托依法取得危险货物水路运输许可的水路运输企业承运,不得委托其他单位和个人承运。

第五十七条 通过内河运输危险化学品,应当使用依法取得危险货物适装证书的运输船舶。水路运输企业应当针对所运输的危险化学品的危险特性,制定运输船舶危险化学品事故应急救援预案,并为运输船舶配备充足、有效的应急救援器材和设备。

通过内河运输危险化学品的船舶,其所有人或者经营人应当取得船舶污染损害责任保险证书或者财务担保证明。船舶污染损害责任保险证书或者财务担保证明的副本应当随船携带。

第五十八条 通过内河运输危险化学品,危险化学品包装物的材质、型式、强度以及包装方法应当符合水路运输危险化学品包装规范的要求。国务院交通运输主管部门对单船运输的危险化学品数量有限制性规定的，承运人应当按照规定安排运输数量。

第五十九条 用于危险化学品运输作业的内河码头、泊位应当符合国家有关安全规范，与饮用水取水口保持国家规定的距离。有关管理单位应当制定码头、泊位危险化学品事故应急预案，并为码头、泊位配备充足、有效的应急救援器材和设备。

用于危险化学品运输作业的内河码头、泊位，经交通运输主管部门按照国家有关规定验收合格后方可投入使用。

第六十条 船舶载运危险化学品进出内河港口，应当将危险化学品的名称、危险特性、包装以及进出港时间等事项，事先报告海事管理机构。海事管理机构接到报告后，应当在国务院交通运输主管部门规定的时间内作出是否同意的决定，通知报告人，同时通报港口行政管理部门。定船舶、定航线、定货种的船舶可以定期报告。

在内河港口内进行危险化学品的装卸、过驳作业，应当将危险化学品的名称、危险特性、包装和作业的时间、地点等事项报告港口行政管理部门。港口行政管理部门接到报告后，应当在国务院交通运输主管部门规定的时间内作出是否同意的决定，通知报告人，同时通报海事管理机构。

载运危险化学品的船舶在内河航行，通过过船建筑物的，应当提前向交通运输主管部门申报，并接受交通运输主管部门的管理。

第六十一条 载运危险化学品的船舶在内河航行、装卸或者停泊，应当悬挂专用的警示标志，按照规定显示专用信号。

载运危险化学品的船舶在内河航行，按照国务院交通运输主管部门的规定需要引航的，应当申请引航。

第六十二条 载运危险化学品的船舶在内河航行，应当遵守法律、行政法规和国家其他有关饮用水水源保护的规定。内河航道发展规划应当与依法经批准的饮用水水源保护区划定方案相协调。

第六十三条 托运危险化学品的，托运人应当向承运人说明所托运的危险化学品的种类、数量、危险特性以及发生危险情况的应急处置措施，并按照国家有关规定对所托运的危险化学品妥善包装，在外包装上设置相应的标志。

运输危险化学品需要添加抑制剂或者稳定剂的，托运人应当添加，并将有关情况告知承运人。

第六十四条 托运人不得在托运的普通货物中夹带危险化学品，不得将危险化学品匿报或者谎报为普通货物托运。

任何单位和个人不得交寄危险化学品或者在邮件、快件内夹带危险化学品，不得将危险化学品匿报或者谎报为普通物品交寄。邮政企业、快递企业不得收寄危险化学品。

对涉嫌违反本条第一款、第二款规定的，交通运输主管部门、邮政管理部门可以依法开拆查验。

第六十五条 通过铁路、航空运输危险化学品的安全管理，依照有关铁路、航空运输的法律、行政法规、规章的规定执行。

第六章 危险化学品登记与事故应急救援

第六十六条 国家实行危险化学品登记制度，为危险化学品安全管理以及危险化学品事故预防和应急救援提供技术、信息支持。

第六十七条 危险化学品生产企业、进口企业，应当向国务院安全生产监督管理部门负责危险化学品登记的机构(以下简称危险化学品登记机构)办理危险化学品登记。

危险化学品登记包括下列内容：

(一)分类和标签信息；

(二)物理、化学性质；

(三)主要用途；

(四)危险特性；

(五)储存、使用、运输的安全要求；

(六)出现危险情况的应急处置措施。

对同一企业生产、进口的同一品种的危险化学品,不进行重复登记。危险化学品生产企业、进口企业发现其生产、进口的危险化学品有新的危险特性的,应当及时向危险化学品登记机构办理登记内容变更手续。

危险化学品登记的具体办法由国务院安全生产监督管理部门制定。

第六十八条 危险化学品登记机构应当定期向工业和信息化、环境保护、公安、卫生、交通运输、铁路、质量监督检验检疫等部门提供危险化学品登记的有关信息和资料。

第六十九条 县级以上地方人民政府安全生产监督管理部门应当会同工业和信息化、环境保护、公安、卫生、交通运输、铁路、质量监督检验检疫等部门,根据本地区实际情况,制定危险化学品事故应急预案,报本级人民政府批准。

第七十条 危险化学品单位应当制定本单位危险化学品事故应急预案,配备应急救援人员和必要的应急救援器材、设备,并定期组织应急救援演练。

危险化学品单位应当将其危险化学品事故应急预案报所在地设区的市级人民政府安全生产监督管理部门备案。

第七十一条 发生危险化学品事故,事故单位主要负责人应当立即按照本单位危险化学品应急预案组织救援,并向当地安全生产监督管理部门和环境保护、公安、卫生主管部门报告;道路运输、水路运输过程中发生危险化学品事故的,驾驶人员、船员或者押运人员还应当向事故发生地交通运输主管部门报告。

第七十二条 发生危险化学品事故,有关地方人民政府应当立即组织安全生产监督管理、环境保护、公安、卫生、交通运输等有关部门,按照本地区危险化学品事故应急预案组织实施救援,不得拖延、推诿。

有关地方人民政府及其有关部门应当按照下列规定,采取必要的应急处置措施,减少事故损失,防止事故蔓延、扩大:

(一)立即组织营救和救治受害人员,疏散、撤离或者采取其他措施保护危害区域内的其他人员;

(二)迅速控制危害源,测定危险化学品的性质、事故的危害区域及危害程度;

(三)针对事故对人体、动植物、土壤、水源、大气造成的现实危害和可能产生的危害,迅速采取封闭、隔离、洗消等措施;

(四)对危险化学品事故造成的环境污染和生态破坏状况进行监测、评估,并采取相应的环境污染治理和生态修复措施。

第七十三条 有关危险化学品单位应当为危险化学品事故应急救援提供技术指导和必要的协助。

第七十四条 危险化学品事故造成环境污染的,由设区的市级以上人民政府环境保护主管部门统一发布有关信息。

第七章 法 律 责 任

第七十五条 生产、经营、使用国家禁止生产、经营、使用的危险化学品的,由安全生产监督管理部门责令停止生产、经营、使用活动,处20万元以上50万元以下的罚款,有违法所得的,没收违法所得;构成犯罪的,依法追究刑事责任。

有前款规定行为的,安全生产监督管理部门还应当责令其对所生产、经营、使用的危险化学品进行无害化处理。

违反国家关于危险化学品使用的限制性规定使用危险化学品的,依照本条第一款的规定处理。

第七十六条 未经安全条件审查,新建、改建、扩建生产、储存危险化学品的建设项目的,由安全生产监督管理部门责令停止建设,限期改正;逾期不改正的,处50万元以上100万元以下的罚款;构成犯罪的,依法追究刑事责任。

未经安全条件审查,新建、改建、扩建储存、装卸危险化学品的港口建设项目的,由港口行政管理部门依照前款规定予以处罚。

第七十七条 未依法取得危险化学品安全生产许可证从事危险化学品生产,或者未依法取得工业产品生产许可证从事危险化学品及其包装物、容器生产的,分别依照《安全生产许可证条例》、《中华人民共和国工业产品生产许可证管理条例》的规定处罚。

违反本条例规定,化工企业未取得危险化学品安全使用许可证,使用危险化学品从事生产的,由安全生产监督管理部门责令限期改正,处10万元以上20万元以下的罚款;逾期不改正的,责令停产整顿。

违反本条例规定,未取得危险化学品经营许可证从事危险化学品经营的,由安全生产监督管理部门责令停止经营活动,没收违法经营的危险化学品以及违法所得,并处10万元以上20万元以下的罚款;构成犯罪的,依法追究刑事责任。

第七十八条 有下列情形之一的,由安全生产监督管理部门责令改正,可以处5万元以下的罚款;拒不改正的,处5万元以上10万元以下的罚款;情节严重的,责令停产停业整顿:

(一)生产、储存危险化学品的单位未对其铺设的危险化学品管道设置明显的标志,或者未对危险化学品管道定期检查、检测的;

(二)进行可能危及危险化学品管道安全的施工作业,施工单位未按照规定书面通知管道所属单位,或者未与管道所属单位共同制定应急预案、采取相应的安全防护措施,或者管道所属单位未指派专门人员到现场进行管道安全保护指导的;

(三)危险化学品生产企业未提供化学品安全技术说明书,或者未在包装(包括外包装件)上粘贴、拴挂化学品安全标签的;

(四)危险化学品生产企业提供的化学品安全技术说明书与其生产的危险化学品不相符,或者在包装(包括外包装件)粘贴、拴挂的化学品安全标签与包装内危险化学品不相符,或者化学品安全技术说明书、化学品安全标签所载明的内容不符合国家标准要求的;

(五)危险化学品生产企业发现其生产的危险化学品有新的危险特性不立即公告,或者不及时修订其化学品安全技术说明书和化学品安全标签的;

(六)危险化学品经营企业经营没有化学品安全技术说明书和化学品安全标签的危险化学品的;

(七)危险化学品包装物、容器的材质以及包装的型式、规格、方法和单件质量(重量)与所包装的危险化学品的性质和用途不相适应的;

(八)生产、储存危险化学品的单位未在作业场所和安全设施、设备上设置明

显的安全警示标志,或者未在作业场所设置通信、报警装置的;

(九)危险化学品专用仓库未设专人负责管理,或者对储存的剧毒化学品以及储存数量构成重大危险源的其他危险化学品未实行双人收发、双人保管制度的;

(十)储存危险化学品的单位未建立危险化学品出入库核查、登记制度的;

(十一)危险化学品专用仓库未设置明显标志的;

(十二)危险化学品生产企业、进口企业不办理危险化学品登记,或者发现其生产、进口的危险化学品有新的危险特性不办理危险化学品登记内容变更手续的。

从事危险化学品仓储经营的港口经营人有前款规定情形的,由港口行政管理部门依照前款规定予以处罚。储存剧毒化学品、易制爆危险化学品的专用仓库未按照国家有关规定设置相应的技术防范设施的,由公安机关依照前款规定予以处罚。

生产、储存剧毒化学品、易制爆危险化学品的单位未设置治安保卫机构、配备专职治安保卫人员的,依照《企业事业单位内部治安保卫条例》的规定处罚。

第七十九条 危险化学品包装物、容器生产企业销售未经检验或者经检验不合格的危险化学品包装物、容器的,由质量监督检验检疫部门责令改正,处 10 万元以上 20 万元以下的罚款,有违法所得的,没收违法所得;拒不改正的,责令停产停业整顿;构成犯罪的,依法追究刑事责任。

将未经检验合格的运输危险化学品的船舶及其配载的容器投入使用的,由海事管理机构依照前款规定予以处罚。

第八十条 生产、储存、使用危险化学品的单位有下列情形之一的,由安全生产监督管理部门责令改正,处 5 万元以上 10 万元以下的罚款;拒不改正的,责令停产停业整顿直至由原发证机关吊销其相关许可证件,并由工商行政管理部门责令其办理经营范围变更登记或者吊销其营业执照;有关责任人员构成犯罪的,依法追究刑事责任:

(一)对重复使用的危险化学品包装物、容器,在重复使用前不进行检查的;

(二)未根据其生产、储存的危险化学品的种类和危险特性,在作业场所设置

相关安全设施、设备,或者未按照国家标准、行业标准或者国家有关规定对安全设施、设备进行经常性维护、保养的;

(三)未依照本条例规定对其安全生产条件定期进行安全评价的;

(四)未将危险化学品储存在专用仓库内,或者未将剧毒化学品以及储存数量构成重大危险源的其他危险化学品在专用仓库内单独存放的;

(五)危险化学品的储存方式、方法或者储存数量不符合国家标准或者国家有关规定的;

(六)危险化学品专用仓库不符合国家标准、行业标准的要求的;

(七)未对危险化学品专用仓库的安全设施、设备定期进行检测、检验的。

从事危险化学品仓储经营的港口经营人有前款规定情形的,由港口行政管理部门依照前款规定予以处罚。

第八十一条 有下列情形之一的,由公安机关责令改正,可以处 1 万元以下的罚款;拒不改正的,处 1 万元以上 5 万元以下的罚款:

(一)生产、储存、使用剧毒化学品、易制爆危险化学品的单位不如实记录生产、储存、使用的剧毒化学品、易制爆危险化学品的数量、流向的;

(二)生产、储存、使用剧毒化学品、易制爆危险化学品的单位发现剧毒化学品、易制爆危险化学品丢失或者被盗,不立即向公安机关报告的;

(三)储存剧毒化学品的单位未将剧毒化学品的储存数量、储存地点以及管理人员的情况报所在地县级人民政府公安机关备案的;

(四)危险化学品生产企业、经营企业不如实记录剧毒化学品、易制爆危险化学品购买单位的名称、地址、经办人的姓名、身份证号码以及所购买的剧毒化学品、易制爆危险化学品的品种、数量、用途,或者保存销售记录和相关材料的时间少于 1 年的;

(五)剧毒化学品、易制爆危险化学品的销售企业、购买单位未在规定的时限内将所销售、购买的剧毒化学品、易制爆危险化学品的品种、数量以及流向信息报所在地县级人民政府公安机关备案的;

(六)使用剧毒化学品、易制爆危险化学品的单位依照本条例规定转让其购买的剧毒化学品、易制爆危险化学品,未将有关情况向所在地县级人民政府公安机关报告的。

生产、储存危险化学品的企业或者使用危险化学品从事生产的企业未按照本条例规定将安全评价报告以及整改方案的落实情况报安全生产监督管理部门或者港口行政管理部门备案,或者储存危险化学品的单位未将其剧毒化学品以及储存数量构成重大危险源的其他危险化学品的储存数量、储存地点以及管理人员的情况报安全生产监督管理部门或者港口行政管理部门备案的,分别由安全生产监督管理部门或者港口行政管理部门依照前款规定予以处罚。

生产实施重点环境管理的危险化学品的企业或者使用实施重点环境管理的危险化学品从事生产的企业未按照规定将相关信息向环境保护主管部门报告的,由环境保护主管部门依照本条第一款的规定予以处罚。

第八十二条 生产、储存、使用危险化学品的单位转产、停产、停业或者解散,未采取有效措施及时、妥善处置其危险化学品生产装置、储存设施以及库存的危险化学品,或者丢弃危险化学品的,由安全生产监督管理部门责令改正,处5万元以上10万元以下的罚款;构成犯罪的,依法追究刑事责任。

生产、储存、使用危险化学品的单位转产、停产、停业或者解散,未依照本条例规定将其危险化学品生产装置、储存设施以及库存危险化学品的处置方案报有关部门备案的,分别由有关部门责令改正,可以处1万元以下的罚款;拒不改正的,处1万元以上5万元以下的罚款。

第八十三条 危险化学品经营企业向未经许可违法从事危险化学品生产、经营活动的企业采购危险化学品的,由工商行政管理部门责令改正,处10万元以上20万元以下的罚款;拒不改正的,责令停业整顿直至由原发证机关吊销其危险化学品经营许可证,并由工商行政管理部门责令其办理经营范围变更登记或者吊销其营业执照。

第八十四条 危险化学品生产企业、经营企业有下列情形之一的,由安全生产监督管理部门责令改正,没收违法所得,并处10万元以上20万元以下的罚款;拒不改正的,责令停产停业整顿直至吊销其危险化学品安全生产许可证、危险化学品经营许可证，并由工商行政管理部门责令其办理经营范围变更登记或者吊销其营业执照：

（一）向不具有本条例第三十八条第一款、第二款规定的相关许可证件或者证明文件的单位销售剧毒化学品、易制爆危险化学品的；

（二）不按照剧毒化学品购买许可证载明的品种、数量销售剧毒化学品的；

（三）向个人销售剧毒化学品（属于剧毒化学品的农药除外）、易制爆危险化学品的。

不具有本条例第三十八条第一款、第二款规定的相关许可证件或者证明文件的单位购买剧毒化学品、易制爆危险化学品，或者个人购买剧毒化学品（属于剧毒化学品的农药除外）、易制爆危险化学品的，由公安机关没收所购买的剧毒化学品、易制爆危险化学品，可以并处5000元以下的罚款。

使用剧毒化学品、易制爆危险化学品的单位出借或者向不具有本条例第三十八条第一款、第二款规定的相关许可证件的单位转让其购买的剧毒化学品、易制爆危险化学品，或者向个人转让其购买的剧毒化学品（属于剧毒化学品的农药除外）、易制爆危险化学品的，由公安机关责令改正，处10万元以上20万元以下的罚款；拒不改正的，责令停产停业整顿。

第八十五条 未依法取得危险货物道路运输许可、危险货物水路运输许可，从事危险化学品道路运输、水路运输的，分别依照有关道路运输、水路运输的法律、行政法规的规定处罚。

第八十六条 有下列情形之一的，由交通运输主管部门责令改正，处5万元以上10万元以下的罚款；拒不改正的，责令停产停业整顿；构成犯罪的，依法追究刑事责任：

（一）危险化学品道路运输企业、水路运输企业的驾驶人员、船员、装卸管理人员、押运人员、申报人员、集装箱装箱现场检查员未取得从业资格上岗作业的；

（二）运输危险化学品，未根据危险化学品的危险特性采取相应的安全防护措施，或者未配备必要的防护用品和应急救援器材的；

（三）使用未依法取得危险货物适装证书的船舶，通过内河运输危险化学品的；

（四）通过内河运输危险化学品的承运人违反国务院交通运输主管部门对单船运输的危险化学品数量的限制性规定运输危险化学品的；

（五）用于危险化学品运输作业的内河码头、泊位不符合国家有关安全规范，或者未与饮用水取水口保持国家规定的安全距离，或者未经交通运输主管部门验收合格投入使用的；

（六）托运人不向承运人说明所托运的危险化学品的种类、数量、危险特性以及发生危险情况的应急处置措施，或者未按照国家有关规定对所托运的危险化学品妥善包装并在外包装上设置相应标志的；

（七）运输危险化学品需要添加抑制剂或者稳定剂，托运人未添加或者未将有关情况告知承运人的。

第八十七条 有下列情形之一的，由交通运输主管部门责令改正，处10万元以上20万元以下的罚款，有违法所得的，没收违法所得；拒不改正的，责令停产停业整顿；构成犯罪的，依法追究刑事责任：

（一）委托未依法取得危险货物道路运输许可、危险货物水路运输许可的企业承运危险化学品的；

（二）通过内河封闭水域运输剧毒化学品以及国家规定禁止通过内河运输的其他危险化学品的；

（三）通过内河运输国家规定禁止通过内河运输的剧毒化学品以及其他危险化学品的；

（四）在托运的普通货物中夹带危险化学品，或者将危险化学品谎报或者匿报为普通货物托运的。

在邮件、快件内夹带危险化学品，或者将危险化学品谎报为普通物品交寄的，依法给予治安管理处罚；构成犯罪的，依法追究刑事责任。

邮政企业、快递企业收寄危险化学品的，依照《中华人民共和国邮政法》的规定处罚。

第八十八条 有下列情形之一的，由公安机关责令改正，处5万元以上10万

元以下的罚款;构成违反治安管理行为的,依法给予治安管理处罚;构成犯罪的,依法追究刑事责任:

(一)超过运输车辆的核定载质量装载危险化学品的;

(二)使用安全技术条件不符合国家标准要求的车辆运输危险化学品的;

(三)运输危险化学品的车辆未经公安机关批准进入危险化学品运输车辆限制通行的区域的;

(四)未取得剧毒化学品道路运输通行证,通过道路运输剧毒化学品的。

第八十九条 有下列情形之一的,由公安机关责令改正,处1万元以上5万元以下的罚款;构成违反治安管理行为的,依法给予治安管理处罚:

(一)危险化学品运输车辆未悬挂或者喷涂警示标志,或者悬挂或者喷涂的警示标志不符合国家标准要求的;

(二)通过道路运输危险化学品,不配备押运人员的;

(三)运输剧毒化学品或者易制爆危险化学品途中需要较长时间停车,驾驶人员、押运人员不向当地公安机关报告的;

(四)剧毒化学品、易制爆危险化学品在道路运输途中丢失、被盗、被抢或者发生流散、泄露等情况,驾驶人员、押运人员不采取必要的警示措施和安全措施,或者不向当地公安机关报告的。

第九十条 对发生交通事故负有全部责任或者主要责任的危险化学品道路运输企业,由公安机关责令消除安全隐患,未消除安全隐患的危险化学品运输车辆,禁止上道路行驶。

第九十一条 有下列情形之一的,由交通运输主管部门责令改正,可以处1万元以下的罚款;拒不改正的,处1万元以上5万元以下的罚款:

(一)危险化学品道路运输企业、水路运输企业未配备专职安全管理人员的;

(二)用于危险化学品运输作业的内河码头、泊位的管理单位未制定码头、泊位危险化学品事故应急救援预案,或者未为码头、泊位配备充足、有效的应急救援器材和设备的。

第九十二条 有下列情形之一的,依照《中华人民共和国内河交通安全管理条例》的规定处罚：

（一）通过内河运输危险化学品的水路运输企业未制定运输船舶危险化学品事故应急救援预案，或者未为运输船舶配备充足、有效的应急救援器材和设备的；

（二）通过内河运输危险化学品的船舶的所有人或者经营人未取得船舶污染损害责任保险证书或者财务担保证明的；

（三）船舶载运危险化学品进出内河港口，未将有关事项事先报告海事管理机构并经其同意的；

（四）载运危险化学品的船舶在内河航行、装卸或者停泊，未悬挂专用的警示标志，或者未按照规定显示专用信号，或者未按照规定申请引航的。

未向港口行政管理部门报告并经其同意，在港口内进行危险化学品的装卸、过驳作业的，依照《中华人民共和国港口法》的规定处罚。

第九十三条 伪造、变造或者出租、出借、转让危险化学品安全生产许可证、工业产品生产许可证，或者使用伪造、变造的危险化学品安全生产许可证、工业产品生产许可证的，分别依照《安全生产许可证条例》《中华人民共和国工业产品生产许可证管理条例》的规定处罚。

伪造、变造或者出租、出借、转让本条例规定的其他许可证，或者使用伪造、变造的本条例规定的其他许可证的，分别由相关许可证的颁发管理机关处 10 万元以上 20 万元以下的罚款，有违法所得的，没收违法所得；构成违反治安管理行为的，依法给予治安管理处罚；构成犯罪的，依法追究刑事责任。

第九十四条 危险化学品单位发生危险化学品事故，其主要负责人不立即组织救援或者不立即向有关部门报告的，依照《生产安全事故报告和调查处理条例》的规定处罚。

危险化学品单位发生危险化学品事故，造成他人人身伤害或者财产损失的，依法承担赔偿责任。

第九十五条 发生危险化学品事故，有关地方人民政府及其有关部门不立即组织实施救援，或者不采取必要的应急处置措施减少事故损失，防止事故蔓延、扩大的，对直接负责的主管人员和其他直接责任人员依法给予处分；构成犯罪的，依法追究刑事责任。

第九十六条 负有危险化学品安全监督管理职责的部门的工作人员,在危险化学品安全监督管理工作中滥用职权、玩忽职守、徇私舞弊,构成犯罪的,依法追究刑事责任;尚不构成犯罪的,依法给予处分。

第八章 附 则

第九十七条 监控化学品、属于危险化学品的药品和农药的安全管理,依照本条例的规定执行;法律、行政法规另有规定的,依照其规定。

民用爆炸物品、烟花爆竹、放射性物品、核能物质以及用于国防科研生产的危险化学品的安全管理,不适用本条例。

法律、行政法规对燃气的安全管理另有规定的,依照其规定。

危险化学品容器属于特种设备的,其安全管理依照有关特种设备安全的法律、行政法规的规定执行。

第九十八条 危险化学品的进出口管理,依照有关对外贸易的法律、行政法规、规章的规定执行;进口的危险化学品的储存、使用、经营、运输的安全管理,依照本条例的规定执行。

危险化学品环境管理登记和新化学物质环境管理登记,依照有关环境保护的法律、行政法规、规章的规定执行。危险化学品环境管理登记,按照国家有关规定收取费用。

第九十九条 公众发现、捡拾的无主危险化学品,由公安机关接收。公安机关接收或者有关部门依法没收的危险化学品,需要进行无害化处理的,交由环境保护主管部门组织其认定的专业单位进行处理,或者交由有关危险化学品生产企业进行处理。处理所需费用由国家财政负担。

第一百条 化学品的危险特性尚未确定的,由国务院安全生产监督管理部门、国务院环境保护主管部门、国务院卫生主管部门分别负责组织对该化学品的物理危险性、环境危害性、毒理特性进行鉴定。根据鉴定结果,需要调整危险化学品目录的,依照本条例第三条第二款的规定办理。

第一百零一条 本条例施行前已经使用危险化学品从事生产的化工企业,依照本条例规定需要取得危险化学品安全使用许可证的,应当在国务院安全生产监督管理部门规定的期限内,申请取得危险化学品安全使用许可证。

第一百零二条 本条例自2011年12月1日起施行。

生产安全事故应急条例

(2018年12月5日国务院第33次常务会议通过 2019年2月17日公布 自2019年4月1日起施行)

第一章 总 则

第一条 为了规范生产安全事故应急工作,保障人民群众生命和财产安全,根据《中华人民共和国安全生产法》和《中华人民共和国突发事件应对法》,制定本条例。

第二条 本条例适用于生产安全事故应急工作;法律、行政法规另有规定的,适用其规定。

第三条 国务院统一领导全国的生产安全事故应急工作,县级以上地方人民政府统一领导本行政区域内的生产安全事故应急工作。生产安全事故应急工作涉及两个以上行政区域的,由有关行政区域共同的上一级人民政府负责,或者由各有关行政区域的上一级人民政府共同负责。

县级以上人民政府应急管理部门和其他对有关行业、领域的安全生产工作实施监督管理的部门(以下统称负有安全生产监督管理职责的部门)在各自职责范围内,做好有关行业、领域的生产安全事故应急工作。

县级以上人民政府应急管理部门指导、协调本级人民政府其他负有安全生产监督管理职责的部门和下级人民政府的生产安全事故应急工作。

乡、镇人民政府以及街道办事处等地方人民政府派出机关应当协助上级人民政府有关部门依法履行生产安全事故应急工作职责。

第四条 生产经营单位应当加强生产安全事故应急工作,建立、健全生产安全事故应急工作责任制,其主要负责人对本单位的生产安全事故应急工作全面负责。

第二章 应急准备

第五条 县级以上人民政府及其负有安全生产监督管理职责的部门和乡、镇人民政府以及街道办事处等地方人民政府派出机关,应当针对可能发生的生产安全事故的特点和危害,进行风险辨识和评估,制定相应的生产安全事故应急救援预案,并依法向社会公布。

生产经营单位应当针对本单位可能发生的生产安全事故的特点和危害,进行风险辨识和评估,制定相应的生产安全事故应急救援预案,并向本单位从业人员公布。

第六条 生产安全事故应急救援预案应当符合有关法律、法规、规章和标准的规定,具有科学性、针对性和可操作性,明确规定应急组织体系、职责分工以及应急救援程序和措施。

有下列情形之一的,生产安全事故应急救援预案制定单位应当及时修订相关预案:

(一)制定预案所依据的法律、法规、规章、标准发生重大变化;

(二)应急指挥机构及其职责发生调整;

(三)安全生产面临的风险发生重大变化;

(四)重要应急资源发生重大变化;

(五)在预案演练或者应急救援中发现需要修订预案的重大问题;

(六)其他应当修订的情形。

第七条 县级以上人民政府负有安全生产监督管理职责的部门应当将其制定的生产安全事故应急救援预案报送本级人民政府备案;易燃易爆物品、危险化学品等危险物品的生产、经营、储存、运输单位,矿山、金属冶炼、城市轨道交通运营、建筑施工单位,以及宾馆、商场、娱乐场所、旅游景区等人员密集场所经营单位,应当将其制定的生产安全事故应急救援预案按照国家有关规定报送县级以上人民政府负有安全生产监督管理职责的部门备案,并依法向社会公布。

第八条 县级以上地方人民政府以及县级以上人民政府负有安全生产监督管理职责的部门,乡、镇人民政府以及街道办事处等地方人民政府派出机关,应当至少每2年组织1次生产安全事故应急救援预案演练。

易燃易爆物品、危险化学品等危险物品的生产、经营、储存、运输单位,矿山、金属冶炼、城市轨道交通运营、建筑施工单位,以及宾馆、商场、娱乐场所、旅游景区等人员密集场所经营单位,应当至少每半年组织1次生产安全事故应急救援预案演练,并将演练情况报送所在地县级以上地方人民政府负有安全生产监督管理职责的部门。

县级以上地方人民政府负有安全生产监督管理职责的部门应当对本行政区域内前款规定的重点生产经营单位的生产安全事故应急救援预案演练进行抽查;发现演练不符合要求的,应当责令限期改正。

第九条 县级以上人民政府应当加强对生产安全事故应急救援队伍建设的统一规划、组织和指导。

县级以上人民政府负有安全生产监督管理职责的部门根据生产安全事故应急工作的实际需要,在重点行业、领域单独建立或者依托有条件的生产经营单位、社会组织共同建立应急救援队伍。

国家鼓励和支持生产经营单位和其他社会力量建立提供社会化应急救援服务的应急救援队伍。

第十条 易燃易爆物品、危险化学品等危险物品的生产、经营、储存、运输单位,矿山、金属冶炼、城市轨道交通运营、建筑施工单位,以及宾馆、商场、娱乐场所、旅游景区等人员密集场所经营单位,应当建立应急救援队伍;其中,小型企业或者微型企业等规模较小的生产经营单位,可以不建立应急救援队伍,但应当指定兼职的应急救援人员,并且可以与邻近的应急救援队伍签订应急救援协议。

工业园区、开发区等产业聚集区域内的生产经营单位,可以联合建立应急救援队伍。

第十一条 应急救援队伍的应急救援人员应当具备必要的专业知识、技能、身体素质和心理素质。

应急救援队伍建立单位或者兼职应急救援人员所在单位应当按照国家有关规定对应急救援人员进行培训;应急救援人员经培训合格后,方可参加应急救援工作。

应急救援队伍应当配备必要的应急救援装备和物资,并定期组织训练。

第十二条 生产经营单位应当及时将本单位应急救援队伍建立情况按照国家有关规定报送县级以上人民政府负有安全生产监督管理职责的部门,并依法向社会公布。

县级以上人民政府负有安全生产监督管理职责的部门应当定期将本行业、本领域的应急救援队伍建立情况报送本级人民政府,并依法向社会公布。

第十三条 县级以上地方人民政府应当根据本行政区域内可能发生的生产安全事故的特点和危害,储备必要的应急救援装备和物资,并及时更新和补充。

易燃易爆物品、危险化学品等危险物品的生产、经营、储存、运输单位,矿山、金属冶炼、城市轨道交通运营、建筑施工单位,以及宾馆、商场、娱乐场所、旅游景区等人员密集场所经营单位,应当根据本单位可能发生的生产安全事故的特点和危害,配备必要的灭火、排水、通风以及危险物品稀释、掩埋、收集等应急救援器材、设备和物资,并进行经常性维护、保养,保证正常运转。

第十四条 下列单位应当建立应急值班制度,配备应急值班人员:

(一)县级以上人民政府及其负有安全生产监督管理职责的部门;

(二)危险物品的生产、经营、储存、运输单位以及矿山、金属冶炼、城市轨道交通运营、建筑施工单位;

(三)应急救援队伍。

规模较大、危险性较高的易燃易爆物品、危险化学品等危险物品的生产、经营、储存、运输单位应当成立应急处置技术组,实行24小时应急值班。

第十五条 生产经营单位应当对从业人员进行应急教育和培训,保证从业人员具备必要的应急知识,掌握风险防范技能和事故应急措施。

第十六条 国务院负有安全生产监督管理职责的部门应当按照国家有关规

定建立生产安全事故应急救援信息系统,并采取有效措施,实现数据互联互通、信息共享。

生产经营单位可以通过生产安全事故应急救援信息系统办理生产安全事故应急救援预案备案手续,报送应急救援预案演练情况和应急救援队伍建设情况;但依法需要保密的除外。

第三章 应急救援

第十七条 发生生产安全事故后,生产经营单位应当立即启动生产安全事故应急救援预案,采取下列一项或者多项应急救援措施,并按照国家有关规定报告事故情况:

(一)迅速控制危险源,组织抢救遇险人员;

(二)根据事故危害程度,组织现场人员撤离或者采取可能的应急措施后撤离;

(三)及时通知可能受到事故影响的单位和人员;

(四)采取必要措施,防止事故危害扩大和次生、衍生灾害发生;

(五)根据需要请求邻近的应急救援队伍参加救援,并向参加救援的应急救援队伍提供相关技术资料、信息和处置方法;

(六)维护事故现场秩序,保护事故现场和相关证据;

(七)法律、法规规定的其他应急救援措施。

第十八条 有关地方人民政府及其部门接到生产安全事故报告后,应当按照国家有关规定上报事故情况,启动相应的生产安全事故应急救援预案,并按照应急救援预案的规定采取下列一项或者多项应急救援措施:

(一)组织抢救遇险人员,救治受伤人员,研判事故发展趋势以及可能造成的危害;

(二)通知可能受到事故影响的单位和人员,隔离事故现场,划定警戒区域,疏散受到威胁的人员,实施交通管制;

(三)采取必要措施,防止事故危害扩大和次生、衍生灾害发生,避免或者减少事故对环境造成的危害；

（四）依法发布调用和征用应急资源的决定；

（五）依法向应急救援队伍下达救援命令；

（六）维护事故现场秩序，组织安抚遇险人员和遇险遇难人员亲属；

（七）依法发布有关事故情况和应急救援工作的信息；

（八）法律、法规规定的其他应急救援措施。

有关地方人民政府不能有效控制生产安全事故的，应当及时向上级人民政府报告。上级人民政府应当及时采取措施，统一指挥应急救援。

第十九条　应急救援队伍接到有关人民政府及其部门的救援命令或者签有应急救援协议的生产经营单位的救援请求后，应当立即参加生产安全事故应急救援。

应急救援队伍根据救援命令参加生产安全事故应急救援所耗费用，由事故责任单位承担；事故责任单位无力承担的，由有关人民政府协调解决。

第二十条　发生生产安全事故后，有关人民政府认为有必要的，可以设立由本级人民政府及其有关部门负责人、应急救援专家、应急救援队伍负责人、事故发生单位负责人等人员组成的应急救援现场指挥部，并指定现场指挥部总指挥。

第二十一条　现场指挥部实行总指挥负责制，按照本级人民政府的授权组织制定并实施生产安全事故现场应急救援方案，协调、指挥有关单位和个人参加现场应急救援。

参加生产安全事故现场应急救援的单位和个人应当服从现场指挥部的统一指挥。

第二十二条　在生产安全事故应急救援过程中，发现可能直接危及应急救援人员生命安全的紧急情况时，现场指挥部或者统一指挥应急救援的人民政府应当立即采取相应措施消除隐患，降低或者化解风险，必要时可以暂时撤离应急救援人员。

第二十三条　生产安全事故发生地人民政府应当为应急救援人员提供必需的后勤保障，并组织通信、交通运输、医疗卫生、气象、水文、地质、电力、供水等单位协助应急救援。

第二十四条 现场指挥部或者统一指挥生产安全事故应急救援的人民政府及其有关部门应当完整、准确地记录应急救援的重要事项，妥善保存相关原始资料和证据。

第二十五条 生产安全事故的威胁和危害得到控制或者消除后，有关人民政府应当决定停止执行依照本条例和有关法律、法规采取的全部或者部分应急救援措施。

第二十六条 有关人民政府及其部门根据生产安全事故应急救援需要依法调用和征用的财产，在使用完毕或者应急救援结束后，应当及时归还。财产被调用、征用或者调用、征用后毁损、灭失的，有关人民政府及其部门应当按照国家有关规定给予补偿。

第二十七条 按照国家有关规定成立的生产安全事故调查组应当对应急救援工作进行评估，并在事故调查报告中作出评估结论。

第二十八条 县级以上地方人民政府应当按照国家有关规定，对在生产安全事故应急救援中伤亡的人员及时给予救治和抚恤；符合烈士评定条件的，按照国家有关规定评定为烈士。

第四章　法律责任

第二十九条 地方各级人民政府和街道办事处等地方人民政府派出机关以及县级以上人民政府有关部门违反本条例规定的，由其上级行政机关责令改正；情节严重的，对直接负责的主管人员和其他直接责任人员依法给予处分。

第三十条 生产经营单位未制定生产安全事故应急救援预案、未定期组织应急救援预案演练、未对从业人员进行应急教育和培训，生产经营单位的主要负责人在本单位发生生产安全事故时不立即组织抢救的，由县级以上人民政府负有安全生产监督管理职责的部门依照《中华人民共和国安全生产法》有关规定追究法律责任。

第三十一条 生产经营单位未对应急救援器材、设备和物资进行经常性维护、保养，导致发生严重生产安全事故或者生产安全事故危害扩大，或者在本单位发生生产安全事故后未立即采取相应的应急救援措施，造成严重后果的，由县级以上人民政府负有安全生产监督管理职责的部门依照《中华人民共和国突发事件应对法》有关规定追究法律责任。

第三十二条 生产经营单位未将生产安全事故应急救援预案报送备案、未建立应急值班制度或者配备应急值班人员的，由县级以上人民政府负有安全生产监督管理职责的部门责令限期改正；逾期未改正的，处3万元以上5万元以下的罚款，对直接负责的主管人员和其他直接责任人员处1万元以上2万元以下的罚款。

第三十三条 违反本条例规定，构成违反治安管理行为的，由公安机关依法给予处罚；构成犯罪的，依法追究刑事责任。

第五章 附 则

第三十四条 储存、使用易燃易爆物品、危险化学品等危险物品的科研机构、学校、医院等单位的安全事故应急工作，参照本条例有关规定执行。

第三十五条 本条例自2019年4月1日起施行。

生产经营单位安全培训规定

(2006年1月17日国家安全生产监督管理总局令第3号公布　自2006年3月1日起施行　根据2013年8月29日国家安全生产监督管理总局令第63号第一次修正　根据2015年5月29日国家安全生产监督管理总局令第80号第二次修正)

第一章 总 则

第一条 为加强和规范生产经营单位安全培训工作，提高从业人员安全素质，防范伤亡事故，减轻职业危害，根据安全生产法和有关法律、行政法规，制定本规定。

第二条 工矿商贸生产经营单位(以下简称生产经营单位)从业人员的安全

培训,适用本规定。

第三条 生产经营单位负责本单位从业人员安全培训工作。

生产经营单位应当按照安全生产法和有关法律、行政法规和本规定,建立健全安全培训工作制度。

第四条 生产经营单位应当进行安全培训的从业人员包括主要负责人、安全生产管理人员、特种作业人员和其他从业人员。

生产经营单位使用被派遣劳动者的,应当将被派遣劳动者纳入本单位从业人员统一管理,对被派遣劳动者进行岗位安全操作规程和安全操作技能的教育和培训。劳务派遣单位应当对被派遣劳动者进行必要的安全生产教育和培训。

生产经营单位接收中等职业学校、高等学校学生实习的,应当对实习学生进行相应的安全生产教育和培训,提供必要的劳动防护用品。学校应当协助生产经营单位对实习学生进行安全生产教育和培训。

生产经营单位从业人员应当接受安全培训,熟悉有关安全生产规章制度和安全操作规程,具备必要的安全生产知识,掌握本岗位的安全操作技能,了解事故应急处理措施,知悉自身在安全生产方面的权利和义务。

未经安全培训合格的从业人员,不得上岗作业。

第五条 国家安全生产监督管理总局指导全国安全培训工作,依法对全国的安全培训工作实施监督管理。

国务院有关主管部门按照各自职责指导监督本行业安全培训工作,并按照本规定制定实施办法。

国家煤矿安全监察局指导监督检查全国煤矿安全培训工作。

各级安全生产监督管理部门和煤矿安全监察机构(以下简称安全生产监管监察部门)按照各自的职责,依法对生产经营单位的安全培训工作实施监督管理。

第二章 主要负责人、安全生产管理人员的安全培训

第六条 生产经营单位主要负责人和安全生产管理人员应当接受安全培训,具备与所从事的生产经营活动相适应的安全生产知识和管理能力。

第七条　生产经营单位主要负责人安全培训应当包括下列内容：

（一）国家安全生产方针、政策和有关安全生产的法律、法规、规章及标准；

（二）安全生产管理基本知识、安全生产技术、安全生产专业知识；

（三）重大危险源管理、重大事故防范、应急管理和救援组织以及事故调查处理的有关规定；

（四）职业危害及其预防措施；

（五）国内外先进的安全生产管理经验；

（六）典型事故和应急救援案例分析；

（七）其他需要培训的内容。

第八条　生产经营单位安全生产管理人员安全培训应当包括下列内容：

（一）国家安全生产方针、政策和有关安全生产的法律、法规、规章及标准；

（二）安全生产管理、安全生产技术、职业卫生等知识；

（三）伤亡事故统计、报告及职业危害的调查处理方法；

（四）应急管理、应急预案编制以及应急处置的内容和要求；

（五）国内外先进的安全生产管理经验；

（六）典型事故和应急救援案例分析；

（七）其他需要培训的内容。

第九条　生产经营单位主要负责人和安全生产管理人员初次安全培训时间不得少于32学时。每年再培训时间不得少于12学时。

煤矿、非煤矿山、危险化学品、烟花爆竹、金属冶炼等生产经营单位主要负责人和安全生产管理人员初次安全培训时间不得少于48学时，每年再培训时间不得少于16学时。

第十条　生产经营单位主要负责人和安全生产管理人员的安全培训必须依照安全生产监管监察部门制定的安全培训大纲实施。

非煤矿山、危险化学品、烟花爆竹、金属冶炼等生产经营单位主要负责人和安全生产管理人员的安全培训大纲及考核标准由国家安全生产监督管理总局统一制定。

煤矿主要负责人和安全生产管理人员的安全培训大纲及考核标准由国家煤矿安全监察局制定。

煤矿、非煤矿山、危险化学品、烟花爆竹、金属冶炼以外的其他生产经营单位主要负责人和安全管理人员的安全培训大纲及考核标准，由省、自治区、直辖市安全生产监督管理部门制定。

第三章 其他从业人员的安全培训

第十一条 煤矿、非煤矿山、危险化学品、烟花爆竹、金属冶炼等生产经营单位必须对新上岗的临时工、合同工、劳务工、轮换工、协议工等进行强制性安全培训，保证其具备本岗位安全操作、自救互救以及应急处置所需的知识和技能后，方能安排上岗作业。

第十二条 加工、制造业等生产单位的其他从业人员，在上岗前必须经过厂（矿）、车间（工段、区、队）、班组三级安全培训教育。

生产经营单位应当根据工作性质对其他从业人员进行安全培训，保证其具备本岗位安全操作、应急处置等知识和技能。

第十三条 生产经营单位新上岗的从业人员，岗前安全培训时间不得少于24学时。

煤矿、非煤矿山、危险化学品、烟花爆竹、金属冶炼等生产经营单位新上岗的从业人员安全培训时间不得少于72学时，每年再培训的时间不得少于20学时。

第十四条 厂（矿）级岗前安全培训内容应当包括：

（一）本单位安全生产情况及安全生产基本知识；

（二）本单位安全生产规章制度和劳动纪律；

（三）从业人员安全生产权利和义务；

（四）有关事故案例等。

煤矿、非煤矿山、危险化学品、烟花爆竹、金属冶炼等生产经营单位厂（矿）级安全培训除包括上述内容外，应当增加事故应急救援、事故应急预案演练及防范措施等内容。

第十五条 车间(工段、区、队)级岗前安全培训内容应当包括：

(一)工作环境及危险因素；

(二)所从事工种可能遭受的职业伤害和伤亡事故；

(三)所从事工种的安全职责、操作技能及强制性标准；

(四)自救互救、急救方法、疏散和现场紧急情况的处理；

(五)安全设备设施、个人防护用品的使用和维护；

(六)本车间(工段、区、队)安全生产状况及规章制度；

(七)预防事故和职业危害的措施及应注意的安全事项；

(八)有关事故案例；

(九)其他需要培训的内容。

第十六条 班组级岗前安全培训内容应当包括：

(一)岗位安全操作规程；

(二)岗位之间工作衔接配合的安全与职业卫生事项；

(三)有关事故案例；

(四)其他需要培训的内容。

第十七条 从业人员在本生产经营单位内调整工作岗位或离岗一年以上重新上岗时，应当重新接受车间(工段、区、队)和班组级的安全培训。

生产经营单位采用新工艺、新技术、新材料或者使用新设备时，应当对有关从业人员重新进行有针对性的安全培训。

第十八条 生产经营单位的特种作业人员，必须按照国家有关法律、法规的规定接受专门的安全培训，经考核合格，取得特种作业操作资格证书后，方可上岗作业。

特种作业人员的范围和培训考核管理办法，另行规定。

第四章　安全培训的组织实施

第十九条 生产经营单位从业人员的安全培训工作，由生产经营单位组织实施。

生产经营单位应当坚持以考促学、以讲促学,确保全体从业人员熟练掌握岗位安全生产知识和技能;煤矿、非煤矿山、危险化学品、烟花爆竹、金属冶炼等生产经营单位还应当完善和落实师傅带徒弟制度。

第二十条 具备安全培训条件的生产经营单位,应当以自主培训为主;可以委托具备安全培训条件的机构,对从业人员进行安全培训。

不具备安全培训条件的生产经营单位,应当委托具备安全培训条件的机构,对从业人员进行安全培训。

生产经营单位委托其他机构进行安全培训的,保证安全培训的责任仍由本单位负责。

第二十一条 生产经营单位应当将安全培训工作纳入本单位年度工作计划。保证本单位安全培训工作所需资金。

生产经营单位的主要负责人负责组织制定并实施本单位安全培训计划。

第二十二条 生产经营单位应当建立健全从业人员安全生产教育和培训档案,由生产经营单位的安全生产管理机构以及安全生产管理人员详细、准确记录培训的时间、内容、参加人员以及考核结果等情况。

第二十三条 生产经营单位安排从业人员进行安全培训期间,应当支付工资和必要的费用。

第五章 监督管理

第二十四条 煤矿、非煤矿山、危险化学品、烟花爆竹、金属冶炼等生产经营单位主要负责人和安全生产管理人员,自任职之日起6个月内,必须经安全生产监管监察部门对其安全生产知识和管理能力考核合格。

第二十五条 安全生产监管监察部门依法对生产经营单位安全培训情况进行监督检查,督促生产经营单位按照国家有关法律法规和本规定开展安全培训工作。

县级以上地方人民政府负责煤矿安全生产监督管理的部门对煤矿井下作业人员的安全培训情况进行监督检查。煤矿安全监察机构对煤矿特种作业人员安全培训及其持证上岗的情况进行监督检查。

第二十六条　各级安全生产监管监察部门对生产经营单位安全培训及其持证上岗的情况进行监督检查，主要包括以下内容：

（一）安全培训制度、计划的制定及其实施的情况；

（二）煤矿、非煤矿山、危险化学品、烟花爆竹、金属冶炼等生产经营单位主要负责人和安全生产管理人员安全培训以及安全生产知识和管理能力考核的情况；其他生产经营单位主要负责人和安全生产管理人员培训的情况；

（三）特种作业人员操作资格证持证上岗的情况；

（四）建立安全生产教育和培训档案，并如实记录的情况；

（五）对从业人员现场抽考本职工作的安全生产知识；

（六）其他需要检查的内容。

第二十七条　安全生产监管监察部门对煤矿、非煤矿山、危险化学品、烟花爆竹、金属冶炼等生产经营单位的主要负责人、安全管理人员应当按照本规定严格考核。考核不得收费。

安全生产监管监察部门负责考核的有关人员不得玩忽职守和滥用职权。

第二十八条　安全生产监管监察部门检查中发现安全生产教育和培训责任落实不到位、有关从业人员未经培训合格的，应当视为生产安全事故隐患，责令生产经营单位立即停止违法行为，限期整改，并依法予以处罚。

第六章　罚　　则

第二十九条　生产经营单位有下列行为之一的，由安全生产监管监察部门责令其限期改正，可以处 1 万元以上 3 万元以下的罚款：

（一）未将安全培训工作纳入本单位工作计划并保证安全培训工作所需资金的；

（二）从业人员进行安全培训期间未支付工资并承担安全培训费用的。

第三十条　生产经营单位有下列行为之一的，由安全生产监管监察部门责令其限期改正，可以处 5 万元以下的罚款；逾期未改正的，责令停产停业整顿，并处 5

万元以上10万元以下的罚款,对其直接负责的主管人员和其他直接责任人员处1万元以上2万元以下的罚款:

(一)煤矿、非煤矿山、危险化学品、烟花爆竹、金属冶炼等生产经营单位主要负责人和安全管理人员未按照规定经考核合格的;

(二)未按照规定对从业人员、被派遣劳动者、实习学生进行安全生产教育和培训或者未如实告知其有关安全生产事项的;

(三)未如实记录安全生产教育和培训情况的;

(四)特种作业人员未按照规定经专门的安全技术培训并取得特种作业人员操作资格证书,上岗作业的。

县级以上地方人民政府负责煤矿安全生产监督管理的部门发现煤矿未按照本规定对井下作业人员进行安全培训的,责令限期改正,处10万元以上50万元以下的罚款;逾期未改正的,责令停产停业整顿。

煤矿安全监察机构发现煤矿特种作业人员无证上岗作业的,责令限期改正,处10万元以上50万元以下的罚款;逾期未改正的,责令停产停业整顿。

第三十一条 安全生产监管监察部门有关人员在考核、发证工作中玩忽职守、滥用职权的,由上级安全生产监管监察部门或者行政监察部门给予记过、记大过的行政处分。

第七章 附 则

第三十二条 生产经营单位主要负责人是指有限责任公司或者股份有限公司的董事长、总经理,其他生产经营单位的厂长、经理、(矿务局)局长、矿长(含实际控制人)等。

生产经营单位安全生产管理人员是指生产经营单位分管安全生产的负责人、安全生产管理机构负责人及其管理人员,以及未设安全生产管理机构的生产经营单位专、兼职安全生产管理人员等。

生产经营单位其他从业人员是指除主要负责人、安全生产管理人员和特种作业人员以外,该单位从事生产经营活动的所有人员,包括其他负责人、其他管理人员、技术人员和各岗位的工人以及临时聘用的人员。

第三十三条 省、自治区、直辖市安全生产监督管理部门和省级煤矿安全监察机构可以根据本规定制定实施细则,报国家安全生产监督管理总局和国家煤矿安全监察局备案。

第三十四条 本规定自2006年3月1日起施行。

中央企业合规管理办法

(2022年8月23日国务院国有资产监督管理委员会令第42号公布 自2022年10月1日起施行)

第一章 总 则

第一条 为深入贯彻习近平法治思想,落实全面依法治国战略部署,深化法治央企建设,推动中央企业加强合规管理,切实防控风险,有力保障深化改革与高质量发展,根据《中华人民共和国公司法》《中华人民共和国企业国有资产法》等有关法律法规,制定本办法。

第二条 本办法适用于国务院国有资产监督管理委员会(以下简称国资委)根据国务院授权履行出资人职责的中央企业。

第三条 本办法所称合规,是指企业经营管理行为和员工履职行为符合国家法律法规、监管规定、行业准则和国际条约、规则,以及公司章程、相关规章制度等要求。

本办法所称合规风险,是指企业及其员工在经营管理过程中因违规行为引发法律责任、造成经济或者声誉损失以及其他负面影响的可能性。

本办法所称合规管理,是指企业以有效防控合规风险为目的,以提升依法合规经营管理水平为导向,以企业经营管理行为和员工履职行为为对象,开展的包括建立合规制度、完善运行机制、培育合规文化、强化监督问责等有组织、有计划的管理活动。

第四条 国资委负责指导、监督中央企业合规管理工作,对合规管理体系建设情况及其有效性进行考核评价，依据相关规定对违规行为开展责任追究。

第五条 中央企业合规管理工作应当遵循以下原则：

（一）坚持党的领导。充分发挥企业党委（党组）领导作用，落实全面依法治国战略部署有关要求，把党的领导贯穿合规管理全过程。

（二）坚持全面覆盖。将合规要求嵌入经营管理各领域各环节，贯穿决策、执行、监督全过程，落实到各部门、各单位和全体员工，实现多方联动、上下贯通。

（三）坚持权责清晰。按照"管业务必须管合规"要求，明确业务及职能部门、合规管理部门和监督部门职责，严格落实员工合规责任，对违规行为严肃问责。

（四）坚持务实高效。建立健全符合企业实际的合规管理体系，突出对重点领域、关键环节和重要人员的管理，充分利用大数据等信息化手段，切实提高管理效能。

第六条 中央企业应当在机构、人员、经费、技术等方面为合规管理工作提供必要条件，保障相关工作有序开展。

第二章　组织和职责

第七条 中央企业党委（党组）发挥把方向、管大局、促落实的领导作用，推动合规要求在本企业得到严格遵循和落实，不断提升依法合规经营管理水平。

中央企业应当严格遵守党内法规制度，企业党建工作机构在党委（党组）领导下，按照有关规定履行相应职责，推动相关党内法规制度有效贯彻落实。

第八条 中央企业董事会发挥定战略、作决策、防风险作用，主要履行以下职责：

（一）审议批准合规管理基本制度、体系建设方案和年度报告等。

（二）研究决定合规管理重大事项。

（三）推动完善合规管理体系并对其有效性进行评价。

（四）决定合规管理部门设置及职责。

第九条 中央企业经理层发挥谋经营、抓落实、强管理作用，主要履行以下职责：

（一）拟订合规管理体系建设方案，经董事会批准后组织实施。

（二）拟订合规管理基本制度，批准年度计划等，组织制定合规管理具体制度。

（三）组织应对重大合规风险事件。

（四）指导监督各部门和所属单位合规管理工作。

第十条 中央企业主要负责人作为推进法治建设第一责任人，应当切实履行依法合规经营管理重要组织者、推动者和实践者的职责，积极推进合规管理各项工作。

第十一条 中央企业设立合规委员会，可以与法治建设领导机构等合署办公，统筹协调合规管理工作，定期召开会议，研究解决重点难点问题。

第十二条 中央企业应当结合实际设立首席合规官，不新增领导岗位和职数，由总法律顾问兼任，对企业主要负责人负责，领导合规管理部门组织开展相关工作，指导所属单位加强合规管理。

第十三条 中央企业业务及职能部门承担合规管理主体责任，主要履行以下职责：

（一）建立健全本部门业务合规管理制度和流程，开展合规风险识别评估，编制风险清单和应对预案。

（二）定期梳理重点岗位合规风险，将合规要求纳入岗位职责。

（三）负责本部门经营管理行为的合规审查。

（四）及时报告合规风险，组织或者配合开展应对处置。

（五）组织或者配合开展违规问题调查和整改。

中央企业应当在业务及职能部门设置合规管理员，由业务骨干担任，接受合规管理部门业务指导和培训。

第十四条 中央企业合规管理部门牵头负责本企业合规管理工作，主要履行以下职责：

（一）组织起草合规管理基本制度、具体制度、年度计划和工作报告等。

（二）负责规章制度、经济合同、重大决策合规审查。

（三）组织开展合规风险识别、预警和应对处置，根据董事会授权开展合规管理体系有效性评价。

（四）受理职责范围内的违规举报,提出分类处置意见,组织或者参与对违规行为的调查。

（五）组织或者协助业务及职能部门开展合规培训,受理合规咨询,推进合规管理信息化建设。

中央企业应当配备与经营规模、业务范围、风险水平相适应的专职合规管理人员,加强业务培训,提升专业化水平。

第十五条　中央企业纪检监察机构和审计、巡视巡察、监督追责等部门依据有关规定,在职权范围内对合规要求落实情况进行监督,对违规行为进行调查,按照规定开展责任追究。

第三章　制度建设

第十六条　中央企业应当建立健全合规管理制度,根据适用范围、效力层级等,构建分级分类的合规管理制度体系。

第十七条　中央企业应当制定合规管理基本制度,明确总体目标、机构职责、运行机制、考核评价、监督问责等内容。

第十八条　中央企业应当针对反垄断、反商业贿赂、生态环保、安全生产、劳动用工、税务管理、数据保护等重点领域,以及合规风险较高的业务,制定合规管理具体制度或者专项指南。

中央企业应当针对涉外业务重要领域,根据所在国家(地区)法律法规等,结合实际制定专项合规管理制度。

第十九条　中央企业应当根据法律法规、监管政策等变化情况,及时对规章制度进行修订完善,对执行落实情况进行检查。

第四章　运行机制

第二十条　中央企业应当建立合规风险识别评估预警机制,全面梳理经营管理活动中的合规风险,建立并定期更新合规风险数据库,对风险发生的可能性、影响程度、潜在后果等进行分析,对典型性、普遍性或者可能产生严重后果的风险及时预警。

第二十一条 中央企业应当将合规审查作为必经程序嵌入经营管理流程,重大决策事项的合规审查意见应当由首席合规官签字,对决策事项的合规性提出明确意见。业务及职能部门、合规管理部门依据职责权限完善审查标准、流程、重点等,定期对审查情况开展后评估。

第二十二条 中央企业发生合规风险,相关业务及职能部门应当及时采取应对措施,并按照规定向合规管理部门报告。

中央企业因违规行为引发重大法律纠纷案件、重大行政处罚、刑事案件,或者被国际组织制裁等重大合规风险事件,造成或者可能造成企业重大资产损失或者严重不良影响的,应当由首席合规官牵头,合规管理部门统筹协调,相关部门协同配合,及时采取措施妥善应对。

中央企业发生重大合规风险事件,应当按照相关规定及时向国资委报告。

第二十三条 中央企业应当建立违规问题整改机制,通过健全规章制度、优化业务流程等,堵塞管理漏洞,提升依法合规经营管理水平。

第二十四条 中央企业应当设立违规举报平台,公布举报电话、邮箱或者信箱,相关部门按照职责权限受理违规举报,并就举报问题进行调查和处理,对造成资产损失或者严重不良后果的,移交责任追究部门;对涉嫌违纪违法的,按照规定移交纪检监察等相关部门或者机构。

中央企业应当对举报人的身份和举报事项严格保密,对举报属实的举报人可以给予适当奖励。任何单位和个人不得以任何形式对举报人进行打击报复。

第二十五条 中央企业应当完善违规行为追责问责机制,明确责任范围,细化问责标准,针对问题和线索及时开展调查,按照有关规定严肃追究违规人员责任。

中央企业应当建立所属单位经营管理和员工履职违规行为记录制度,将违规行为性质、发生次数、危害程度等作为考核评价、职级评定等工作的重要依据。

第二十六条 中央企业应当结合实际建立健全合规管理与法务管理、内部控制、风险管理等协同运作机制,加强统筹协调,避免交叉重复,提高管理效能。

第二十七条　中央企业应当定期开展合规管理体系有效性评价,针对重点业务合规管理情况适时开展专项评价,强化评价结果运用。

第二十八条　中央企业应当将合规管理作为法治建设重要内容,纳入对所属单位的考核评价。

第五章　合规文化

第二十九条　中央企业应当将合规管理纳入党委(党组)法治专题学习,推动企业领导人员强化合规意识,带头依法依规开展经营管理活动。

第三十条　中央企业应当建立常态化合规培训机制,制定年度培训计划,将合规管理作为管理人员、重点岗位人员和新入职人员培训必修内容。

第三十一条　中央企业应当加强合规宣传教育,及时发布合规手册,组织签订合规承诺,强化全员守法诚信、合规经营意识。

第三十二条　中央企业应当引导全体员工自觉践行合规理念,遵守合规要求,接受合规培训,对自身行为合规性负责,培育具有企业特色的合规文化。

第六章　信息化建设

第三十三条　中央企业应当加强合规管理信息化建设,结合实际将合规制度、典型案例、合规培训、违规行为记录等纳入信息系统。

第三十四条　中央企业应当定期梳理业务流程,查找合规风险点,运用信息化手段将合规要求和防控措施嵌入流程,针对关键节点加强合规审查,强化过程管控。

第三十五条　中央企业应当加强合规管理信息系统与财务、投资、采购等其他信息系统的互联互通,实现数据共用共享。

第三十六条　中央企业应当利用大数据等技术,加强对重点领域、关键节点的实时动态监测,实现合规风险即时预警、快速处置。

第七章 监督问责

第三十七条 中央企业违反本办法规定,因合规管理不到位引发违规行为的,国资委可以约谈相关企业并责成整改;造成损失或者不良影响的,国资委根据相关规定开展责任追究。

第三十八条 中央企业应当对在履职过程中因故意或者重大过失应当发现而未发现违规问题,或者发现违规问题存在失职渎职行为,给企业造成损失或者不良影响的单位和人员开展责任追究。

第八章 附 则

第三十九条 中央企业应当根据本办法,结合实际制定完善合规管理制度,推动所属单位建立健全合规管理体系。

第四十条 地方国有资产监督管理机构参照本办法,指导所出资企业加强合规管理工作。

第四十一条 本办法由国资委负责解释。

第四十二条 本办法自 2022 年 10 月 1 日起施行。

参 考 文 献

[1]中国企业评价协会企业合规专业委员会组编:《企业合规事务管理(高级)》,中国法制出版社 2023 年版。

[2]国家市场监督管理总局、国家标准管理委员会:《GB/T 35770-2022 合规管理体系 要求及使用指南》,中国标准出版社 2022 年版。

[3]王益谊、杜晓燕、吴学静等:《〈合规管理体系 要求及使用指南〉标准解读与应用》,企业管理出版社 2022 年版。

[4]樊光中:《流程修炼——通往卓越之路》,中国时代经济出版社 2011 年版。

[5]国家质量监督检验检疫总局、国家标准化管理委员会:《GB/T 19000-2016 质量管理体系基础和术语》,中国标准出版社 2017 年版。

[6]国家市场监督管理总局、国家标准化管理委员会:《GB/T 20001.11-2022 标准编写规则第 11 部分:管理体系标准》,中国标准出版社 2022 年版。

[7]周万里:《企业合规讲义》(第 2 版),中国法制出版社 2022 年版。

[8]郭凌晨、丁继华、王志乐:《合规:企业合规管理体系有效性评估》,企业管理出版社 2021 年版。

[9]俞国洪:《合规文化:企业合规管理体系的密码》,载《法人》2021 年第 1 期。

[10]法律出版社法规中心编:《中华人民共和国企业合规法律法规全书》,法律出版社 2023 年版。

[11][美]斯蒂芬·罗宾斯、玛丽·库尔特:《管理学》,刘刚、梁晗、程熙镕等

译,中国人民大学出版社2022年版。

［12］胡国辉:《企业合规概论》,电子工业出版社2018年版。

［13］岳云:《国有企业合规管理体系建设实务》(增订版),法律出版社2024年版。

丛书总主编简介

李 华

盈科律师事务所创始合伙人、副主任、盈科全国业务指导委员会主任。

李华律师作为盈科全国业务指导委员会主任，负责盈科体系内的专业化建设，带领盈科律师，构建出完整的专业化法律服务体系，包括研究院、律师学院、专业委员会及专业化建设法律中心，推动盈科律师专业化的法律服务，以适应法律服务市场不断细分的需要。在此基础上，通过集成各专业委员会纵深化的法律服务能力为客户提供综合性的法律服务。

全国律师行业优秀党员律师、北京市优秀律师、北京市律师行业优秀党务工作者，最高人民检察院第六和第七检察厅民事行政检察专家咨询网专家，中国人民大学法学院法律硕士专业学位研究生实务导师，《钱伯斯大中华区指南2023/2024》TMT：数据保护&隐私领域上榜律师，2024 The Legal 500亚太地区中国法域榜单金融科技领域推荐律师。

本书作者简介

付 辉

法学硕士，专职律师、国家注册安全工程师、高级企业合规师、企业法律顾问。现任盈科佛山房地产与建设工程法律事务部副主任、广东财经大学校友导师。曾获佛山市律师协会行政专业委员会2022年度优秀委员、佛山市南海区企业工会法律顾问先进个人称号，在佛山市贸促会微信小程序"涉外商法公益平台"获评"专业过硬的律师团队"称号，是佛山市南海区法律援助骨干律师，多次获得北京市盈科律师事务所全国优秀律师。付辉律师在国家某安全生产监督管理部门工作数年并担任法律顾问，是某地级市应急管理局社会监督员，熟悉企业安全生产管理工作，已为600多家企业提供过安全生产法律服务工作，对企业安全生产合规管理工作和重大民商事纠纷的处理有着丰富的经验。

张思铭

毕业于华南农业大学，法学学士，盈科佛山房地产与建设工程法律事务部委员、高级企业合规师。张思铭律师有着深厚的法律理论功底和丰富的诉讼经验，为多家企业提供过安全生产法律服务工作，曾代理民商事诉讼纠纷、行政诉讼纠纷、刑事案件等各类型疑难复杂案件数百宗，对企业安全生产合规管理工作和重大民商事纠纷的处理有着丰富的经验。

李孟卓

盈科佛山房地产与建设工程法律事务部委员、高级企业合规师。曾代理过各类民商事案件、刑事案件、行政案件，为多家企业、上市公司提供企业法律顾问服务、企业合规服务、专项法律服务等。为客户提供专业的法律意见，制定适合的解决方案。